Andy Merrifield

Die Weisheit der Esel

Andy Merrifield

Die Weisheit der Esel

Ruhe finden in einer chaotischen Welt

nymphenburger

Für Corinna

1

Ich kann nicht aufhören, an Schubert zu denken. Klaviersonate Nr. 20. Sphärenmusik, die sich in meinem Gehirn einnistet, während ich in die Pedale trete, höher und höher hinauf, dem Himmel entgegen. Schuberts langsame, präzise, knappe Akkorde stimmen mit meinen eigenen knapp bemessenen Bewegungen und den tiefen, nach Luft ringenden Atemzügen überein. Ich lausche der Kraft spendenden Musik, auch ohne Radio. Die düsteren Klänge wirken erstaunlich aufmunternd in der Nachmittagssonne. Ich bin unweit meines Hauses in der Auvergne mit dem Fahrrad unterwegs und erklimme einen hohen Bergpass. Ich fahre am liebsten, wenn es noch nicht zu kalt ist, kurz bevor der erste Schnee kommt. Die schmale Schotterpiste schraubt sich stetig nach oben, durch winzige Weiler mit Bauernhäusern aus Naturstein, leer stehenden Scheunen, gelegentlich einem drohenden Hofhund und gackernden Hühnern: Le Chambon, Le Bancillon, Channat. Es sind reale Orte, zumindest kommen sie mir real vor. Hier gehen die Uhren anders, folgen einem Rhythmus, der in einer mittelalterlichen Zeitschleife gefangen ist.

Es ist mühselig, einen Berg hinaufzufahren, man verliert leicht die Bodenhaftung auf dem steinigen, mit trockenen Kuhfladen übersäten Pfad. Doch auf dem Gipfel werde ich mit einem atemberaubenden Ausblick auf das Tal und den Allier-Fluss tief unter mir belohnt. Die wellenförmigen Hügel durchdringen sich gegenseitig, reihen sich zu Ketten, die in der dunstigen Wärme davondriften. Die Landschaft strahlt Frieden und heitere Gelassenheit aus, das

Schweigen hat einen betörenden Klang. Die Wiesen bilden ein natürliches Auditorium; die Akustik ist rasiermesserscharf. Jetzt geht es um die Kurve. Vor mir eine Wiese, die sich der Welt öffnet. Die Musik in meinem Innern ist eine Sonate, doch die Landschaft, die mich umgibt, gleicht einer Symphonie. Hier oben ist Schubert in seinem Element, dieser Franz Schubert, der schon als Halbwüchsiger Meisterwerke komponierte. Er starb in jungen Jahren, mit einunddreißig, fünfzehn Jahre jünger, als ich heute bin. Ich halte an, steige ab und lehne mein Fahrrad gegen einen Baum, einen bestimmten Baum, den Baum hinter der Kurve. Ich habe schon oft an dieser Stelle gerastet, viele Stunden damit verbracht, nur zu schauen, auf das Tal hinunterzublicken, den Planeten Erde zu betrachten. Der Hang ist steil, hat ein Gefälle von annähernd fünfundvierzig Grad und das Gras, das darauf wächst, wirkt ausgelaugt, ist von Buschwerk und Farn bedeckt. Die Hälfte des Jahres beherbergt er ungefähr ein Dutzend schokoladenbraune und taubengraue Esel.

In der Mitte von nirgendwo Eseln beim Grasen zuzusehen ist eine einmalige Erfahrung, vergleichbar mit einer Therapie oder einer Art Meditation. Ein australisches Sprichwort lautet: Wenn du Esel auf einer Wiese beobachtest, vergiss deinen Stuhl nicht. Man kann sie Stunde um Stunde betrachten – ein Anblick, der hypnotisch wirkt und süchtig macht. Es fällt schwer, sich von ihm loszureißen, wenn man dem Zauber erlegen ist. Alles, was man hört, ist ein leises Rascheln, wenn sie durch das Gras stapfen und ihre Köpfe stetig kauend in der Erde vergraben. Das leise Rascheln ist typisch Esel, ihre eigene Geheimsprache, die völlig anders klingt als bei einer Schaf- oder Ziegenherde oder bei Pferden und Rindern auf der Weide. Esel grasen und weiden; ihre Zähne und Lippen ermöglichen ihnen, in

Bodennähe zu grasen, die Erde aus nächster Nähe nach Nahrung zu durchforsten; ihre schmale Schnauze gestattet ihnen, mit großer Einfühlsamkeit zu weiden, Wert auf Qualität statt Quantität zu legen.

Die Beine eines Esels sind von einer betörenden Eleganz: Knie und Schienbein, Fesseln und Fesselgelenke, Sprungbein und Mittelfußknochen sind zart, anmutig, schlank. Pferdebeine wirken vergleichsweise plump. Unglaublich, welche Last diese kleinen Beine tragen können, unvorstellbar bei einem Menschen. Kein Pferd wäre in der Lage, einen steilen Bergpfad mit der Last hinaufzustapfen, die ein Esel so trittsicher und selbstbewusst, so verlässlich und geduldig zu schultern vermag. Pferde mögen schneller sein, doch ihnen fehlt sowohl die Ausdauer als auch die körperliche Beweglichkeit der Esel. Außerdem sind sie nervös und fahrig, vor allem in prekären Situationen. Sie gehen durch und laufen davon, wenn sie Gefahr wittern. Ein Esel erstarrt. Normalerweise kann man scheuenden Pferden Dinge abverlangen, die ihren eigenen Instinkten zuwiderlaufen, kann sie mittels Einschüchterung zwingen, eine riskante, unsichere Route einzuschlagen. Bei einem Esel, der einen hoch entwickelten Selbsterhaltungstrieb besitzt, wäre das ein Ding der Unmöglichkeit. Daher seine vermeintliche Sturheit.

Ein typisches Merkmal des Esels ist der Schrei. Er trägt weit, ist manchmal noch in drei Kilometer Entfernung zu hören. Die Luftströmungen nehmen ihn auf und erzeugen einen Widerhall, bisweilen mit anderem Toncharakter, vom halbherzigen I-Aah bis zum vollmundigen Repertoire des Eselsschreis. Esel können beim Ein- und Ausatmen Laute von sich geben, was ungeheure Energie kostet. Auf dem Lande und in den Gebirgstälern rüttelt der Eselsschrei solchermaßen die umliegenden Dörfer aus ihrem Dornröschenschlaf. Esel schreien, wenn sie glücklich oder unglücklich sind, wenn sie mit einem Gefährten kommunizieren, wenn sie sich einsam fühlen oder spüren, dass Nahrung in Sicht ist. Gelegentlich schreien sie ohne Grund, aus voller Kehle, lassen eine Weile alles raus, einfach weil es ihnen Spaß macht. Dann wälzen sie sich auf dem Rücken in der Erde, oft gemeinsam mit der ganzen Herde, nehmen ein Bad in Mutter Natur. Esel sind gesellige Tiere; es scheint ihnen nichts auszumachen, dass ich in ihr Reich eingedrungen bin, ein neugieriger ungebetener Gast, ein kleinohriger Besucher, der den Berg erklommen hat, um zu lernen.

Zuerst schenkten mir die Esel wenig Aufmerksamkeit, beschränkten sich darauf, hin und wieder einen desinteressierten Blick in meine Richtung zu werfen, in ihre Mahlzeit und ihre stillen Gedanken versunken. Nachdem ich über mehrere Wochen immer wieder an derselben Stelle auftauchte, stapften schließlich ein paar Mutige den Hang hinauf. Die Ohren hoch aufgerichtet und forschend, betrachteten sie mich neugierig mit ihren bittenden, melancholischen Augen. Sie wirkten unbeschreiblich ruhig und sanft. Hinter der Fassade des gekräuselten Fells, des undurchdringlichen Blicks aus den dunklen urteilslosen Augen spürte ich tiefe philosophische Gelassenheit und stumme Seelenverwandtschaft – eine Seelenverwandtschaft, die in einer zufälligen Begegnung an einem Sommernachmittag wurzelte, in der Verletzlichkeit zweier endlicher Lebewesen, die sich gesucht und gefunden hatten.

*

Inmitten von Eseln vergeht die Zeit langsamer. In ihrer Gesellschaft geschieht alles ruhig und methodisch. Es fällt schwer, ihren arglosen Blick zu vergessen, dem die Hektik der Welt fremd ist. Er strahlt Stille aus, verbreitet Stille. Die Gedanken nehmen ihren Lauf, man träumt, versetzt sich an einen anderen Ort und gleichzeitig bleibt man ungeheuer präsent. Milan Kundera sagt in seinem Roman *Die Langsamkeit*, dass Schnelligkeit, der Dämon der Schnelligkeit oft mit Vergessen und Vermeiden assoziiert wird und Langsamkeit mit Erinnerung, der Auseinandersetzung mit einem Thema. Wir bewegen uns langsam, wenn wir uns selbst, anderen und unserer Umwelt zuhören. Wir bewegen uns langsam, wenn wir uns mit uns selbst auseinandersetzen, wenn wir uns erinnern. Die Hektik des modernen Lebens überwältigt uns und lähmt unsere Fähigkeit, zu beobachten, zu lauschen, einen Schritt zurückzutreten, zu staunen, den Blick nach innen zu richten. Unsere Gesellschaft scheint darauf bedacht zu sein, die kleine zitternde Flamme der Erinnerung zu löschen, wie Kundera sagt.

Die Vögel zwitschern noch, aber die Sonne versinkt schon hinter den Hügeln. In weiter Ferne, auf einem Feld, umgeben von Heuballen, ist ein Traktor zu sehen. Die Hektik des modernen Lebens scheint ein ganzes Universum entfernt. Einige Esel nähern sich gemessenen Schritts, strecken ihre Schnauzen über den Stacheldrahtzaun. Ich streichle ihre Köpfe, kraule die Ohren. Das dichte Fell auf ihrer Stirn ist weich und warm. Ich drücke vorsichtig gegen den Rumpf eines Esels, gegen seine Kruppe: sie fühlt sich felsenfest an, unbeweglich, unbeugsam. Weitere Esel folgen den Mutigen auf dem Weg nach oben, versuchen, sich gegenseitig die Liebkosungen streitig zu machen. Sie wirken ausgeglichen und zufrieden und ich bin es auch, zufriedener, als ich es jemals inmitten einer hektischen Menschenmenge war. Ich bin dabei, mich auf einem Berg wiederzuentdecken, in schweigsamer Gesellschaft. Wenn ein Hund glücklich ist, wedelt er mit dem Schwanz, Esel stellen die Ohren auf. Sind die Ohren angelegt, weiß man, dass etwas im Busch ist. Eine Zeile von Jacques Prévert, einem französischen Lyriker und Chansonnier, kommt mir in den Sinn: »O grauer Esel, mein Freund, *mon semblable mon frère* / Wie Baudelaire gesagt haben könnte ... Betrachtet den Esel, Messieurs / Betrachtet den grauen Esel / Betrachtet seinen Blick / Männer des Wissens ...«

»Es sind seltsame blasse Wesen, diese Menschen. Die ersten Esel. Sie gehen auf zwei Beinen, ihre Ohren sind sehr klein und sie wirken nicht besonders anziehend«, heißt es in einem anderen Lied von Prévert. Damit sind wir gemeint, wir sind die Hässlichen. Er fühlte stets *mit* ihnen, mit diesen Kreaturen mit den großen Schlappohren und dem fransigen Fell: »Vor langer Zeit wuchsen Esel wild auf; sie fraßen, wenn sie hungrig waren, tranken, wenn sie Durst verspürten, und liefen nach Herzenslust im Gras umher.« Doch eines Tages tauchten die »Herren der Schöpfung« im Reich der Esel auf, denn so »sehen wir Menschen uns gerne«. Die Esel in ihrer Einfalt freuten sich über die Gesellschaft, liefen den Menschen entgegen, um sie kennenzulernen. Wir werden sie herzlich willkommen heißen, sagten die Esel vergnügt.

Doch schon wenige Minuten nach ihrer Ankunft »hatten die Herren der Schöpfung alle Esel wie Würste verschnürt«. Alle, bis auf die jüngsten, wurden getötet und auf einem Spieß geröstet. Die Menschen begannen zu essen, doch bald verzogen sie ärgerlich das Gesicht. »Das Fleisch kann sich nicht mit Rindfleisch messen!«, sagte einer. »Es ist nicht gut, ich ziehe Lamm vor!«, erklärte ein anderer. »Schmeckt abscheulich«, rief ein Dritter. Dann brachen die Menschen in Tränen aus. Die gefangenen Esel, die sie weinen sahen, glaubten, dass es sich um Tränen der Reue über ihre Missetat handelte. »Jetzt werden sie uns befreien«, dachten sie. Doch die Menschen standen auf, sprachen miteinander, gestikulierten wild. »Diese Tiere sind ungenießbar, ihre Schreie unerträglich, ihre langen Ohren lächerlich und sie sind dumm, können weder lesen noch rechnen. Wir werden sie ›Esel‹ nennen, denn unser Wille ist Gebot und sie sollen fortan unsere Lasten tragen. Denn wir sind, noch vor allen anderen, die Herren der Schöpfung!«

*

Der kleine Graue, den ich streichle, erinnert mich an eine andere kleine Graue, Modestine, die den schottischen Schriftsteller Robert Louis Stevenson im Herbst 1878 durch dieselbe ländliche Idylle der Auvergne begleitete. Hinter dem Horizont in Richtung Südwesten, jenseits von Le Puy-en-Velay, wanderte Stevenson durch »eine herrliche, geschäftige, atmende, rustikale Landschaft«. Zwölf Tage lang waren die beiden unzertrennliche Weggefährten, wie er in dem Buch *Eine Reise mit dem Esel durch die Cévennen* schildert. Der damals siebenundzwanzigjährige Autor, der ein Vagabundenleben führte, hatte die *Schatzinsel* noch nicht geschrieben – sie würde erst fünf Jahre später entstehen. Doch er wusste bereits, dass jeder Mensch ein Reisender »in dieser Wildnis der Welt ist«, dass jeder Mensch mit einem Esel unterwegs ist. »Das Beste, was wir auf Reisen finden können, ist ein wahrer Freund«, erklärte Stevenson. In Modestine fand er ihn, für eine Entfernung von über zweihundert Kilometern, von Le Monastir bis Saint-Jean-du-Gard. »In dieser Welt der Unvollkommenheit ist uns selbst das kleinste bisschen Nähe willkommen«, schrieb er. Stevenson unternahm die Wanderung, nachdem seine angebetete Fanny Osbourne zu ihrem Mann nach Kalifornien zurückgekehrt war. Sie nächtigten *à la belle étoile* – unter dem Sternenzelt, während Modestine Schwarzbrot verzehrte und er eiskaltes Wasser trank, an seinem Brandy nippte und über seine verlorene Liebe nachsann. Er traf geistig und körperlich revitalisiert an seinem Bestimmungsort ein, bereit, seine Fanny auf der anderen Seite des Ozeans zurückzuerobern ...

Es ist schwer, die Eselsschreie mit Schuberts Klaviersonate Nr. 20 in A-Dur in Einklang zu bringen. Wer würde glauben, dass sie ein stimmiges Duett abgeben? Es ist eine langsame, melodische Tonfolge, von einem tiefen gutturalen Flehen durchsetzt – der Klang eines müßigen Sonntagnachmittags, überlagert von einem akuten, stechenden Schmerz. Es ist die Stimme Balthasars, der auf einer Bergwiese sein Leben aushaucht. Balthasar hieß der Esel in einem 1966 von Robert Bresson gedrehten Film. Bresson benutzte die Musik Schuberts, um ein bestimmtes Bild heraufzubeschwören, das Bild eines lammfrommen geschundenen Esels, der, von einer Kugel getroffen, verblutet. Ein tragischer Augenblick, unsere ureigene Tragödie, sagte Bresson, der, den Esel für das »wichtigste, empfindsamste, intelligenteste, rücksichtsvollste und leidensfähigste Tier« hielt.

Und er drehte einen Film als Beweis, *Zum Beispiel Balthasar*, mit einem ungewöhnlichen Hauptdarsteller: Balthasar, ausdrucksloser und stummer Zeuge menschlicher Torheit, stummer Zeuge einer bohrenden Frage: Sind es nicht vielmehr die Menschen, die sich lächerlich machen mit ihrer unbedachten Grausamkeit und banalen Selbstsucht, ihrem kleinlichen Stolz und ihrer grenzenlosen

Dummheit? Bresson wollte eine Tierfigur ohne jede Arglist schaffen und vom Leben eines Esels erzählen, das die gleichen Phasen wie das Leben eines Menschen durchläuft: die überschäumende Freude der Geburt, die Unbeschwertheit der Jugend, die Notwendigkeit der Arbeit, das mystische Stadium, das dem Tod vorangeht, und schließlich das tragische, anrührende Ende. Bresson hat eine besondere Affinität zu den Geächteten und Geschmähten unserer Welt, zu den Geschlagenen und Geschundenen. Für ihn ist der Esel der Inbegriff des Leidens, die zerlumpte ausgestoßene Kreatur. Mit diesem Bild der Reinheit und Unverdorbenheit betont er umso mehr unsere menschlichen Makel. Geschlagen, ausgepeitscht und geschunden von wechselnden Besitzern, wurzelt Balthasars Gutherzigkeit in seiner Fähigkeit, niemals Vergeltung zu üben, nie aus Boshaftigkeit oder Gehässigkeit zu handeln. Er schreit und verteilt gelegentlich Huftritte, aber meistens leidet er stumm. Seine Sprachlosigkeit und »Dummheit« – seine passive Weisheit – gleichen denen Fürst Myschkins aus Dostojewskis *Der Idiot,* ein Buch, das Bressons Film inspirierte.

»Ich erinnere mich, dass ich unerträglich betrübt war; ich hätte am liebsten geweint«, erklärt der epileptische Fürst Myschkin in Dostojewskis Roman. »Eines Abends wurde ich diesem düsteren Zustand schließlich entrissen, als ich die Schweiz erreichte und vom Schrei eines Esels auf dem Marktplatz aufgemuntert wurde. Der Esel beeindruckte mich gewaltig, ich war aus irgendeinem unerfindlichen Grund ungeheuer erfreut über ihn und plötzlich hatte ich einen klaren Kopf.« Die Kinder, denen Myschkin diese Geschichte später erzählt, lachen über ihn, als er gesteht, Esel seither schrecklich gern zu haben. »Esel besitzen für mich eine besondere Anziehungskraft«, sagt er.

»Ich begriff auf Anhieb, wie nützlich dieses Geschöpf ist – arbeitswillig, stark, geduldig, billig im Unterhalt, leidensfähig. Und so verging meine Melancholie vollständig ... durch den Esel.«

Auch der Eselsschrei von Balthasar ist aberwitzig, »idiotisch«. Und doch hat Balthasar zugleich etwas Asketisches und Erhabenes an sich, ist sinnenfreudig und unschuldig – er hat einen besonderen Zugang zur Welt. Balthasar ist sowohl Opfer als auch Träger grundlegender Wahrheiten – von Geburt und Verrat, Diebstahl und Feigheit, Sünde und Tod. Er ist kein Freund großer Worte. Er leidet stumm. Der Blick seiner ruhigen dunklen Augen sagt alles: Er versteht den Lauf der Welt. Auf dem Höhepunkt des filmischen Geschehens, mit einer Kugel im Schenkel, verblutet Balthasar auf einer Alpenwiese, von Schafen umringt, während eine Sonate von Schubert erklingt. Die Schafe scheinen zu wissen, was geschieht. Er scheint damit zufrieden, in ihrer Mitte zu sterben. Eine herzzerreißende Abschiedsszene. Man kann nicht umhin, sich tief bewegt zu fühlen, das tragische Schicksal des Esels zu betrauern, ein Schicksal, das untrennbar mit dem des Menschen verbunden ist. Ich erinnere mich, dass mir Bressons Eselsgeschichte unter die Haut ging. Und seither lässt sie mich nicht mehr los.

*

Ich setze meinen Weg fort, lasse mein Fahrrad im Leerlauf den Hügel hinunterrollen, in Richtung Tal, wenngleich nicht zu schnell. Ich wohne jenseits des Berges, in einem Steinhaus, das zu einem kleinen Weiler mit sieben weiteren Einwohnern gehört. Verschlungene Wege haben mich hierhergeführt, das Arbeiterkind aus Liverpool, das immer davon träumte, in New York zu leben. Kaum zu glauben, dass ich früher nur unter Zwang einen Fuß in jedwede ländliche Abgeschiedenheit gesetzt habe. Hügel mit uralten Terrassen umgeben mich. Noch vor einem Jahrhundert waren sie mit Weinstöcken bepflanzt, Weinstöcke, so weit das Auge reichte. Eine *Phyloxera*-Epidemie verwüstete den vormals regen Weinanbau dieser Gegend – gegen die Reblaus war kein Kraut gewachsen. Zwischen 1914 und 1918 löschte der Erste Weltkrieg eine ganze Generation von *vignerons* aus. Nun grasen Schafe auf den Terrassen, in Gesellschaft einer vereinzelten Ziege; nur noch eine Handvoll Enthusiasten hält an der Winzerei nach altem Brauch, der traditionellen *cépage* fest.

Ich kann nicht aufhören, an Esel zu denken, an ihren Blick, an das Gefühl, das sie vermitteln. Ich höre den Wind, der meine Ohren streift, meinen Körper kühlt, begleitet von Schubert und den Eselsschreien. Ringsum befinden sich überall erloschene Vulkane, die unendliche grün gewellte Mondlandschaft des Massif Central, doch plötzlich erinnere ich mich an die Strände von Blackpool an der Westküste Englands. Ich lasse mich treiben, fühle mich in eine andere Zeit zurückversetzt: Es ist später Nachmittag und ich bin nicht auf einem Fahrrad, sondern auf einem zotteligen taubengrauen Esel unterwegs, reite für ein Dreipencestück an der Küste einer schmutzigen englischen Kleinstadt entlang.

Der Graue schreitet langsam aus, schaukelt hin und her, während er sich seinen Weg durch den Sand bahnt. Ich spüre, wie der Sattel unter mir von einer Seite zur anderen rutscht, höre das Klirren der Steigbügel. Und nicht zu vergessen der Geruch – ein kräftiger Geruch nach Dung, ganz unspektakulär abgesetztem Dung, der nach Esel riecht, vermischt mit einem Hauch Kleie und Gerste. Und der Geruch von Zuckerwatte, der von der Strandpromenade herüberweht. Es ist der Geruch nach Erde und heimischer Scholle, ein ehrlicher Geruch, ein Esel-am-Strand-Geruch. Für ein Kind wie mich ist es der Geruch der Freiheit, das Gefühl, Ferien zu haben, alles andere vergessen zu dürfen, das Gefühl ungetrübten Vergnügens. Als Kind habe ich Esel stets mit dem Strand in Verbindung gebracht, nie mit einer ländlichen Umgebung; ich brachte sie automatisch mit Wasser und Sand in Zusammenhang, mit regennassem Sand. Damals schien es fortwährend zu regnen. Wenn ich nicht gerade auf einem Esel ritt, spielte ich im Wohnwagen Karten, sah zu, wie die Fenster beschlugen, und lauschte dem Trommelfeuer des Platzregens auf dem Dach. Mein Vater wischte hin und wieder das Kondenswasser von den Scheiben. Unlängst las ich, dass man der Gruppe von zweihundert Eseln, die über die Strände von Blackpool traben und tagein, tagaus Kinder auf dem Rücken tragen, eine »Frühstückspause« zugestanden hatte, eine einstündige Siesta, verbürgt vom Stadtrat von Blackpool – die willkommene Unterbrechung einer Schicht, die von zehn Uhr morgens bis sieben Uhr abends dauert. Tierärzte überprüfen nun auch regelmäßig Hufe, Ohren, Zähne und Fell der Esel, um sicherzugehen, dass sie sich in erstklassigem Zustand befinden. Die Besitzer der Tiere, die durch das Raster der jährlichen »Inspektion« fallen, erhalten keine »Betriebserlaubnis«. Es tröstet mich, zu wissen, dass meine alten Bekannten gut betreut und nicht über Gebühr ausgebeutet werden, nur wegen des Vergnügens und aus Geldgier.

Ich bin fast zu Hause. Die Sonne geht bereits unter. Bald wird es dunkel. Hier herrscht kaum Verkehr, auf dem Weg nach Lavoûte-Chilhac, weit entfernt von Blackpool, von New York, von allem, was ich einst sicher zu kennen glaubte, von allem, was ich mir jemals vorgestellt habe. Ich fahre im Leerlauf den Berg hinunter, umrunde Haarnadelkurven, alles in Windeseile, jedoch ohne es eilig zu haben, mich ganz der Schwerkraft überlassend. Der Himmel hat eine hellrosa Färbung, zerklüftete schwarze Silhouetten rahmen den Horizont ein. Ich denke an die Geduld und Ergebenheit der Esel, an ihre Ausbeutung, ihren stoischen Gleichmut, wenn das Leben ihnen übel mitspielt, an ihren inneren Frieden. Ich denke daran, wie sehr ich mich darauf freue, Esel bald vielleicht besser verstehen zu können und somit vielleicht auch die Welt und mich selbst. Ich freue mich darauf, von meinem Fahrrad abzusteigen, es, an eine alte Steinwand gelehnt, zurückzulassen und mit einem Esel auf Wanderschaft zu gehen. Ich freue mich darauf, mit ihm zu reden und einen neuen Freund zu finden in der Wildnis der Welt.

2

Heute Morgen wurde ich von einer Turteltaube geweckt. Ein gutes Omen: der Vogel der Liebe. Seine magischen Flötenklänge, das Hohelied der Liebe, tönen aus einem Baum, nicht weit von meinem Ohr entfernt. Die Zeit des Gesangs hat begonnen, die Stimme der Turteltaube erklingt wieder in unseren Breiten. Ukuu-uuh, Uuu-Uuu-Uuuu. Auf Französisch heißt die gefiederte Sängerin *tourterelle triste* und *triste* bedeutet traurig. Doch sie klingt unbekümmert, scheint an diesem Morgen nicht zu trauern; sie ist zufrieden, eins mit sich und der Welt. Die Sonne strömt durch das Fenster und selbst zu dieser frühen Morgenstunde ist es schon heiß. Ich denke an Gribouille, meinem Weggefährten mit den Stirnfransen, einen großen schokoladenfarbenen Esel mit weißem Maul und rotem Halfter, mein *compagnon de route*. Gestern habe ich in den späten Abendstunden noch einmal nach ihm gesehen und mich vergewissert, dass er genug Wasser hat und sich nicht zu einsam fühlt dort draußen auf seiner kleinen Wiese unter den Bäumen, im Dämmerlicht der Berge. Ich konnte die weißen Blessen um seine Augen erkennen, die wie zwei Halbmonde in einer sternenlosen Nacht hervorstachen.

Ich inspizierte seine Hufe, die Unterseite der Fersen und die Sohlen mit ihren »Strahlfurchen« – V-förmigen Rillen, in denen sich leicht Steinchen und Schmutz verfangen. Ein sanftes Ziehen am Unterschenkel reicht normalerweise aus, damit er die Hufe gibt. Die Strahlfurchen fühlen sich an wie Gummi. Ich säuberte sie mit einem Hufkratzer aus Metall und stütze dabei Gribouilles Bein auf meinem Oberschenkel ab – all das immer auf ebenem Untergrund, damit er besser balancieren kann. Wenn er befürchtet, das Gleichgewicht zu verlieren, weigert er sich, den Fuß zu heben. Bei einer langen Wanderung sind eingetretene Steine für einen Esel eine Plage, deshalb sollte man auf sorgfältige Hufpflege achten. Ich habe am Abend zuvor schon meinen Packsattel mit allem beladen, was ich für die Reise brauche; einfache Dinge, die Gribouille nicht über Gebühr belasten. Er ist ein starker Bursche – *costaud*, wie die Franzosen sagen –, der problemlos fünfundsiebzig Kilo auf seinem Rücken tragen könnte. Ich habe mich auf vierzig beschränkt: drei Flanellhemden, einen Pullover für kühle Abende, ein Schweizer Taschenmesser, ein Paar lange und ein Paar kurze Baumwollhosen zum Wechseln, drei Paar Wandersocken, Zahnbürste und Zahnpasta, Deodorant und Sonnencreme, eine kleine Matte, um draußen zu sitzen, ein Handtuch, zwei Rollen Toilettenpapier, drei Flaschen Wasser, mehrere zerfledderte Bücher und ein Notizbuch. Ach ja, und außerdem einen Beutel mit altbackenem Baguette – *du pain dur* –, in kleine Stücke gebrochen, als Leckerbissen und gelegentlicher Ansporn.

Gemächlich verlassen wir den Ort auf einer schmalen Straße, die an mehreren leer stehenden Cafés und einer mit Brettern vernagelten Bäckerei vorbeiführt, die ihren Betrieb schon vor langer Zeit eingestellt hat. Unsere Gangart auf dem alten Kopfsteinpflaster folgt einem gemächlichen Rhythmus, gleicht einem Stepptanz, jedoch nach Eselsart. Es ist kein Geräusch, das in den Ohren schmerzt oder bedrohlich erscheint, hat nichts mit dem aufdringlichen Stakkato einer Maschine zu tun. Es ist ein gedämpftes Klippklapp, das von den Gebäuden mit ihren geschlossenen Fensterläden in einer Art mittelalterlichen Melancholie widerhallt, eine Melancholie der Langsamkeit, eine Melancholie müßig verbrachter Stunden, die eine beruhigende Wirkung hat. Über mir, die Kuppe einer steilen Anhöhe krönend, befinden sich die Überreste eines gigantischen Steinportals aus dem zwölften Jahrhundert; es führte einst zu einem Märchenschloss hinauf, das 1698 durch ein Feuer in Schutt und Asche gelegt wurde. Dieser imposante Durchgang stellt das zerbröckelnde Prunkstück der kleinen Stadt Allègre dar. Das Tor lädt mich ein einzutreten in das wolkenlose Azurblau des Himmel, doch ich sehe ein vulkanisches, erdverbundenes Schicksal vor uns liegen: das mächtige Felsmassiv über und hinter dem Mont Bar, das uns bald einhüllen und umgeben wird. Die wellenförmigen Hügel ringsum zittern und brodeln im Morgendunst wie ein zähflüssiger Lavastrom am Horizont, zu riesigen urzeitlichen Klumpen erstarrt. Ich bin unterwegs zu Heiligem und Profanem, ein Vagabund mit Esel, die Zügel einer anderen Ära in den Händen, vielleicht auch die eines kommenden Zeitalters. Ich winke Passanten zu, sage lächelnd *Bonjour*, warte auf Palmzweige und achte zugleich auf zu schnell fahrende Autos.

Ich gehe neben Gribouille, der Führstrick hängt locker vor seinem gesenkten Kopf herab. Es ist schwer zu sagen, wie lange wir schon unterwegs sind. Wir spüren beide die Hitze, die Sonne brennt gnadenlos auf uns herab, es gibt kaum Schatten. Wir nähern uns einem Wald, werden dort rasten. Doch das braucht seine Zeit, denn Gribouille stemmt sich, einem natürlichen Instinkt folgend, gegen jedweden Druck, der durch den Führstrick auf seinen Kopf ausgeübt wird. Er zieht mit aller Macht, wenn er am Wegrand etwas entdeckt, das ihn zum Fressen verlockt. Er beschnuppert alles und steuert zielstrebig auf jede Stelle zu, die seine Aufmerksamkeit weckt, stürzt sich mit voller Kraft darauf. Er liebt Löwenzahn, Disteln und Brombeer-Gestrüpp, alle mit Dornen oder Stacheln bewehrten Pflanzen. Er vertilgt das Unkraut, als wäre es ein saftiger Apfel. Anschließend trottet er gedankenverloren weiter, während ihm noch eine halbe Fuhre Grünfutter zum Maul heraushängt.

Wir lernen, wie der andere auf Druck reagiert, lernen gemeinsam, Wünsche und Bedürfnisse des anderen zu erkennen und zu begreifen. Aber wir können nicht *jedes Mal* Wurzeln schlagen, wenn er fressen möchte. Nach und nach entwickeln wir eine gemeinsame Sprache, eine beidseitige Verständigung. Ich ziehe leicht am Führstrick und er reagiert; sobald er reagiert und weitergeht, verringere ich den Druck. Er weiß, dass wir unseren Weg fortsetzen müssen. Wenn er sich weigert zu folgen, wenn er fest entschlossen ist, zu grasen und sich am nächsten Löwenzahn gütlich zu tun, seinem Lieblingsimbiss am Straßenrand, lasse ich ihm seinen Willen. Mir bleibt schließlich kaum eine andere Wahl! Ziehen würde nichts bringen. Die Franzosen sagen: *Un âne se pousse et ne se tire pas!* – Ein Esel muss sich selbst einen Ruck geben, er lässt sich nicht ziehen! Nachdem Gribouille ein paar Löwenzahnblätter herausgerissen hat, bringt ihn ein kurzer fester Ruck am Strick wieder in Gang. Auf diese Weise bewegen wir uns vorwärts. Gehen und Fressen im Einklang, Gehen und Reden Seite an Seite, ein Mann und sein Esel, auf dem Weg nach irgendwo, langsam, aber sicher, wie im *Zauberer von Oz* einer ländlichen gelben Backsteinstraße folgend. Meine Hand ruht auf seinem Kopf, auf der knochigen Erhebung zwischen seinen Ohren, einem kleinen Höcker, der einer Gangschaltung gleicht, einem verborgenen Deckel. Rund um diesen Höcker ist alles weich, das zarteste Gewebe, das man sich nur vorstellen kann.

Um Gribouille zum Anhalten zu bewegen, drossle ich das Tempo noch mehr, damit er merkt, dass ich stehen bleiben will. *Attends*! Wenn ich anhalte, verharre ich reglos, hoch aufgerichtet, die Schultern gestrafft. Im Alltag habe ich die Neigung, einen Buckel zu machen, das Gewicht der Welt auf meinen Schultern zu spüren, deshalb ist das für mich eine gute Übung. Ich entspanne mich, atme tief durch, lausche den Vögeln und Bienen. Ich lasse alles los, komme zur Ruhe. Die Körpersprache verlangsamt sich zwangsläufig, wenn man mit einem Esel auf Wanderschaft geht. Man setzt einen Schritt vor den anderen, als würde man durch hüfthohes Wasser waten, nicht mit abgehackten, sondern mit stetigen fließenden Bewegungen. Eine achtsame, gemächliche Körpersprache wirkt beruhigend auf einen Esel, stärkt sein Vertrauen in den zweibeinigen Begleiter: eine Strategie der kleinen, langsamen Schritte, die Vertrauen schaffen.

Es ist warm, aber die Luft ist frisch, frisch und trocken – sie enthält keinen einzigen Tropfen Luftfeuchtigkeit. Wir befinden uns weit über dem Meeresspiegel in einer Höhe von annähernd zwölfhundert Metern. Ich atme abermals tief ein und aus. Ich fühle mich so frei und lebendig wie nie zuvor. Ich entspanne mich, lasse den Strick schleifen, lasse alles schleifen. Gribouille bleibt stehen und einen magischen Augenblick lang verharren wir in absoluter Stille, Seite an Seite, schauen nach vorne, ein jeder in seine eigenen Gedanken, seine eigenen Träumereien versunken. Ich höre seine tiefen, stoßweisen Atemzüge, die beinahe wie ein Seufzen klingen. Er hat den Blick auf das Eselsnirwana gerichtet; bisweilen hält er von sich aus inne, scheinbar grundlos, um zu lauschen und zu schauen, um seine Umgebung in Augenschein zu nehmen. Sein Kopf ist regungslos, wie erstarrt. Ich betrachte ihn staunend, sehe, wie ein träumendes Tier in eine andere Welt eintaucht, und bedaure meine eigene profane Unbeholfenheit. Es ist kein verlorener Augenblick und mehr als eine Verschnaufpause, wenn ein Esel stehen bleibt, ohne dass etwas geschieht. Man nimmt die nachhaltige Präsenz, die Fülle wahr. Es geschieht etwas, aber nichts, das man sehen kann. »Das Wesentliche ist für die Augen unsichtbar«, erinnert der Fuchs den kleinen Prinzen in der Geschichte von Saint-Exupéry. Ein Esel übernimmt in meinem Fall die Rolle des Fuchses. Gribouille seufzt, dann seufzt er abermals, lässt die Ohren kreisen, bläht die Nüstern auf und trabt weiter, offenbar klüger als zuvor.

*

Ein Versprechen, das jedes Jahr aufs Neue gehalten wird: die Frühlingsbrise. Sie kehrt nach dem Winter zurück, gemeinsam mit den Vögeln. Esel stürmen aus den Ställen, stoßen Freudenschreie über die Entlassung aus ihrem Gefängnis aus, über den erstmaligen Anblick der Freiheit im neuen Jahr, laufen in das sanfte Grün und die milde Luft hinaus. Ihr Fell ist zottelig, doch es wird sich in der Wärme glätten. Ich striegle Gribouille. Gribouille leitet sich von dem französischen Wort *gribouillage* her, was »Gekritzel« oder »Gekrakel« bedeutet und auf das Verb *gribouiller* zurückzuführen ist, was so viel bedeutet wie »hinschmieren, kritzeln«. Mit Gribouille bezeichnet man außerdem jemanden, der ein schlichtes Gemüt besitzt, unbedarft oder sogar ein wenig einfältig ist, kurzum: ein Bursche nach meinem Geschmack ... Ich striegle ihn mit einem Plastikstriegel im Angesicht eines mächtigen Steinportals, kämme die verfilzte Mähne eines französischen Esels unter einem blauen französischen Himmel, in der milden Frühlingssonne, auf einem entlegenen, menschenleeren Feld, weit, weit weg von allem.

Ich hatte eine Inselmetropole an der Küste eines riesigen Kontinents verlassen und war – irgendwie – mit ein paar Eseln in der Prärie gelandet, im französischen Hinterland. Seit dem zehnten Lebensjahr hatte ich davon geträumt, in Amerika zu leben, in New York. Nach der ersten Amerikareise im Jahre 1970 fasste ich sogar den hochfliegenden Plan, irgendwann einmal im Empire State Building zu wohnen. Ich war mit meinen Eltern in die USA geflogen, die Ewigkeiten gespart und auf vieles verzichtet hatten, um den Atlantik zu überqueren und die Schwester meiner Mutter zu besuchen. Sie war einige Jahre zuvor ausgewandert. Keiner meiner Schulfreunde konnte glauben, dass ich wirklich und wahrhaftig nach Amerika fliegen würde. Noch lange danach besaß ich die Schultertasche der PanAm, die wir an Bord als Geschenk erhielten, verwahrte darin meinen Grundriss des Empire State Building, der mächtigen, von Menschenhand erschaffenen

Struktur, damals das höchste Bauwerk der Erde. Hoch droben auf dem Gipfel der Welt sah ich mein eigenes Schicksal vor mir, tief unten in den Häuserschluchten, in einem endlosen gelben Truggebilde, einem nicht abreißenden Strom aus Taxis, Menschenmassen und Möglichkeiten. Alles erschien mir fremd, dem *gamin*, dem kleinen Bengel, dessen weiteste Reise an einen armseligen Strand in Nordwales geführt hatte, wo es die ganze Zeit regnete: Gerüche wie von einem fremden Stern, sonderbare Namen, Hitze, unterschiedliche Farben und der Abfall, der vom Wind aufgewirbelt wurde. An jeder Straßenecke sah ich Menschen, die untätig herumstanden, das Treiben beobachteten. Ich war gebannt, schwor mir, eines Tages dorthin zurückzukehren.

Der Schwur geriet nie in Vergessenheit; der Traum blieb, auch dann noch, als ich heranwuchs, als es eigentlich an der Zeit gewesen wäre, es besser zu wissen. Der Gedanke an New York verließ mich nie, gleich wohin es mich in meinem Erwachsenenleben verschlug. Erst zur Jahrtausendwende konnte ich diesen Schwur endlich einlösen. Ich kehrte zurück, für immer, wie ich dachte, unmittelbar vor meinem vierzigsten Geburtstag, und bezog ein Studio-Apartment in der Nähe des Central Park. Meine Greencard bescheinigte mir, dass ich nun eine permanente Aufenthaltsgenehmigung besaß. Ein paar Jahre lang liebte ich mein Viertel, die Upper West Side. Ich unternahm Spaziergänge im Park, fütterte die Eichhörnchen mit Nüssen, die ich in Manis Lebensmittelladen gekauft hatte, ich schlenderte den Broadway hinauf und hinunter, war Stammkunde in dem berühmten jüdischen Delikatessengeschäft Zabar und sah von einer Bank auf der anderen Straßenseite die Welt entlang der Broadway Mall an mir vorüberziehen. Ich verweilte oft unweit der Kreuzung der 96. Straße an einem kleinen Fleckchen Erde, wo der Schriftsteller und Nobelpreisträger Isaac Bashevis Singer Tauben gefüttert hatte und wo ich nun meine eigenen *Schatten über dem Hudson* verfolgen konnte.

Doch es gelang mir nie, den Traum von New York mit der Wirklichkeit zu versöhnen. Er war immer zu gewaltig, vor allem nach seiner Verwirklichung, und ganz besonders, als er einen bitteren Beigeschmack anzunehmen begann, als er sich in ein Monster verwandelte, dessen Erhalt ungeheure Kraft kostete, das mich verschluckte und ausspie. Und so blieb mir nur, endlose Stunden in der Warteschlange vor der Duane-Reade-Drugstore-Kette zu verbringen, in Gesellschaft anderer Verlorener. Als Kind war ich gebannt gewesen vom Big Apple, von seiner Magie. Als Erwachsener sah ich nur die Taschenspielertricks, die Kniffe und Finessen. Vielleicht hatte sich der Schwur mit den Jahren abgenutzt. Vielleicht war es zu spät. Vielleicht hätte ich den Traum auf Eis legen und mir damit bewahren sollen.

*

Wenn ich Gribouilles *poil*, sein dunkles Fell, nicht kräftig genug oder an der falschen Stelle striegle, stupst er mich mit dem Kopf an, um mir zu zeigen, wo es der Pflege bedarf. Er benutzt den Kopf, um mit mir zu kommunizieren, seinen großen braunen Kopf. Dieser wiegt schwer und Gribouille liebt es, wenn ich ihn mit meinen Schultern stütze, ihm die Last abnehme. Unsere Köpfe befinden sich so nah beisammen, dass ich beinahe das Gefühl habe, die Welt mit seinen Augen zu betrachten. Nach einer Weile löst er sich dann von mir und manchmal stupst er mich abermals an, einfach so, weil es ihm Spaß macht. Er bohrt mir den Kopf in den Bauch, versetzt mir einen sanften, wissenden Rippenstoß, einen kleinen harmlosen Nasenstüber. Seine Miene verrät nicht das Geringste: sie ist verschlossen. Seine Augen gleichen zwei schwarzen Trüffeln, tief in einem Gestrüpp vergraben. Schwer, sie auszuloten, sie auszuspionieren. Bei dem Versuch, in ihre Tiefen vorzudringen, würde man sich in ihrer Unermesslichkeit verlieren …

Bevor ich in die Auvergne kam, hatte ich meine Zelte in einer anderen Region Frankreichs aufgeschlagen, wo ich die Bekanntschaft einer braunen Promenadenmischung machte, die ebenfalls auf den Namen Gribouille hörte. Der Hund gehörte dem Bäcker, einem Landbäcker, der seine Brotlaibe in einem Holzofen buk, wie es der *Savoyard*-Tradition entsprach. Gribouille saß immer draußen vor dem Laden, der kaum mehr als eine alte Werkstatt war, ein *atelier*. Er bellte jeden an, der sich näherte. Aber es war ein freundliches Bellen, ein aufgeregtes Bellen. Niemand fühlte sich davon je bedroht. Ich freute mich jedes Mal, Gribouille zu sehen, und die Freude war ganz seinerseits. Er hatte eine sonderbare Art, einen zu begrüßen: Er packte das Handgelenk mit den Zähnen, als wollte er zubeißen, und man stand wie angewurzelt da, den Arm in seinem Maul. Doch seine Zähne hinerließen nur schwache Abdrücke.

Er fügte niemandem auch nur einen Kratzer zu, unerklärlicherweise. Das Zupacken erfolgte spielerisch und mit unvergleichlichem Geschick. Er folgte mir auf Schritt und Tritt. Wir machten endlos lange Spaziergänge zusammen, streiften vergnügt durch weitläufige Wiesen und morastige Felder und später brachte ich ihn mit dem Auto zurück. Eines Tages wartete er geduldig, bis ich den Wagen unter einem Schneehaufen ausgegraben hatte. Er sah gespannt zu, denn er freute sich auf die Fahrt. Er sprang auf den Rücksitz, wo er dann hoch aufgerichtet und hechelnd thronte und in die Weltgeschichte blickte wie ein Aristokrat mit Chauffeur. Als ich meine Zelte dort abbrach, war ich zu traurig, um meinem Freund Gribouille *Adieu* zu sagen. Und dann lernte ich einen anderen Gribouille kennen, seinen Seelenverwandten, der mit seinem Kopf sprechen kann und mich auf einer anderen Reise begleitet, einer anderen Zukunft entgegen, auf einem Weg, der sich durch Zufall ergab ...

Die erste Begegnung mit dem Esel Gribouille war ungewöhnlich dramatisch und faszinierend gewesen. Eine Herde Esel stürmte auf uns zu: freudig, triumphierend und im Galopp – sie können tatsächlich galoppieren! Und sie schrien aus voller Kehle! Aber der Schrei galt nicht mir, sondern ihrem Besitzer, Jean, einem jovialen Mann Mitte fünfzig, der mit seinem Bart, seiner flatternden Mähne und der Nickelbrille eher intellektuell wirkte. Jean sprach mit Leidenschaft und Begeisterung über Esel, die er über alles liebte. Wir waren gemeinsam etwa eineinhalb Kilometer aus dem mittelalterlichen Stadtkern von Allègre hinausgefahren und hatten an einem Feld gehalten, das wie ausgestorben wirkte. Nicht lange. Kaum hatte er den Wagen geparkt, drang auch schon Eselsgeschrei aus dem Unterholz und hallte über die Wiesen. Dann folgte das ungestüme Rennen: Sie wussten irgendwie, dass Jean kam, noch bevor er richtig angekommen war.

Jean züchtet und vermietet seine Tiere; er organisiert seit mehr als einem Jahrzehnt Wanderungen mit Eseln, *randonnées avec un âne*, seit er und seine Frau Anne-Marie ihr Unternehmen *Âne-en-Auvergne* – »Esel in der Auvergne« – ins Leben gerufen haben, das wenig abwirft und sehr arbeitsintensiv ist. Er selbst verliebte sich vor langer Zeit in die grauen Vierbeiner, als er eine Wanderung durch Frankreich plante. Damals arbeitete er noch als Zimmermann in Genf. Bei einem Unfall hatte er sich eine Rückenverletzung zugezogen und sah sich außerstande, einen schweren Rucksack zu tragen. Irgendjemand empfahl ihm daher, sich einen Esel als Packtier zuzulegen. Er befolgte den Rat und alles Weitere folgte wie von selbst. Und so standen wir nun vor einer Horde Esel, die sich gierig nach Futter an den Zaun drängten und sich gegenseitig den Platz streitig machten, um ihre Streicheleinheiten zu bekommen. Es waren etwa zehn, von unterschiedlicher Gestalt, Größe und Rasse. Einige wirkten stämmiger als andere. Jean fütterte sie mit altbackenem Brot und nannte dabei liebevoll ihre Namen: Victor, Jean-Luc, Pierre, Judie, Picotin ... und Gribouille, der große, lammfromme Schokoladenbraune.

Voici Gribouille, der Esel, der mich auf meiner Wanderung begleiten sollte, den ich für verlässlich, für vertrauenswürdig hielt. Ich traf die Wahl rein instinktiv, aus einem Bauchgefühl heraus. Er war der Richtige. Jean erzählte mir, der Esel sei mittleren Alters, ein kräftiger, zäher Bursche, der weite Strecken zurücklegen und schwere Lasten tragen konnte. Die kleinen *ânesses,* die Eselsstuten, vermietete Jean überwiegend an Familien mit Kindern. Kinder bewältigen in der Regel nur kurze Wanderungen und viele haben Angst vor größeren männlichen Exemplaren wie Gribouille. Doch Gribouille war der friedfertigste Esel, den man sich nur vorstellen kann, mit dem seelenvollen Blick eines Jagdhundes, voller stiller Melancholie. Er war so unvorstellbar sanft bei unserer ersten Begegnung, er erschien mir wie das Heilmittel, das Gegengift einer aus dem Ruder gelaufenen Welt, einer Welt, die zu meiden ich beschlossen hatte. Er war genau der Gefährte, mit dem ich ihr entfliehen wollte. Ein chinesischer Dichter aus dem achten Jahrhundert schilderte einmal, wie er unterwegs einem Wanderer begegnete, einem Wanderer, der eine lange Reise antreten wollte. Er stieg von seinem Pferd, entbot dem Wanderer einen Gruß und fragte ihn nach dem Ziel seiner Reise. Der Mann antwortete: »In weltlichen Angelegenheiten ward mir kein Erfolg beschieden. Ich kehre in das Nan-Chan-Gebirge zurück, um dort meinen Frieden zu finden.« Warum zog es ihn ausgerechnet dorthin? »Dort herrscht kein Lärm«, sagte er. »Keine Verwirrung; alles, was ich mir wünsche, ist ein Leben in luftiger Höhe, in smaragdgrünen Dunst gebettet.«

*

Gribouille und ich unterhalten uns manchmal, hoch droben in den Bergen, im smaragdgrünen Dunst. Während wir unterwegs sind, wechseln wir hier und da ein paar Worte, ein Wanderer, der sich mit seinem Esel austauscht. Bisher haben wir bereits einige denkwürdige Gespräche geführt. Er versteht sich hervorragend darauf, meinen Französischkenntnissen auf die Sprünge zu helfen. Ich bin hoffnungslos unbegabt, was Sprachen betrifft. Alles andere als ein Naturtalent. Ich hatte in der Schule nie Französisch gelernt – genauer gesagt bin ich mit sechzehn abgegangen und habe in der Schule überhaupt nichts gelernt. Das sollte ich ein Vierteljahrhundert später nachholen: Jahrelang, beinahe ohne Unterbrechung, fuhr ich jeden Samstag mit der New Yorker U-Bahn von der 69. Straße in die 125. Straße nach Harlem. Dort betrat ich ein winziges Apartment, wo ich bei Victor, einem arbeitslosen Filmemacher und französischen Bretonen, der sich finanziell nur mit Mühe über Wasser halten konnte, Französisch lernte. In dem spärlich beleuchteten Raum in Harlem paukte ich Konjugationen. Dann ging ich durch den Morningside Park nach Hause zurück, erklomm die steile, einst imposante und nun ausgetretene Treppe auf der anderen Seite von St. John the Divine, der mächtigen Kathedrale an der Amsterdam Avenue, und wiederholte laut, was ich gelernt hatte. Im Winter, vor allem bei Einbruch der Dunkelheit, erschien mir das Rezitieren im Freien bisweilen bedrohlich. Im Sommer dagegen sprangen dort Eichhörnchen aus dem Gebüsch, während Halbwüchsige auf öden Spielplätzen Basketbälle in Körbe versenkten.

Inzwischen habe ich einen anderen Französischlehrer. Gribouille ist geduldig und rücksichtsvoll, unterbricht mich nie, lässt mich stets ausreden. Er gibt mir Zeit, innezuhalten, nachzudenken, in meinem Gedächtnis nach dem besten Wort zu suchen, dem *mot juste,* und bietet mir die Möglichkeit, es deutlich und mit Sorgfalt auszusprechen. Er sieht mich an, während ich rede, und zwirbelt die Ohren. Es heißt, dass er damit die Fliegen verscheucht, aber ich weiß, dass er in Wirklichkeit aufmerksam zuhört. Mein Französisch ist besser in seiner Gesellschaft. Ich fühle mich nicht gezwungen, etwas überstürzt von mir zu geben, in aller Eile zu formulieren, verstümmelte oder abgehackte Wortfetzen auszuspucken. Mit einem Esel spricht man *correctement.* Würde nur jede menschliche Begegnung so verlaufen! In gleich welcher Sprache. Auch ich bin ganz Ohr und habe meine kleinen menschlichen Ohren ganz auf seine Weisheit und seine Bedürfnisse ausgerichtet. Er scheint mir Geduld beizubringen, einem Menschen, der nicht immer der beste Zuhörer war.

Manchmal schreit er, vor allem morgens, und zeigt dabei seine mächtigen Schneidezähne, die großen gelben

Perlen gleichen. Zu Beginn des Tages rubble ich ihm über die Fransenmähne und bearbeite sein Fell mit dem Striegel, entferne Staub und Schmutz, hängen geblieben beim abendlichen Wälzen auf der Erde, mit dem er seine Freiheit zelebriert, sobald Packsattel und Führstrick entfernt sind. Am liebsten hat er es, wenn man ihn fest und beherzt striegelt. Ich genieße diesen besonderen Augenblick, mit ihm gemeinsam auf dem freien Feld zu sein, bevor die Sonne vollends aufgegangen ist, der Boden noch feucht vom Tau und die Luft so frisch. Dann packen wir zusammen, brechen auf und reden. Doch öfter noch gehen wir schweigend nebeneinander her, ein jeder in seine eigenen Gedanken versunken. Manchmal sagen Worte zu viel, Gribouille. Sie sind oft die Quelle von Missverständnissen und Geistlosigkeiten. Manchmal sind sie kaum mehr als oberflächliches Geschwätz, heiße Luft. Da ist es besser, dem Zwitschern der Vögel und Summen der Insekten zu lauschen, den Grillen, verborgen in ihrem Versteck, oder dem Klang der natürlichen Stille. Sie ist schwer zu finden im Zeitalter der Bits und Bytes, das durchdrungen ist von dem Getöse der allgegenwärtigen Technologien. Hörst du das kristallklare Rauschen des Bergwaldes, Gribouille? Hör aufmerksam hin.

Schon jetzt sind wir unzertrennlich, wie Sancho Pansa und Dapple, ein Ego und sein Alter Ego, die gemeinsam durch die traumartige, von Bäumen gesäumte Landschaft des Unterbewusstseins streifen. Jeder kennt Don Quijote, den tapferen fahrenden Ritter, der auf seinem alten Klepper Rosinante über die mittelalterlichen kastilischen Hochebenen reitet und gegen Windmühlen kämpft, auf der Suche nach Gerechtigkeit, nach einem Ausgleich für die Torheiten einer aberwitzigen Welt, einer Welt, die wir die unsere nennen. Doch was ist mit Sancho und seinem Esel Dapple, Don Quijotes Weggefährten von zutiefst aufrichtigem und schlichtem Gemüt? In ihrer gegenseitigen Ergebenheit liegt eine gewisse lyrische Poesie, eine natürliche Schönheit: eine Loyalität, bei der weder Mensch noch Esel Forderungen stellen, vollmundige Verlautbarungen von sich geben oder großspurige Pläne im Kopf haben. Sie ist vielmehr geprägt von einer tiefen, ganz ursprünglichen Verbundenheit, einer gegenseitigen Fürsorge und Liebe.

Deshalb sagte Franz Kafka vermutlich, Sancho sei ein freierer Mensch als sein Herr Don Quijote, der ein »festgelegtes Ziel« hatte und sich an die Idealvorstellung eines fahrenden Ritters gebunden sah. Sancho fügte niemandem Schaden zu, so Kafka, und Dapple, sein Grauer, trug ergeben das Gewicht seines beleibten Herrn, ertrug seine groben bäuerlichen Gewohnheiten ohne großes Getue oder Ansprüche zu stellen. Wie wir beide, Gribouille, waren sie einfache Leute auf der Suche nach Einfachheit. Treue Kameraden in guten wie in schlechten Tagen, die es nicht ertrugen, auch nur einen Moment voneinander getrennt zu sein.

Als Sancho Pansa und Don Quijote bei dem »Abenteuer mit dem verzauberten Nachen« Dapple und Rosinante, an einer Weide am Flussufer angebunden, zurücklassen müssen, fällt Sancho der Abschied schwer: »Als sich Sancho ungefähr zwei Ellen weit im Gewässer des Flusses sah, begann er zu zittern und sein Verderben zu fürchten; aber nichts machte ihm so viel Kummer, als dass er seinen Esel iahen hörte.« Da rief Sancho aus: »Mein Grauer schreit Iah vor Trauer über unsre Abreise ... O liebste Freunde, bleibt in Frieden allhier, und möge auf die Torheit, die uns von euch fortführt, die Enttäuschung bald folgen und uns dann zum holden Zusammensein mit euch zurückbringen!« Das Zurücklassen seines über alles geliebten Freundes lässt ihn in Tränen ausbrechen.

Ich erinnere mich auch an weniger bekannte Szenen aus *Don Quijote,* die sich um den Schildknappen und seinen geliebten Dapple ranken. Sie gehören zu den schönsten Verszeilen, die über die Beziehung zwischen Mensch und Esel geschrieben wurden, verfasst von Miguel de Cervantes vor vierhundert Jahren, ein Großteil davon im Kerker. »Oh!«, schluchzt Sancho, nachdem Dapple und er in eine tiefe finstere Grube gefallen sind. »Welch unerwartete Missgeschicke begegnen doch bei jedem Schritt denen, die auf dieser elenden Welt leben!« Sancho fürchtet, dass niemand sie in ihrem unterirdischen Verlies findet, dass Mensch und Esel gemeinsam das Zeitliche segnen und zu Staub werden. »O mein lieber Gefährte und Freund!«, klagt Sancho, bevor Don Quijote ihnen endlich zu Hilfe eilt. »Wie schlecht habe ich dir deine Dienste vergolten? Vergib mir, getreuer Dapple.«

Und als Dapple von Ginés de Pasamonte, einem Verräter, Räuber und Dieb, gestohlen wird, ist Sancho am Boden zerstört und jammert zum Steinerweichen. Als die beiden schließlich wieder vereint sind, kann der Schildknappe des fahrenden Ritters seine Freudentränen nicht zurückhalten. »Sancho lief zu seinem Esel und umarmte ihn innig: ›Wie ist es dir ergangen, mein lieber Dapple, mein vertrauter Gefährte, mein Augenstern!‹ Dann küsste und liebkoste er ihn, während Dapple die Zuneigungsbekundungen seines Herrn friedlich und wortlos in Empfang nimmt.«

3

Es ist später Vormittag und der Weg schlängelt sich dahin. Wir sind heute in aller Frühe aufgebrochen, denn der Tag wird lang und heiß – es geht stetig bergauf, hoch hinauf. Der Wetterbericht meldete, dass Frankreich wieder eine *canicule* bevorstehe, eine weitere Hitzewelle. Wir erklimmen die Anhöhe auf einem schmalen steinigen Pfad, überqueren eine Lichtung zwischen zwei dichten Kiefernwäldern; an einer Stelle befindet sich ein Steilhang, der senkrecht ins Tal abfällt. Überall Bäume, Seite an Seite. Riesige spitze Nadeln, die zum Himmel weisen. Winzige lehmfarbene Eidechsen huschen zwischen den Felsspalten hin und her. In der Ferne erspähe ich kleine orangefarbene Sprenkel, die Hausdächer eines kleinen Weilers, eine Ansammlung alter Häuser aus Naturstein, der aus diesem Gebirge stammt.

Gribouille bewegt sich anmutig und mit Bedacht, setzt vorsichtig seine Hufe auf das lose Geröll, überprüft vor jedem Schritt seinen Halt. Seine Vorsicht ist instinktiv. Er geht Steinen und rauem, unebenem Boden nach Möglichkeit aus dem Weg. Es ist offensichtlich, dass sie nicht nach seinem Geschmack sind. Bei steinigen Pfaden geht er immer am Rand entlang, auf dem weicheren, grünen Erdstreifen; wenn sich das Grün dagegen in der Mitte befindet, steuert er es sofort mit aller Macht an. Mit hängendem Kopf, das Maul dicht über dem Boden, hat es den Anschein, als würde er seinem Riecher folgen, sich seinen eigenen, persönlichen Weg bahnen, immer der Nase nach. Es heißt, dass Esel teilweise farbenblind sind, dass sie beispielsweise keine Rottöne sehen können. Grün können sie jedenfalls erkennen, so viel steht fest. Während Gribouille den Bergpfad erklimmt, höre ich, wie die Satteltasche an

Blättern und Farnen am Wegesrand entlangscharrt. Näher am Rand bedeutet näher an den Leckerbissen, auf die er ein Auge geworfen hat; mit weit ausholenden, mahlenden Bewegungen verleibt er sich alles ein, was sich vor ihm befindet. Eine Weile gehen wir gemeinsam weiter, eingehüllt in eine Stille, in der wenig geschieht. Ich höre ihm bloß dabei zu, wie er die Hälfte der lokalen Vegetation verschlingt.

Der Führstrick hängt schlaff herab, weil wir beide wissen, worauf es bei einem Aufstieg ankommt. Es gibt keine andere Möglichkeit als bergauf, über den Gipfel und bergab zu gehen. Ich gönne Gribouille eine Pause; er frisst schon wieder und ich blicke über das Tal hinaus ins Grüne. Alle möglichen Dinge gehen mir durch den Kopf, Gedanken, die plötzlich geklärt sind, Visionen, die sich deutlich abzeichnen, Überlegungen, die sich entwirrt haben. Hier gibt es Raum und Zeit, um über das eine oder andere nachzusinnen. Und niemanden, der einem im Nacken sitzt. Gribouille grast, glücklich und unbeschwert. Ich bin es zufrieden, dem Horizont zu folgen, den Blick über die Bäume driften zu lassen. Dann gebe ich ihm zwei kleine Klapse auf seinen Nacken oder seinen Rumpf. *Allez-hop*! Weiter geht's. Wir gehen Seite an Seite. Er ist tief in seine Eselsgedanken versunken, undurchdringliche Gedanken, die er mit niemandem teilt. Von Zeit zu Zeit gehe ich einen Schritt hinter ihm und beobachte, wie er ohne Führung auf »Zehenspitzen« den Berg erklimmt, die Satteltaschen zu beiden Seiten hinunterhängend, wie der Schwanz hin- und herpendelt, eine Bewegung von bestechender Einfachheit.

Als ich zum ersten Mal mit einem Esel im Atlasgebirge in Marokko eine Wanderung unternahm, umklammerte ich meinen kostbaren baskischen, von einem hölzernen

Pilz gekrönten Spazierstock. Ich hatte ihn einige Jahre zuvor in den französischen Pyrenäen gekauft, an einem Stand am Straßenrand, von einem Mann mit Baskenmütze, der *Osseau Iraty,* Schafmilchkäse, feilbot. Seine dreihundertköpfige Schafherde graste auf den Weiden und er verkaufte seine Spazierstöcke an Passanten, die gelegentlich aus dem Bergnebel auftauchten und die Neigung zum Anhalten verspürten. Aber ich erkannte bald, dass man alle Hände voll zu tun hat, wenn man sowohl einen Spazierstock als auch einen Esel halten will. Es ist mühselig und Menschen mit Stöcken stellen für manche Esel ein Problem dar. Sie schrecken vor ihnen zurück, halten die Gehhilfen für Knüppel oder Stachelstöcke.

Deshalb habe ich meinen Spazierstock dieses Mal zu Hause gelassen. Ich halte den Führstrick in der linken Hand; unter meiner Rechten, die auf Gribouilles linker Seite liegt, der mir zugewandten Seite, spüre ich die Wärme, die von ihm ausgeht, sowie die Stärke und Festigkeit seines Nackens. »Wir müssen uns in einen Esel hineinversetzen«, hatte mir ein englischer Experte für Eselsverhalten in der Vorbereitungsphase meiner Reise eingeschärft. »Das bedeutet, wir müssen lernen, wie ein Esel zu denken. Wir dürfen dabei keine menschlichen Gedankengänge zugrunde legen, sondern müssen versuchen, uns die Denkweise eines Esels zu eigen zu machen. Esel führen uns vor Augen, dass physische Gewalt keine Lösung ist – sie verfehlt bei einem Esel ihren Zweck. Man kann einen Esel nicht zwingen, schneller zu gehen; man kann generell nichts ›schneller‹ erledigen mit einem Esel. Wir müssen vielmehr lernen, uns auf sein Tempo einzustellen.«

Ich ziehe sanft, aber bestimmt am Führstrick und wir gehen weiter, immer noch bergauf. Robert Louis Stevenson, der wanderlustige schottische Schriftsteller, war in diesem Punkt anderer Meinung. Er wollte zwar langsam gehen, aber nicht so langsam wie sein Esel. Wie ein unerfahrener *ânier* verlor er die Geduld und versuchte, ihn durch Zerren und Prügel anzutreiben, doch Zerren und Prügel funktionieren nicht bei einem Esel. Er lud Modestine ein hundert Kilo schweres Bündel auf, eine gewaltige Last auf dem Rücken der kleinen mausgrauen Eselin. Er brachte seinem Packtier keinerlei Achtung entgegen, verstand nichts von der Art der Esel. Versuchte gar nicht erst, die Art der Esel zu verstehen.

»Ihr Esel ist wohl sehr alt, oder?«, wollte ein Bauer im grünen Umhang von Stevenson wissen, der gesehen hatte, wie sich die arme Modestine langsam auf dem schmalen Weg näherte. »Ich erwiderte, dass er meines Wissens nicht alt sei. Dann mutmaßte er, dass wir bereits einen weiten Weg hinter uns hätten. Ich sagte ihm, wir kämen aus Monastier, wären gerade erst aufgebrochen.« Der Bauer lachte, hob einen Knüppel auf und zog ihn der kleinen Eselin über den silbermondfarbenen Rumpf. Sie stieß einen Schrei aus. »Man darf kein Mitgefühl mit diesen Tieren haben«, sagte er und ging Stevenson mit schlechtem Beispiel voran. »Sie sind störrisch und hart im Nehmen – daher der Ausspruch *dur comme un âne*. Man kann sie prügeln, bis sie umfallen, das führt zu nichts. Ein Stachelstock ist das Einzige, was hilft.« Kurz nach Verlassen des Dorfes fasst Modestine eine kleine Nebenstraße ins Auge. Stevenson hat eine andere Route im Sinn. Er verliert die Nerven und »schlägt der armen Sünderin zwei Mal ins Gesicht. Es war traurig mit anzusehen, wie sie mit geschlossenen Augen den Kopf hob, als würde sie den nächsten Schlag erwarten. Ich war den Tränen nahe.« Stevenson erkennt, dass er sich besinnen und in Geduld fassen muss, dass er die Traglast verringern und Ballast abwerfen muss.

Doch schon als er Ballast abwirft, ändert er seine Meinung: »Jetzt hatte ich einen Arm frei, um Modestine zu züchtigen, und ich strafte sie grausam.«

Ein Kapitel aus Stevensons Reisebeschreibung *Reise mit dem Esel surch die Cévennen* trägt die Überschrift »Ich habe einen Stachelstock«. Ein Stachelstock ist ziemlich wirkungsvoll, wenn es gilt, ein Geschöpf – gleich ob Mensch oder Tier – anzutreiben, zu etwas zu zwingen und so lange zu quälen, bis es das gewünschte Verhalten an den Tag legt. »Gesegnet sei der Mensch, der den Stachelstock erfunden hat!«, rief Stevenson aus. »Dieser schmucklose Stab mit einem Dorn von drei Millimeter Länge war ein Zepter, das ich in den Händen hielt. Von da an war Modestine meine Sklavin. Ein Schlag und schon ging sie an jeder Stalltür vorüber, mochte sie noch so einladend sein. Ein Schlag und sie trabte los, sodass wir endlich vorankamen. Es war schlussendlich keine bemerkenswerte Geschwindigkeit und wir brauchten vier Stunden, um bestenfalls zehn Meilen zurückzulegen. Doch was für eine himmlische Veränderung seit gestern! Nicht mehr den hässlichen Prügel schwingen; nicht mehr mit dem schmerzenden Arm ausholen; keine Übungen mehr mit dem plumpen Breitschwert, sondern galante Fechtkunst, diskret und wie für einen Gentleman gemacht. Und was soll's, wenn auf Modestines mausfarbenem Rumpf hin und wieder ein Blutstropfen erscheint?«

Wenn ich den Bergpfad allein erklimmen würde, ohne Gribouille, würde ich doppelt so schnell vorankommen, vielleicht sogar noch schneller. Doch wozu? Und mit wem würde ich dann reden? Unterwegs mit einem Esel bin ich gezwungen, mich seinem Tempo anzupassen, mich auf seine Art, die Dinge zu tun, einzulassen. Ein Stop-and-go-Verfahren, ein ständiger Wechsel zwischen Gehen und Stehen. So ist das nun mal mit einem Esel. Ich muss mich in Geduld fassen, muss meine Ungeduld und Frustration unterdrücken, mein Bedürfnis, mich zu beeilen, zu überholen, auf die Hupe zu drücken, um die Kurve zu rasen, jeden zu verfluchen, der trödelt und mir den Weg versperrt. Ich befinde mich nicht länger auf einem New Yorker Bürgersteig, um mir mit den Ellenbogen meinen Weg zu bahnen, und auch nicht auf der Flucht, gestresst auf einer Autobahn, auf der der Verkehr zum Erliegen kommt. Die Dinge laufen anders, wenn man mit einem Esel auf unbefestigten Pfaden unterwegs ist: Geduld verwandelt sich in einen Tagtraum, der sanft hin und her schaukelt, wie die Wiege eines Babys oder ein Segelboot auf einem windstillen Meer. Er bietet einem das Geschenk, den Rhythmus präziser Schritte zu genießen, gemächlicher auszuschreiten und dennoch weiter voranzukommen, den Augenblick wie einen kostbaren Schatz zu hüten, ihn zu verlängern, ihn auszukosten in seiner ganzen Fülle…

4

Gribouille hält abermals an, bleibt plötzlich wie angewurzelt stehen. Sein Blick ist auf das Tal gerichtet. Seltsam, wohin es einen treibt, was einem durch den Kopf geht, wenn er leer ist, nur vom blauen Himmel erfüllt. Ich habe auf meiner Reise nach England viel über Esel gelernt, Dinge, die Stevenson gelernt haben sollte. Ich erinnere mich, wie ich an einem der seltenen stillen Maitage auf das Meer hinausblickte, auf einen glitzernden blaugrünen Mühlenteich, auf den Ärmelkanal. Ich wanderte über die Klippen von Salcombe Hill in Richtung Salcombe Regis, inmitten von grasenden Schafen, Kühen und Wiesen, die sich bis zum Rand der Klippen erstreckten, wo sie sich der Sonne zuneigten und jäh ins Meer abfielen, in die Lyme Bay. Ich ging in östlicher Richtung unter Eschen und Platanen dahin, vorbei an streunenden Fasanen, direkt auf das Paradies der Esel zu. Es glich einer grandiosen Bergwiese auf Meereshöhe, mitten in der englischen Grafschaft Devon. Ich betrat eine Enklave, eine Anderwelt jenseits der Banalität des gewöhnlichen Lebens, außerhalb der Bastionen menschlicher Grausamkeit und Gedankenlosigkeit.

Überall in diesem Königreich der Esel ertönten Eselsschreie. Ich höre sie noch heute in der Stille meiner Gedanken widerhallen, wenn ich an den Tag zurückdenke. Vielleicht kann Gribouille sie ebenfalls vernehmen. Ein leiser Schrei hier, ein anderer dort ... und ein weiterer, dieses Mal aus voller Kehle. Eine unglaubliche Begrüßung. Jeder Schrei signalisiert den Beginn einer perfekten Welt – eine tierische Elegie an eine windstille Morgendämmerung. Es ist der ungezügelte Schrei der Unschuld.

Ich bin hier, um den Eselsexperten im Sidmouth Donkey Sanctuary einen Besuch abzustatten, einer der größten und erfolgreichsten Tierschutz-Einrichtungen in Großbritannien. Es beherbergt unzählige Artgenossen von Gribouille, Verwandte aller Größen, Farben und Rassen: alte, blinde, vernachlässigte oder misshandelte Esel. Esel, deren Hufe dringend der Pflege eines Hufschmieds bedürfen. Esel, die gerettet und vor einem schauerlichen Schicksal bewahrt wurden, den Tod vor Augen. Einige der Patienten waren nicht mehr zu retten, doch andere, Tausende, wurden in diesem Refugium aufgenommen, gesund gepflegt und weitervermittelt, haben ein neues liebevolles Zuhause und eine zweite Chance bekommen. Noch mehr verbringen ihre letzten Lebensjahre im sonnigen Sidmouth, erhalten hier ihr Gnadenbrot. Viele sind weit über vierzig Jahre alt, einige wenige sogar älter als fünfzig. Ich bin hierhergekommen, um mit den Betreuern über Esel zu sprechen. Eselsgeruch steigt mir in die Nase. Jemand tippt mir von hinten auf die Schulter: ein neugieriger flauschiger Stammgast, darauf bedacht, Bekanntschaft zu schließen und zu sehen, was sich hier tut. Ich erkläre ihm, dass ich auf Ben Hart warte, den auf Esel spezialisierten Verhaltensforscher, der sein Trainingszentrum auf der nahe gelegenen Paccombe Farm hat und mir erzählen kann, was im Gehirn eines Esels vorgeht, in dem Kopf, mit dem er mich anstupst, hinter Gribouilles stoischem Blick.

»Esel verstehen sich hervorragend darauf, Esel zu sein«, sagt Ben Hart, während wir an einem hölzernen Picknicktisch sitzen und Tee trinken. Ich glaube zu wissen, was er meint. Ben hat viel Erfahrung, was die Arbeit mit Eseln angeht. Vor seiner Tätigkeit für das Sidmouth Donkey Sanctuary studierte er das Verhalten von Tieren auf der Farm des berühmten »Pferdeflüsterers« Monty Roberts in Kalifornien. »Einem Pferd erteilt man einen Befehl, einen Esel muss man bitten«, sagt Ben. »Wenn man bei einem Ausritt an eine Pfütze oder einen Fluss gelangt, reicht es, dem Pferd auf die Sprünge zu helfen – ein kleiner Klaps, ein einfacher Befehl oder eine nachdrückliche Ermunterung genügen und schon setzt es sich in Bewegung. Man befiehlt ihm weiterzugehen, man *drängt* es vorwärts. Bei einem Esel wird das nicht funktionieren. Ein Esel wird sich höchstwahrscheinlich nicht von der Stelle rühren.«

»Einen Esel muss man *bitten*, durch die Pfütze zu waten, man muss ihm zeigen, wie tief sie ist und dass er sie gefahrlos durchqueren kann. Ein Esel ist auf der Hut vor Dingen, die er nie gesehen hat, die er nicht kennt. Er ist nicht gut darin, Probleme zu lösen, die der Mensch als lösbar akzeptiert. Unser Problem besteht darin«, sagt Ben, aus dem Talmud zitierend, »dass wir die Dinge nicht so sehen, wie sie sind, sondern wie wir sie sehen wollen.« Und so frage ich mich, ob der angeborene Selbsterhaltungstrieb des Esels auf Halsstarrigkeit oder Dummheit schließen lässt? Oder handelt es sich um eine Intelligenz anderer Art? Ben Hart erklärt mit Nachdruck: »Ein Esel ist von Haus aus weder störrisch noch schwierig, sondern einzig darauf bedacht, zu lernen, was er fürs Überleben braucht.«

Es könnte sein, dass mir in diesem Augenblick *Die Geliebte des französischen Leutnants* von John Fowles einfiel, ein meisterhafter viktorianischer Roman, der in den Sechzigerjahren entstand. Ich hatte ihn auf der Reise nach Sidmouth gelesen und versucht, die Atmosphäre von Lyme Bay zu erspüren, genauso wie Stevenson mir geholfen hatte, die Auvergne zu verinnerlichen. Was Fowles über Sarah sagt, die geächtete Titelheldin, scheint auch auf das Verhalten von Eseln zuzutreffen: »Sarah war intelligent, aber ihre Intelligenz war von einer anderen, seltenen Art; eine, die in unseren modernen Tests zur Messung der kognitiven Fähigkeiten mit Sicherheit unentdeckt bleiben würde. Sie war weder analytisch noch problemlösungsorientiert und es ist zweifellos symptomatisch, dass der einzige Bereich, in dem sie sich nur unter Qualen Kenntnisse angeeignet hatte, die Mathematik war. Sie besaß jedoch die unheimliche Fähigkeit, den Wert anderer Menschen einzuschätzen: sie zu verstehen, im wahrsten Sinn des Wortes.« Sarah schildert an einer Stelle ihre eigene Sicht der Dinge, die man als Sicht der Esel begreifen könnte: »Was ihr als Starrsinn bezeichnet, ist meine Zuflucht.«

»Esel sind seit fünf- bis achttausend Jahren domestiziert und ihre Vorfahren haben sich vor sechzig Millionen Jahren entwickelt«, fährt Ben fort. Lernen ist im Evolutionsprozess von zentraler Bedeutung: Wenn eine Spezies nicht lernt, sich an Umweltveränderungen anzupassen, ist sie außerstande, Raubtiere, Gefahren und äußere Bedrohungen zu meiden, und würde nicht lange überleben. An diesem Kriterium gemessen, haben Esel verhältnismäßig gut abgeschnitten und eine Findigkeit bewiesen, die nicht immer erkannt oder anerkannt wird. »Esel lernen Dinge, die mit ihrem natürlichen Verhalten und Instinkt in Zusammenhang stehen. Aktivitäten, die ihnen von Natur aus fremd sind, wie angetrieben oder geritten werden, dem Hufschmied die Hufe geben oder in der Transportbox eines LKWs reisen, erfordern längere Lernprozesse, weil sie in keinem Bezug zu ihrem natürlichen Verhalten stehen.«

Aber letztlich haben die Esel sie gelernt. Ein vertrauensvoller, beherzter Esel, der gut behandelt wird, hat normalerweise keine Angst, sich auf neue Verhaltensweisen einzulassen, er begreift schnell. Ein nervöser Esel, der Angst vor den Folgen seines Verhaltens hat, wurde möglicherweise schlecht behandelt und wird die Geduld des Lehrers auf eine harte Probe stellen. Neugierige und mutige Esel stehen in einer engeren Wechselbeziehung zu ihrer Umwelt. Sie erkunden verschiedene Möglichkeiten, gelangen zu verschiedenen Ergebnissen und lernen bereitwilliger: wie man Stalltüren entriegelt, Wassereimer umkippt, einen Leckerbissen ergattert. Lauter nützliche Dinge! »Das Ausmaß des Vertrauens, das ein Esel hat, beeinflusst seine Lernfähigkeit«, sagt Ben.

»Kann man einem alten Esel neue Tricks beibringen?«, frage ich. »Natürlich«, erwidert Ben. »Sobald man einen

Esel geistig fordert, ihm die Möglichkeit gibt, Probleme zu lösen oder Herausforderungen zu meistern, beginnt er, sich neue Aktivitäten schneller anzueignen. Ein Beispiel: Cocoa kam ins Trainingscenter, als er ungefähr siebzehn Jahre alt war; er hat seitdem dreizehn neue Aktivitäten gelernt, die dazu beigetragen haben, ihn mental zu stimulieren und seine Verhaltensprobleme in den Griff zu bekommen, zum Beispiel Gegenstände aufheben, den Kopf beugen oder einen Eimer tragen. Je mehr er lernte, desto schneller ging der Lernprozess vonstatten und desto mehr war er bestrebt dazuzulernen. Cocoa brauchte nur siebenunddreißig Minuten, um zu lernen, einen Teppich auf Kommando aufzurollen.«

»Esel lassen sich am besten durch Leistungsanreize motivieren, die sie genießen: Leckerbissen, Striegeln, sozialer Kontakt mit anderen Tieren, freier Auslauf auf einer Wiese. Nicht alle Esel lassen sich durch dieselben Anreize oder im gleichen Maß motivieren. Striegeln als Motivationshilfe erinnert an zwei Esel, die gegenseitig Fellpflege betreiben – bei Pferden wurde wissenschaftlich nachgewiesen, dass dabei die Herzfrequenz sinkt, ruhig wird.« Ben glaubt, dass sich das Verhalten eines Esels am wirksamsten durch »positive Bestärkung« prägen lässt, da er alles, was in Zusammenhang mit einem *positiven* Ereignis steht, mit hoher Wahrscheinlichkeit wiederholen wird. Positive Bestärkung kann alles beinhalten, wofür ein Esel sich anstrengt, was ihn dazu ermutigt, sich anzustrengen, um belohnt zu werden.

Ben will mir zeigen, was man unter positiver Bestärkung versteht, der »sichersten und wirksamsten Methode, einem Esel etwas beizubringen und sein Verhalten zu verändern«. Bald darauf befinden wir uns im Innenhof der Paccombe Farm Training Unit, in Gesellschaft eines nervösen kleinen silberfarbenen Esels namens Wilson und seiner Trainerin Liz. Er ist ein liebenswerter Kerl, aber ängstlich, so ängstlich. Liz möchte Wilson unter einer Schnur durchführen, an der gelbe, rote, grüne und blaue Wimpel flattern. Die Schnur ist ungefähr zwei Meter über dem Boden gespannt, zwischen zwei Pfosten, die mehr als drei Meter voneinander entfernt sind. Für Wilson ist das eine völlig neue Erfahrung – er weiß nicht, was das alles zu bedeuten hat. Wie bringt man ihn dazu, unter der Schnur durchzugehen? Wie zeigt man ihm, dass es nicht wehtut, dass keine Gefahr droht, wie kommuniziert man mit ihm ohne Worte? Plötzlich läuft Dusty, ein anderer Esel, der sich auf dem Trainingsgelände aufhält, selbstbewusst unter den Fähnchen durch, als wäre es ein Kinderspiel. Doch bei Wilson ist das vergebliche Liebesmüh. Er zaudert, hält den Kopf gesenkt in stiller Verzweiflung.

Liz versucht Wilson dazu zu überreden, näher an die Wimpel heranzugehen, führt ihn mit sanfter Hand, indem sie den Strick leicht anzieht. Er macht einen Schritt nach vorne; sie belohnt ihn mit einem Ingwerkeks. Ein Leckerbissen dann und wann hat noch keinem Esel geschadet. Zwischen Liz und Wilson findet kein verbaler Dialog statt; sie kommunizieren ausschließlich mittels Körpersprache, mittels Gesten. Liz wiederholt das Manöver: sanfter Druck, zögernder Schritt. Wilson macht mit und bekommt sogleich einen weiteren Keks. (Die Belohnung muss innerhalb eines kurzen Zeitrahmens erfolgen, damit sie mit dem gewünschten Verhalten assoziiert werden kann.) Nach jedem Schritt gibt es einen Keks … Schritt, Keks, Schritt, Keks … wieder und wieder. Ein quälend langsamer Prozess, doch sehr meditativ für den Beobachter. Die beiden legen eine Verschnaufpause ein. Wilson wirkt eine Spur selbstsicherer. Liz besitzt eine Engelsgeduld. Sie ignoriert alle unerwünschten Verhaltensweisen: nur das erwünschte Verhalten wird belohnt.

Liz weiß, dass häufiges Bestechen mit Leckerbissen zu schlechten Gewohnheiten führen kann, die Tiere werden zu sehr verwöhnt und entwickeln eine Erwartungshaltung in Sachen Belohnung. Wir neigen oftmals dazu, Esel mit Leckerbissen zu verwöhnen, ohne über die Konsequenzen und Verhaltensweisen nachzudenken, die wir damit ermutigen. Wenn wir wiederholt Leckereien aus der Tasche zaubern und der Esel uns dabei beobachtet, beginnt er auf eigene Faust danach zu suchen, steckt seine Nase in Dinge, die ihn nichts angehen, um noch mehr zu »stibitzen«. Wenn wir ihn dann schimpfen, weil er uns dabei auf den Mantel sabbert, ist er verwirrt. Zuerst haben wir sein Verhalten angespornt und plötzlich ändern wir die Spielregeln, ohne ihm Zeit zu lassen, den Grund herauszufinden. Er wurde gerügt … aber weswegen? Bei dem Versuch, einen Leckerbissen zu ergattern, könnte er sogar unbeabsichtigt jemanden beißen. Auch dieses Problem haben wir geschaffen, nicht der Esel, der sich wie gewohnt verhält und genau das tut, was man ihm gezeigt hat. Das bedeutet nicht, dass wir einem Esel jede Belohnung versagen sollten; wir sollten nur bedenken, wie, warum und wie oft wir ihn belohnen.

Wilson beginnt also, den Schritt nach vorne mit einer *positiven* Reaktion, mit einem Keks in Verbindung zu bringen. Er lernt, kleine Schritte zu machen, wie Neil Armstrong nach der Mondlandung, stellvertretend für die Menschheit. Nach und nach assoziiert er die Trainerin und den Schritt vorwärts mit einer positiven Situation, einer Belohnung, die *im Zuge* und *aufgrund* eines bestimmten Verhaltens erfolgt. In seinem Gehirn verfestigt sich diese Verbindung. Wichtig ist auch, dass Leckerbissen einem guten Zweck dienen und ausschließlich als Belohnung (nach dem erwünschten Verhalten) und nicht als Bestechungsversuch (vor dem erwünschten Verhalten) verabreicht werden. Wilson schafft es an diesem Tag nicht, unter den Wimpeln und der Schnur durchzugehen. Doch nach etwa einer Stunde und fortwährender positiver Verstärkung ist er der Bewältigung des Hindernisses beträchtlich nähergekommen. Morgen wird Liz versuchen, das Trainingsziel zu erreichen, und sobald ihr das einmal gelungen ist, weiß Wilson, dass es ungefährlich ist, das Ganze zu wiederholen, vielleicht sogar aus eigenem Antrieb.

Die positive Bestärkung – Geduld und kleine Belohnungen, Einfühlsamkeit und Ermutigung – ist Welten entfernt von einer Mentalität, die auf Strafen setzt, die das gewünschte Verhalten mit Gewalt, mit einem Stachelstock erzwingen will. Was man auf diesem Wege erreicht, sieht und hört man jeden Tag in den Nachrichten. Strafe ist eine weiterentwickelte, pathologische Form der negativen Bestärkung, die alles beinhalten kann, was ein Esel zu vermeiden trachtet: Druck auf das Gebiss (am Zaumzeug), Zerren am Führstrick, Drohgebärden durch Blickkontakt, Lärm, Anschieben von hinten, Schläge ... das klassische Bild, wenn ein Mensch einen störrischen Esel anzutreiben versucht oder etwas von ihm verlangt, was er nicht versteht oder als unsicher empfindet. Wir stoßen, ziehen und zerren, geraten immer mehr in Erregung und Wut, bevor wir erschöpft innehalten. Wir sind überzeugt, dass der Esel weiß, was wir von ihm verlangen. Und dann beginnt der Kanon der Gewalt von vorne, nur um festzustellen, dass der Esel noch störrischer reagiert.

Ein Esel weiß nicht, was er falsch macht, denn man hat ihm nicht gezeigt, wie er es richtig macht. Und je mehr er für seine Fehler büßen muss, desto größer die Wahrscheinlichkeit, dass die negative Verstärkung eskaliert, zu noch mehr Strafen, Schlägen und Schmerzen, Getöse und Gewalt, Misshandlungen und Missverständnissen führt; der Esel lässt alles über sich ergehen und reagiert noch weniger kooperativ. Ein Teufelskreis. Doch Strafe ändert nichts an der Tatsache, dass unerwünschtes Verhalten bereits stattgefunden hat. Jede Form der Strafe muss außerdem binnen drei Sekunden nach der sogenannten Missetat erfolgen, denn sonst würde der Esel keine Verbindung zwischen beidem herstellen. Wahrscheinlicher ist, dass er die Person oder Situation in Zukunft meidet, die er mit der Strafe assoziiert.

Wenn man mit Strafe überhaupt den gewünschten »Erfolg« erzielt, dann nur als kurzfristige Problemlösung. Der Esel lernt langfristig genauso wenig daraus wie der Mensch. Er wird das Verhalten, das ihm die Strafe eingebracht hat, mangels Einsicht wiederholen und im Wiederholungsfall werden die Strafen verschärft: aus einem leichten Klaps werden Prügel. Die eskalierende Wut und Frustration aufseiten des Besitzers oder Trainers arten in zunehmende Aggressivität gegenüber dem Esel aus. Der Esel wird immer unsicherer, hat Angst, Entscheidungen zu treffen, reagiert störrisch oder ebenfalls aggressiv. So entsteht eine Situation, in der alle Beteiligten verlieren, wie Nationen, die Krieg führen. Der Dialog bricht ab, auf beiden Seiten herrscht Misstrauen, Feindseligkeiten sind nun an der Tagesordnung. Ben Hart, Eselsexperte in Sidmouth, kommt zu dem Schluss: »Strafe ist unwirksam und stößt sowohl bei Eseln als auch bei Menschen auf Ablehnung. Die Konsequenzen sind gefährlich und schaden der Partnerschaft zwischen Esel und Mensch.« »Außerdem sollten wir uns stets bewusst sein, dass unser eigener geistiger und emotionaler Zustand das Verhalten des Esels maßgeblich beeinflusst«, gibt mir Ben als letzten Rat mit auf den Weg.

5

Man weiß nie, was einem unterwegs widerfährt. Ich lasse mir nichts entgehen. Ich berühre alles, erspüre Dinge, nehme unbekannte oder in Vergessenheit geratene Gerüche wahr. Die Realität breitet sich mit großer Klarheit vor mir aus, durchdringt meine Sinne. Ich entdecke in verlorenen Welten ländlicher Abgeschiedenheit die verborgenen Freuden des Selbst. Ich folge den *balisages,* kleinen gelben Markierungen an Baumstämmen, Toren, Trittsteinen, Telegrafenmasten und zerbröckelnden Mauern. Man begegnet ihnen auf Pfaden, die durch Moore und Berge, über Flüsse und Gräben, Brücken und Bäche, Wiesen, Grasebenen und durch Siedlungen führen, die teilweise nur aus zwei oder drei Steinhäusern bestehen. Viele Bauerngehöfte sind dem Verfall preisgegeben, verlassen von den Menschen, die ihren Lebensunterhalt vom Ertrag des Landes nicht mehr bestreiten konnten. Andere wirken ärmlich, aber stolz und lebendig, verbreiten einen erdverbundenen Frieden, die Bedächtigkeit einer verlorenen, vom Aussterben bedrohten Welt. Schlichte hölzerne Fensterläden, adrette Blumenkästen, umherstreifendes Vieh: Hühner und Kaninchen, Schafe und Kühe, Hunde und Katzen, Pferde und Esel – ja, auch Esel, die Gribouille mit Geschrei und einem Nasenstüber begrüßen, ihn beschnuppern, in die endlose Tiefe seiner Augen blicken.

Dörfer, die mit knapper Not überleben, wie widerstandsfähige Pflanzen auf entlegenen Inseln – wir betreten und verlassen sie wie Botaniker, die es in der Sommerfrische in diese Einöde verschlagen hat. Hier gehen die Uhren langsam, langsamer als Schritttempo. Eine hochbetagte Bäuerin, hager und runzelig, gesellt sich zu uns und lächelt beim Anblick meines hübschen Begleiters, streichelt ihm die Stirn, möchte wissen, woher ich komme und wohin ich gehe. Eine vertraute Frage. Nicht weit, was die geografische Entfernung betrifft, antworte ich. Wie heißt der Bursche? Monsieur Gribouille – Herr Gekritzel. Ist er alt? Ziemlich alt. Er hat schon einige Jahre auf dem Buckel. Und ein paar graue Haare auf seiner flauschigen Stirn. Die Zähne der alten Frau sind verfault, ihre Hände mit Schwielen bedeckt, gezeichnet von harter körperlicher Arbeit. *Labourer* bedeutet nicht nur »das Land bestellen«, sondern auch »schwer arbeiten«, »ackern«. Wir tauschen Höflichkeitsfloskeln unter der grellen Sonne der Auvergne aus. Dann ist sie weg …

Stunden vergehen, vielleicht Tage. Manchmal erreicht man einen Punkt im Leben, an dem sich um jeden Preis etwas ändern, an dem etwas Neuem Platz gemacht werden muss, wenn einem die Welt, die von allen als das einzig Wahre gefeiert wird, völlig falsch erscheint, wenn es schwerfällt, weiterhin in ihr zu funktionieren. Man fühlt sich überrollt, enttäuscht von dem, was ist. Man hat das Bedürfnis, einen Schritt zurückzutreten, eine Bestandsaufnahme vorzunehmen, zu ergründen, wo man im Leben steht und wohin die Reise gehen soll, was falsch läuft oder so nicht funktioniert. Ein schwieriges Unterfangen: einer Situation entfliehen, bevor es zu spät ist. Der Gedanke kam mir, als ich mir an einem heißen schwülen Abend in New York bei voll aufgedrehter Klimaanlage den Film *Mein Essen mit André*, der Anfang der Achtzigerjahre entstand, auf DVD ansah. Es war ein seltsamer Film, ohne große Handlung. Keine nervenzerfetzenden Ereignisse, keine Musik, kein technischer Schnickschnack und keine Stars: ein ruhiger Film, inszeniert wie ein Theaterstück. Vielleicht war ich deshalb so beeindruckt.

Zwei Männer, langjährige Freunde, die sich seit geraumer Zeit nicht mehr gesehen haben, treffen sich zum Essen in einem New Yorker Restaurant, vielleicht in der Upper East Side, und erzählen, wie es ihnen seit der letzten Begegnung ergangen ist. Der eine der beiden, André, einst ein gefeierter Bühnenautor, redet ununterbrochen über seine verrückten mystischen Abenteuer in entlegenen polnischen Wäldern, Tibet und Indien, und wie er dem Rampenlicht zu entfliehen sucht. Sein Freund Wally, ebenfalls Bühnenautor, muss ums Überleben kämpfen, ist ein Skeptiker und hört seinem Freund ungläubig zu. Der Dialog plätschert anfangs dahin, mit abrupt wechselnden Themen, doch dann gewinnt er an Tiefe und Ernsthaftigkeit. »Stell dir vor«, sagt André, »du spielst in einem Bühnenstück mit und musst improvisieren, aber dieses Mal bist du nicht der Verfasser, sondern einer der Darsteller. Du hast weder eine imaginäre Situation noch eine Maske, hinter der du dich verstecken kannst. Dann stellst du dir genau die Fragen, mit denen sich ein Schauspieler ständig beschäftigen sollte, wenn er sich mit seiner Rolle auseinandersetzt: Wer bin ich? Warum bin ich hier? Woher komme ich? Wohin gehe ich? Doch statt diese Fragen auf eine Rolle zu beziehen, beziehst du sie auf dich selbst.«

Ich bezog sie auf mich selbst: Wer bin ich? Warum bin ich hier? Woher komme ich? Wohin gehe ich? Es war, als hätte ich an jenem Abend an dem Essen teilgenommen, als hätte sich Andy mit André zum Essen verabredet. Damals verdiente ich meinen Lebensunterhalt als Dozent, aber es widerstrebte mir, zu lehren, anderen etwas beibringen zu wollen. Ich hatte vielmehr den Wunsch, selber zu lernen, mein altes Leben an den Nagel zu hängen, mich zu verändern und weiterzuentwickeln, Neues zu erforschen … ganz gleich was. Also ließ ich mein altes Leben zurück, entfloh ihm. Und hier bin ich nun, setze gemächlich einen Schritt vor den anderen, blühe auf in der Stille, jenseits von Hektik und Getöse. Es interessiert mich nicht wirklich, wohin mein Weg führt, weil ich mich wieder präsent fühle, als ganzer Mensch, lebendig, mit allem verbunden, was ist. Gribouille schaut mich an, neugierig, wissend, mit tiefgründigen melancholischen Augen, und nickt, verscheucht die Fliegen. Wir wandern weiter, ich höre Stimmen auf dem Feld, Stimmen in meinem Kopf. Mein armer Weggefährte lauscht, lauscht meinen Gedanken, aufmerksam, ohne zu antworten.

Er hört genau hin. Er geht auf »Zehenspitzen«, seine Ohren sind ständig in Bewegung, durchschneiden die heiße Luft wie Messer. Ich folge ihm ergeben auf Schritt und Tritt, beobachte ihn. Wir sind von einem riesigen dunklen Blätterwald umgeben: Millionen dürrer Nadelbäume, mächtige uralte Eichen, hohe Rotbuchen mit dichtem Unterholz, verborgene Behausungen von Insekten und kleinen Säugetieren, Sporen und Flechten, Würmern, Farnen und nachtaktiven Tieren, die tagsüber tief und fest schlafen. Vogelgezwitscher, die komplexe Kammermusik des Berges, ertönt ringsum, ohne die Schläfer des Waldes in ihrem Schlummer zu stören.

Ich denke an nichts Besonderes, erinnere mich jedoch an alles. Wir haben einen kleinen Bach am Fuß der nächsten Anhöhe erreicht. Ein Weiler schmiegt sich an den Abhang, mit verwitterten Steingebäuden und bunten Ziegeldächern, in präzisen Wellen verlegt und mit dekorativen Simsen versehen. Der Bach plätschert weiß schäumend dahin, verbreitet ein beruhigendes Gurgeln und Rauschen. Ein Hund kommt angerannt, bedrohlich bellend, bleibt aber an der Grenze seines Territoriums stehen. Weder Mensch noch Esel überschreiten diese Schwelle. Der Hund ist harmlos. Er kläfft, um die Langeweile zu vertreiben, macht keine Anstalten, uns anzugreifen. Aber man sollte achtsam und auf der Hut sein vor unbekannten Hunden, wenn man mit einem Esel unterwegs ist. Sie sind einander nicht immer wohlgesinnt. Ich tätschle Gribouille und er stellt die Ohren auf, wirkt unbekümmert. Es scheint nichts zu geben, was ihn aus der Fassung bringt. Ich streichle ihn oberhalb der Nüstern, spüre seinen feuchten Atem, die Wärme auf meiner Hand. Er schnaubt, erbebt und macht Anstalten, einen Schrei von sich zu geben; doch die Anwandlung vergeht.

6

Wir machen Rast unter einer alten Eiche. Wir haben einen weiteren Berg überwunden und befinden uns nun auf der anderen Seite, in dem hügeligen Gelände der Talsenke, und es geht noch weiter bergab. Ich habe Gribouille an einen Baum gebunden, habe den kurzen Führstrick gegen einen längeren ausgetauscht, *une longue longe,* und ihn mit einem schnell lösbaren Knoten gesichert. Befreit von der Last des Packsattels, macht er sich über das Gras her, glücklich und zufrieden. Ich werde jetzt mein eigenes kleines Festmahl auspacken. Ich setze mich auf meine Decke. Ich habe ein kleines Fleckchen Erde gefunden, wo man in Frieden das Essen genießen kann. Das ist heute nicht mehr so einfach; es gibt kaum noch friedvolle Fleckchen Erde.

»Ich würde viel lieber ein Stück Brot zu Mittag essen, alleine, ohne eure Höflichkeitsbezeugungen und Zeremonien, als Truthahn am Tisch eines anderen Mannes zu essen und verpflichtet zu sein, leise zu kauen, mäßig zu trinken und mir ständig den Mund abzuwischen«, sagt Sancho in *Don Quijote.* Das gefällt mir. Ein Baguette, heute Morgen gekauft, von dem ich Stücke abreiße und in den Mund stecke. Ich beuge mich vor, um Gribouille einen Kanten altbackenes Brot zu geben, den harten Laib habe ich mit den Händen gebrochen. Er nimmt es geschickt von meiner flachen Hand. Mit meinem Schweizer Taschenmesser schneide ich Käse ab, *brebis,* ein Schafmilchhartkäse aus Cantal, einem benachbarten *Département,* der in der Hitze schwitzt und weich wird ...

Früher war nichts als Schwere in mir, ein eisernes Gewicht lastete auf meiner Seele. Mein Kopf drohte unter der Anspannung zu platzen. Ich sah zu, wie meine Jugend in der feuchten Luft von Liverpool zerrann. Ich erinnere mich an den unerquicklichen Dunst der schlechten alten Zeiten. Jeden Morgen ging ich eine Straße entlang, die an das Hafenviertel grenzte, ein trostloser Fußmarsch zum Büro der Schifffahrtsgesellschaft jenseits des Stadtzentrums. Dort füllte ich als Sechzehnjähriger Formulare aus, während mir jemand meine Jugend stahl. Ein scheußlicher Weg zur Arbeit, düster und freudlos, selbst im Hochsommer; ich trat die Stellung mitten im Winter an. Er führte an einer Raffinerie vorbei, die Getreide verarbeitete und den Abfall ausspie, Millionen winziger gelber Schrotkörner, die einen üblen Geruch verbreiteten. Sie blieben am Gesicht haften, klebten in den Haaren, bohrten sich in die Haut. Ich saß täglich hinter meinem Schreibtisch, überprüfte Papiere, Frachtbriefe, Ein- und Ausfuhrformulare, die ich mit einem Stempel versah und weiterleitete. Ringsum müßiges

Geschwätz. Telefone, die läuteten. Leute, die vorbeieilten, kamen und gingen. Sie redeten nicht viel.

Ich habe ein halbes Leben mit dem Versuch verbracht, die Uhren zurückzudrehen, das verlorene Paradies wiederzuentdecken. Ich spürte schon vor langer Zeit, dass die Welt der Erwachsenen nicht hält, was sie verspricht, dass ich meine eigenen Wahrheiten erfinden musste, um zurechtzukommen. Das Land der unbegrenzten Möglichkeiten lag anderswo, ich musste es in meiner Fantasie entstehen lassen, jenseits der ausgetretenen Pfade. Jahre später, eine Lebensspanne später, habe ich mich in ein entlegenes Bauernhaus zurückgezogen, weit entfernt von allem. Inmitten der tiefen, klangvollen Stille, die dort herrscht, schreibe ich ein paar harmlose Zeilen und kommuniziere mit meinen treuen, schweigsamen Freunden, die mit mir durch dick und dünn gehen, die mich nie enttäuscht haben und die mich auch jetzt begleiten. Ich nehme ihren tierischen Rat an, obwohl ich mir geschworen habe, auf niemanden zu hören. Sie haben ein offenes Ohr – zwei offene Ohren, genauer gesagt. Heute erlebe ich meine Abenteuer eher im Verborgenen, in Tagträumen und Fantasien statt in der Realität, mit der ich mich im Wachzustand konfrontiert sehe. Sie gleichen rauen Nordwestpassagen der Vorstellungskraft, dramatisiert durch das Wissen um die verlorene Unschuld, durch das Zurechtfinden in einer Welt, die wenig von dem zu bieten hat, was ich mir wirklich wünsche.

Vermutlich hatte ich schon immer ausgefallene Träume und aberwitzige Fantasien oder erst seitdem ich Dostojewskis *Der Idiot* oder seine *Aufzeichnungen aus dem Kellerloch* gelesen habe. Möglicherweise lag es daran, dass wir beide Staatsdiener waren – der Protagonist aus dem Kellerloch war ebenfalls Beamter, ein kleiner Beamter in der russischen Zivilverwaltung. Das war vielleicht die Grundlage unserer ursprünglichen Bindung, unserer seltsamen Freundschaft. Er war alleinstehend und hauste in einer heruntergekommenen Einzimmerwohnung in einer Sankt Petersburger Mietskaserne vor mehr als einem Jahrhundert. Er war mehr als doppelt so alt wie ich, als ich ihn entdeckte, ungefähr vierzig, und steckte schon seit zwanzig Jahren in seinen eingefahrenen Gleisen. »Ich war ein unausstehlicher Beamter«, gestand er. »Ich war ungehobelt und genoss es, ungehobelt zu sein. Da ich mich weigerte, Bestechungsgelder anzunehmen, musste ich mich schließlich anderweitig schadlos halten.«

Wir verstanden uns auf Anhieb, Dostojewski und ich, trotz der epochalen Unterschiede, trotz der Sprachbarriere. Damals war auch ich unausstehlich und ungehobelt und genoss es, unausstehlich und ungehobelt zu sein. Es war das einzige Mittel, um zu kompensieren, dass ich keine Bestechungsgelder annahm, dass ich nicht dazugehören wollte. Ich saß meine Zeit ab, tat Buße als Lohnbuchhalter in der Hafenbehörde, nachdem man mich aus meinem früheren Job in der Dienststelle neben der Getreideraffinerie hochkant hinausgeworfen hatte. Ein Mann namens Frank saß mir gegenüber, der Kette rauchte und ständig auf irgendetwas kaute. Frank trug Zahlen in Formulare mit Kästchen ein, vielen Kästchen. Er war ungefähr sechzig und mein unmittelbarer Vorgesetzter. Sein Schicksal führte mir vor Augen, dass sich der Strick um meinen Hals stetig zuzog.

Ich sann auf Rache, Rache an Frank, nur weil er Frank war, Rache, wie sie der Kellerloch-Mann an dem Armeeoffizier auf dem Newski-Prospekt übte. Ich musste mich an jemandem oder etwas rächen, um die Menschen auf meine Existenz aufmerksam zu machen. Frank kam jeden

Tag mit dem Fahrrad zur Arbeit, das er in einem Lagerraum in der Nähe abstellte. Ich hatte mir angewöhnt, lange von meinem Schreibtisch zu verschwinden. Ich sann auf der Toilette über Gott und die Welt nach, träumte mich in eine andere Welt, starrte auf die Tür. Danach ging ich zum Lagerraum und ließ die Luft aus den Reifen des Fahrrads, verbog die eine oder andere Speiche, verdrehte den Lenker, lockerte den Sitz, voller Schadenfreude, aus reiner Boshaftigkeit.

Ich fühlte mich, vielleicht eingebildet, vielleicht zu Recht, unterdrückt und ausgegrenzt. Als Außenseiter mit Ideen und Idealen, die ich hochzuhalten gelobte, auch wenn es noch so töricht schien, die ich hartnäckig verfolgen wollte, ungeachtet dessen, was andere sagten. Ich sehnte mich geradezu danach, bei einer Schlägerei zum Fenster der Schenke hinausgeworfen zu werden, genau wie der Kellerloch-Mann; nur um mich wieder lebendig zu fühlen. Zuerst schöpfte Frank keinen Verdacht. Schließlich wurde er misstrauisch. Alle wurden misstrauisch. Die Anzahl der Verdächtigen war begrenzt. Derartige Vorfälle hatte es noch nie gegeben. Ich war neu in der Truppe, war eine unbekannte Größe. Die Schlussfolgerung lag auf der Hand. Und ohnehin, was spielte es für eine Rolle? Ich wollte ja, dass sie mir auf die Schliche kamen. Mein Benehmen ließ in jeder Hinsicht zu wünschen übrig. Niemand mochte mich, nicht einmal ich selbst …

Ich war nicht immer so gewesen. Ich war gezwungen, vorzeitig erwachsen zu werden, genötigt, mich zu verteidigen und boshaft zu sein. Tritte zu verteilen war mir nicht in die Wiege gelegt worden. Ich war ein einfühlsamer, wohlerzogener Junge gewesen, der beim Tod eines Maulwurfs bittere Tränen vergoss. Vielleicht habe ich diesen Schock nie überwunden, es war das erste Mal, dass ich mit dem Tod konfrontiert wurde – dem Tod des kleinen flauschigen Maulwurfs, den ich am Straßenrand gefunden hatte. Es war auf der Rückfahrt von einer Wanderung in den Hügeln von Nordwales, die ich mit meinem Vater unternommen hatte. Wir befanden uns in der Nähe einer Ortschaft namens Loggerheads, fuhren eine Nebenstraße entlang, auf der wenig Verkehr herrschte, als wir plötzlich auf den Maulwurf stießen, der mitten auf der Straße lag. Er stand unter Schock und schien verletzt zu sein. Er wirkte seltsam deplatziert oberhalb der Erde, außerhalb seines Elements. Vermutlich hatte er sich verirrt und es wäre besser gewesen, wenn ich ihn seinem Schicksal überlassen hätte. Doch ich nahm ihn hoch. Er war warm und weich, hatte fleischfarbene gepolsterte Füße, die sich noch weicher anfühlten als sein Fell. Die rosafarbene Nase war feucht und die zusammengekniffenen schwarzen Knopfaugen irrten umher, geblendet vom Tageslicht. Er muss schreckliche Angst gehabt haben. Und so nahm ich ihn mit, trug ihn zum Wagen, wiegte ihn in den Armen, wollte ihn gesund pflegen. Ich hatte Angst, dass er unter ein Auto geriet.

Zu Hause angekommen, setzte ich ihn in einen Pappkarton, den ich mit zusammengerolltem Toilettenpapier auspolsterte. Ich legte Weißbrot-Brocken hinein, damit er nicht darben musste, ohne zu wissen, dass sich Maulwürfe ausschließlich von Insekten und Würmern ernähren, und das nicht zu knapp: Pro Jahr vertilgen sie ungefähr fünfundzwanzig Kilo. In dem Glauben, der Karton wäre eine warme, sichere Unterkunft, ließ ich ihn über Nacht im Geräteschuppen. Hin und wieder sah ich nach ihm. Er hatte aufgehört, sich zu bewegen, konnte ja nirgendwohin. Am nächsten Morgen war er tot, mausetot, lag wie versteinert im Karton. Die kleinen gepolsterten Füße waren nach oben gestreckt, als hätte er versucht, sich einen Tunnel ins Freie zu graben, in den Garten zu fliehen. Vermutlich hatte er zu viel Brot gefressen. Wir begruben ihn in der Erde, gaben ihn seinem angestammten Element zurück. Wochenlang weinte ich, wenn ich an den armen Maulwurf dachte, der niemandem etwas zuleide getan hatte und der Welt der Menschen zum Opfer gefallen war. Und ich war es gewesen, der ihn auf dem Gewissen hatte, das kleine verwundete Geschöpf, ich hatte ihm den Rest gegeben. Ich war am Boden zerstört. Ich denke noch heute an ihn, vierzig Jahre später, wenn Maulwürfe Tunnel in unserem Garten graben, Erdhügel auf dem Rasen errichten. Es war meine erste Begegnung mit Weichheit und Sanftheit, einer Weichheit und Sanftheit, die vergänglich ist ...

Der Geschmack des Käses erinnert mich an die Pyrenäen, meinen Spazierstock und den alten Mann am Straßenrand. Ich kehrte dorthin zurück, Gribouille, Jahre später, und weißt du was? Er war noch da, an derselben Stelle, derselbe Mann. Er verkaufte seinen Käse und das tut er vermutlich noch heute. Ich genieße ein einfaches alltägliches Vergnügen, *bebris* auf Brot, und verzichte dabei gern auf jede Raffinesse, genau wie Sancho. Aber ich rieche nicht die Pyrenäen, sondern die Auvergne, nichts als die Auvergne. Sie verströmt einen Duft, den man nirgendwo sonst auf der Welt findet, ein einzigartiges köstliches Aroma von Kamille und wildem Zitronenthymian. Ich schneide eine dünne Scheibe von meiner luftgetrockneten Entenwurst ab, *saucisse de canard,* würzig und mit viel Knoblauch. Ich habe einen Miniatur-Salzstreuer mitgenommen und würze damit die Radieschen. Das Leben ist herrlich. Käse und Wurst, frische Luft, Radieschen. Ich trinke einen Schluck Wasser aus einer Plastikflasche. Ich werde sie im nächsten Dorf auffüllen, mir das Fett von den

Händen waschen und Gribouille an der Quelle trinken lassen, wenn er Lust hat.

Ich esse und blicke über eine sanft abfallende Wiese. Im Schatten empfinde ich die Wärme auf meinem nackten Oberkörper als angenehm. Ich sehe dabei zu, wie sich Gribouilles Maul auf die Suche begibt, wie seine Zähne mahlen. Kühe grasen in der Nähe, schöne *Limousin*-Kühe mit glänzendem ockerfarbenem Fell. Hinter ihnen ist ein ganzes Bataillon Bäume aufgereiht, die in perfekter Formation, in vollendetem Gleichmaß den Hügel bis zum Straßenrand hinab säumen. In der Nähe befindet sich ein Maisfeld. Die Landschaft geht fließend ineinander über, wie ein grüngelber Flickenteppich, willkürlich ausgewählt und nahtlos zusammengefügt. Plötzlich beginnt das Geäst über mir zu schwanken und zu rascheln. Vielleicht die dringend benötigte leichte Brise oder ein Eichhörnchen, ein kleiner roter Kobold bei seinen Turnübungen. Gestern sprang ein Eichhörnchen direkt vor mir aus dem Gebüsch; im Sonnenlicht leuchtete sein Fell orangefarben, der buschige Schweif schien zu lodern. Ich erspähe eine Schar Schwalben, die sich formieren, um stromlinienförmig zum Sturzflug anzusetzen. Sie spielen in ihrem himmelblauen Hinterhof miteinander und fliegen so schnell, dass der Blick ihnen nur schwer zu folgen vermag.

Hier unten auf der Erde geht es gemächlicher zu, im Reich der Vagabunden und Müßiggänger. Die Fliegen plagen Gribouille. Er versucht immer wieder, sie abzuschütteln. Hin und wieder stampft er mit einem Huf auf, ein seltsam dumpfes Geräusch. Sein Schweif peitscht hin und her. Beides sind Anzeichen von Unbehagen, die ich auf die Temperatur zurückführe, aber vielleicht vermisst er auch seine Gefährten in Allègre. Ich tätschle ihm den Kopf, kraule Rücken und Flanken, streiche ihm über Kopf und

Beine, auf der Suche nach wunden Stellen, Ungeziefer und Schwellungen. Nichts. Ich kraule seinen Widerrist – den Übergang vom Hals zum Rücken – und verscheuche die Fliegen um seine Augen. Ich entferne die Absonderungen, die sich in den Augenwinkeln gesammelt haben. Seine Ohren sind hoch aufgerichtet, als ich mit ihm spreche, ihn frage, ob alles in Ordnung ist – *tout va bien*? Die Landschaft ringsum glüht, eingehüllt in goldenes Schweigen.

Vielleicht hatte ich damals, während meiner Bürozeit, Ähnlichkeit mit einem Esel. Einem Esel, der gelegentlich um sich tritt, um es der Welt heimzuzahlen, der einen heimlichen Groll hegt wie die Eselin in Alphonse Daudets Kurzgeschichte *Das Maultier des Papstes,* die sich ihre Rache sieben Jahre lang aufhebt. Sie diente dem Papst Jahr um Jahr, als noch Päpste in der Provence, in Avignon residierten. Der Papst liebte seine trittsichere Eselin, sie war sein bevorzugtes Reittier. Sie war sanft wie ein Engel, genoss hohes Ansehen in ganz Avignon. Doch eines Tages kam ein junger vorwitziger Emporkömmling auf die Idee, in die Dienste des Papstes einzutreten, da er sich Vorteile davon versprach. Um sich beim Papst lieb Kind zu machen, täuschte er Freundlichkeit gegenüber der Eselin vor. Der Papst ließ sich täuschen, doch die Eselin erkannte, was sich hinter der Fassade verbarg.

Insgeheim zog er die Eselin an den Ohren, zerrte sie am Schwanz und trank ihr den Wein aus den Beständen des Papstes weg, den sie so liebte. Eines Nachmittags spielte er ihr einen folgenschweren Streich: Er führte sie auf die Spitze des Glockenturms, ließ sie dort für jedermann sichtbar zurück und behauptete, sie sei so dumm gewesen, aus eigenem Antrieb hinaufzusteigen. Die Bewohner von Avignon mussten sie herunterhieven und verloren den Respekt vor ihr. Auch beim Papst fiel sie in Ungnade. Die unglückliche

Eselin tat danach kein Auge mehr zu und sann auf Rache. Doch ihr Übeltäter wurde infolge seiner unsauberen Machenschaften in den Adelsstand erhoben und an den Hof von Neapel entsandt. Erst sieben Jahre später kehrte er in die Auvergne zurück, wo man ihm einen prunkvollen Empfang bereitete. Der Papst begrüßte ihn mit seinem ganzen Gefolge und seiner Eselin am Fuß der Treppe zu seinem Palast. Der Halunke näherte sich ihr lächelnd, tätschelte ihr den Rücken, wobei er darauf achtete, dass der Papst es sah. Die Stellung war gut ... die Eselin nahm ihren Anlauf: »Da! Nimm das! Sieben Jahre habe ich ihn dir aufgehoben!« Und damit verabreichte ihm das Maultier einen so fürchterlichen Fußtritt, dass die aufgewirbelte Staubwolke selbst aus weiter Ferne noch zu sehen war. Alles, was von dem Schurken übrig blieb, war eine umherwirbelnde Feder.

Eselstritte, sagt Daudet in seiner Erzählung, sind für gewöhnlich nicht so mutwillig oder dramatisch. Ein Esel tritt nur dann zu, wenn er sich einem Problem gegenübersieht, einer unerwarteten Veränderung seiner Umwelt, oder sich bedroht fühlt. Wenn er nervös ist oder seinem Halter misstraut, versucht er zu fliehen. Ist das nicht möglich, weil er eingesperrt, angebunden oder festgehalten wird, ist der letzte Ausweg aus dem Dilemma ein Tritt. Genau wie beim Menschen. Für Esel wird das Treten so zu einer erfolgreichen Verteidigungsstrategie in allen Situationen, die sie als Bedrohung empfinden. Wenn ein Esel die Erfahrung gemacht hat, dass dieses Mittel wirkt, tritt er beim nächsten Mal noch fester zu, ungeachtet dessen, ob der Halter ihn gut oder schlecht behandelt. Doch nach Ansicht der Experten ziehen Esel es meist vor, auf dieses Mittel zu verzichten. Ihre Tritte beschränken sich oft auf angedeutete Drohgebärden, als Warnschuss vor den Bug, eine Art, dem Menschen zu sagen, dass er sich vorsehen soll. Wenn man Esel richtig behandelt, mit Geduld, Ausdauer und positiver Bestärkung, werden selbst wehrhafte Tiere selten aggressiv. Sie haben keinen Anlass, einen heimlichen Groll zu hegen oder sich aus Rache »ein Fahrrad vorzuknöpfen«.

7

Während Gribouille ein ganzes Dickicht verspeist, blättere ich in einem Buch, das längst nicht mehr gedruckt wird, ein altes Taschenbuch für fünfundneunzig Cent, dessen Schicksal es ist, an der frischen Luft, in der Sonne gelesen zu werden: *Platero und ich*. Auf dem feuerroten Einband befindet sich eine goldene Umrandung und das Bild eines melancholischen, eleganten Mannes mit schwarzem Ziegenbart und gelbem Hut, ein schmucker, von der Sonne gebräunter Reiter aus Andalusien, der auf seinem munteren grauen Esel Platero sitzt. Das Bild sieht aus wie eine Kinderzeichnung. »Ist das ein Kinderbuch?«, wurde der Autor Juan Ramón Jiménez, der 1956 den Nobelpreis für Literatur erhielt, einmal gefragt. Nein, erwiderte er. »Diese Kurzgeschichte, in der Freud und Leid so eng beisammen sind wie Plateros Ohren, wurde geschrieben für ... keine Ahnung für wen! ... Für die Leser, für die lyrische Dichter eben schreiben ...«

Doch Jiménez schrieb in erster Linie über einen Esel. Eine melancholische Prosadichtung, eine »andalusische Elegie«, verfasst kurz vor Ausbruch des Krieges 1914. Der Esel war der Inbegriff von Reinheit und Friedfertigkeit, ein kleiner Esel, so weich, »dass man glauben könnte, er sei ganz aus Watte und besäße keine Knochen«. Er ist zärtlich und liebevoll wie ein Kind, »aber so stark und unerschütterlich wie ein Fels. Eine Mischung aus Stahl und Quecksilber.«

Das Fleckchen Erde, auf dem ich sitze, ist so einsam und entlegen, dass selbst das Umblättern der Seiten von *Platero und ich* die müßige Stille im Schatten des Baumes zu stören scheint. Dichter und Esel wandern durch Abend- und Mittagsdunst, unter Mondlicht und Sternenhimmel, trotzen der sengenden Sommerhitze, die ich nachempfinden kann. Platero knabbert an dem spärlichen Gras auf schattigen Mauern, an einem staubbedeckten Kürbis und gelbem Sauerampfer. »Wir verstehen einander sehr gut«, sagt Jiménez. »Er ist mir so ähnlich, dass ich zu der Überzeugung gelangt bin, dass er das Gleiche träumt wie ich.«

Wer ist der Mann, der Trauerkleidung trägt, mit dem quecksilbrigen Esel? Und wen oder was betrauert er? Die Missgeschicke des Menschen, die unerwarteten Ereignisse, die laut Sancho Pansa an jeder Ecke lauern und über jedes Lebewesen in dieser elenden Welt hereinbrechen? Vielleicht betrauert der Dichter, dass die Wunder der Natur, ihre zeitlose Schönheit, ihre ruhmreichen Sehenswürdigkeiten so schwer zu erhalten und so leicht zu plündern sind? »Weißt du, Platero, woher diese herrliche Flora stammt, diese herrliche Flora, der ich normalerweise keine Beachtung schenke, die jeden Tag einen zarten Mantel über die Landschaft breitet, sie rosig und weiß oder blass, blassblau hinterlässt?« Vielleicht weißt du auch, wer die beiden Gestalten sind, Gribouille, die beiden, die sich aufgemacht haben, um eine schemenhafte Ferne zu erkunden, sich treiben lassen wie Wolken über dem Gebirge? Wer könnte es anders sein als wir?

Eins der Lieblingswörter von Jiménez ist »Ewigkeit«, der immerwährende poetische Augenblick, unberührt und rein, verkörpert in Bergen und Bäumen, Mond und Sonne, den blühenden Blumen und dem kleinen Platero, der Jiménez' Seelenlandschaft widerspiegelt, sein anderes, tierisches Ich: »Ich lege vor der Dämmerung eine Rast ein, hingerissen. Platero, die dunklen Augen scharlachrot von der untergehenden Sonne, geht leise zu einem Teich mit rosafarbenem und violettem Wasser; er taucht sein Maul sanft in die Spiegel, die sich unter seiner Berührung verflüssigen ... Der Abend dehnt sich über die eigenen Grenzen aus und die Stunde, von der Ewigkeit berührt, ist unendlich, friedvoll, unauslotbar ...«

Der Schrei des Esels Platero hat seinen eigenen Zauber; er richtet sich an Baruch Spinoza, den bekannten Philosophen, der sich mit der Ewigkeit beschäftigt hat – und an uns. Nur durch intensives Nachdenken und Selbstreflexion, losgelöst von den Irrungen und Wirrungen menschlicher Existenz, könne man die Ewigkeit entdecken, sagt Spinoza. »Wir spüren und wissen aus Erfahrung, dass wir ewig sind«, schrieb er in seinem Werk *Die Ethik,* 1677 nach seinem Tod erschienen. Wir empfinden und betrachten uns als ewige Wesen in einem allumfassenden Universum und nicht als Rädchen im Getriebe einer sich wandelnden, oberflächlichen Welt. Es ist schwer, diesen Zustand der Erkenntnis, diese innere Freiheit zu erlangen. »Doch alle vorzüglichen Dinge sind ebenso schwer wie selten zu finden«, heißt es in der letzten Zeile.

Jiménez fand seinen Seelenfrieden im Sinne Spinozas bei dem kleinen Esel Platero. Wohin er auch ging, Platero und die Ewigkeit der Natur begleiteten ihn, blieben seinem Gedächtnis verhaftet, überdauerten als poetische Vision. Selbst im Exil – der Dichter war 1936 nach General Francos Machtergreifung aus Spanien geflohen – hatte er noch den Geschmack von Granatäpfeln und Geißblatt auf der

Zunge, hörte die Eselsschreie und Glocken, spürte die Sonne in den staubigen Hügeln Andalusiens. Selbst im Großstadtdschungel von New York, in der Betonwüste, wo er ein Jahrzehnt lebte und an der Columbia University lehrte, selbst inmitten des Menschengewimmels und des metallischen Kreischens von Beton und Stahl, träumte der Dichter von einer Natur, die er kaum mehr sah, kaum mehr wahrnehmen konnte. Und so konzentrierte sich Jiménez auf die imaginäre Schönheit, zum Beispiel auf den Mond über dem Fluss. »Der Mond! Lasst ihn uns betrachten! Seht ihn an inmitten all dieser himmelwärts strebenden Gebäude, über dem Fluss, über dem Leuchten der Stadt. Seht ihr ihn nicht? Wartet, schaut ihn an! Doch ... ist das wirklich der Mond oder nur eine Werbeanzeige für den Mond?« Er trauert um das, was er verloren hat: »Unter der George Washington Bridge, der einladendsten Brücke in New York, fließt die vergoldete Landschaft meiner Jugend vorüber ...«

Auch nach Plateros Tod, der den Leser zu Tränen rührt, lebt der graue Esel fort. Es ist herzzerreißend, ihn so ausgestreckt auf seinem Bett aus Stroh liegen zu sehen, seine Augen matt und traurig, während der Dichter ihn ein letztes Mal streichelt. »Mittags war Platero tot. Sein Wattebäuchlein war geschwollen wie ein Globus und die Beine reckten sich steif und verfärbt zum Himmel. Sein lockiges Fell glich den vermotteten Wergperücken alter Puppen, die zu traurigem Staub zerfallen, wenn man mit der Hand darüberfährt.« In dem stillen Stall flog ein herrlicher dreifarbiger Schmetterling umher, seine Farben leuchteten auf, wenn er den Sonnenstrahl passierte, der durch das kleine Fenster fiel. »Platero, es ist wahr, dass du uns siehst, oder? Ja, du siehst mich. Und ich glaube, ich höre dich, ja, ja, ich höre deinen sanften, klagenden Schrei im wolkenlosen Westen, das Tal der Weingärten mit Süße erfüllend ...«

8

Ich höre Vogelgezwitscher, das am Himmel über mir verhallt, und das Zermahlen von Gras, hier unten auf der Erde, direkt neben mir, wo ein brauner Esel nach vergrabenen Schätzen sucht, ein geheimes, mit Stroh und Laub bedecktes Vorratslager plündert. Die Großstadt ist anderswo, das frühere Leben, die Jugend, die Tritte ... sie driften davon, begraben in einem früheren Kapitel, das wieder und wieder gelesen wurde, überlebt und abgenutzt ist. Durch den Wald weht der Duft nach Kamille und nach Kiefern, frisch gefällten Kiefern und den Rotbuchen mit ihrer hellen, rauchgrauen Rinde. Wir machen uns wieder auf den Weg, es geht leicht bergab, einer anderen Talsohle entgegen, durch einen anderen Wald. Hier gibt es Millionen Wälder, wild wachsende und von Menschenhand gepflanzte, Quadratmeter um Quadratmeter, grüne Berge mit natürlichem Rotbuchenbewuchs, Wälder, die sich bis zu einer Höhe von mehr als tausend Metern erstrecken. In dieser verschwommenen Schattenwelt, im Zwielicht des späten Nachmittags, entdecke ich eine Weggabelung vor mir.

Wir bewegen uns auf einem mit Kiefernzapfen bedeckten Pfad vorwärts, hinein in einen schmalen dunklen Tunnel, der von einem niedrigen Blätterdach gebildet wird. Geheimnisvolle Schwärze und Mücken. Gribouille bleibt stehen, unsicher, was vor ihm liegt, was sich im Dämmerlicht des Tunnels verbirgt. Ich bin mir ebenso wenig sicher. Ich lasse den Führstrick los und gehe voraus, betrete das

Halbdunkel, vergewissere mich, dass er mich beobachtet, mit aufgestellten Ohren und aufrechter Körperhaltung. Er wird sich keine Handbreit von der Stelle rühren, bis er weiß, was ihn erwartet. Ich überschreite die bedrohliche Schwelle, zeige ihm, dass es hier nichts Besorgniserregendes, nichts zu befürchten gibt. Ich kehre zurück, nehme den Führstrick, versetze ihm einen sanften Schubs und er reagiert, scheint überzeugt zu sein. Gemeinsam betreten wir den Tunnel, der sich seinen Weg durch das moosbewachsene Unterholz gebahnt hat.

Ein Wald ist ein Ort, an dem kein Wind weht, kein Vogelgezwitscher ertönt und selbst die Grillen verstummen. Das Gefühl der Leere in einem lebendigen System mit dieser hörbaren Stille löst einen Schauder, Angst, eine unerklärliche Beklommenheit aus. Gribouille spürt sie; ich auch. Der Waldboden unter uns erzeugt einen dumpfen Widerhall, als wir einen Schritt vor den anderen setzen, die Augen huschen hin und her, auf der Suche nach einer Gefahr, die sich zwischen den Bäumen verbirgt. Können wir den Wald durchqueren und die Nähe der Bäume meiden? Gribouille verfällt beinahe in einen Trab, so schnell läuft er. Ich habe Mühe, Schritt zu halten. Er will raus, raus aus dem Wald. Er strebt auf die nächste Lichtung zu, auf der Suche nach Licht, nach Sonnenschein, nach der »Nähe der Ferne«, wie der Philosoph Martin Heidegger es nannte.

Doch bald sehen wir uns einem Problem gegenüber. Vor uns versperrt ein riesiger Baum den Weg, vermutlich durch einen Sturm gefällt; Stamm und Geäst blockieren den Durchgang. Wir müssen dieses Hindernis überwinden oder umkehren. Es besteht keine Möglichkeit, es zu umrunden. Zu beiden Seiten fällt das Gelände jäh und unbefestigt ab: es geht nur hinauf oder hinunter, einen Furcht einflößenden Steilhang hinab. Der Pfad ist dabei beinahe so abschüssig wie das Gefälle zu beiden Seiten. Für einen Zweibeiner wie mich ist es leicht, über das Hindernis zu gelangen, nicht zu nahe am Abgrund. Aber Gribouille mit seinen vier Beinen – das steht auf einem anderen Blatt, das könnte sich als schwierige Aufgabe erweisen. Vielleicht ist er einem solchen Hindernis schon einmal begegnet? Vielleicht kennt er den Weg, eine Methode, auf die andere Seite zu gelangen?

Er ist stehen geblieben, sieht sich um, verschafft sich einen Überblick über die Situation, sorgfältig und bedacht. Ich erinnere mich an das Eseltraining in Sidmouth: Wenn es ein Problem gibt und ein Esel sich weigert weiterzugehen, hat das immer einen Grund. Oft ist es der Esel, der die Lösung findet. Er wird sich nicht vom Fleck rühren, bis er selbst so weit ist. Er muss von allein darauf kommen. Ich kann ihn unterstützen, indem ich ihn von Packsattel und *croisillon* befreie – das hölzerne Joch, das die Satteltaschen auf beiden Seiten stützt –, sodass er sich ungehindert bewegen kann, ohne die zusätzliche Last, die beim Überwinden des Hindernisses im Weg wäre. Plötzlich taucht eine Wandergruppe hinter uns auf, aus den Tiefen des Waldes, als hätte sie sich aus dem Nichts materialisiert. Woher kommen die Leute? Es sind ungefähr zehn, alle in fluoreszierender Wanderkleidung, brandneu und blitzsauber. Ich lasse sie passieren. Aber sie interessieren sich für Gribouille. Sie wollen warten und zuschauen, wie er diese Hürde meistert.

Mein Freund hat nun ein Publikum, während er mit seinem Maul den Baumstamm erkundet, ihn beschnuppert und dann ein schlankes Bein hebt, probehalber. Er befindet sich zu nahe am Abgrund und weicht zurück, wohl wissend, dass sich diese Stelle nicht zum Überqueren des Hindernisses eignet. Der Baumstamm ist an diesem Ende zwar dünner, aber vom Steilhang droht Gefahr. Deshalb steckt er die Nase ein Stück weiter oben ins Geäst, weg vom Abgrund, und hebt das Bein abermals, dieses Mal höher. Er fühlt sich offenbar immer noch nicht sicher, weicht abermals zurück. Alle schauen zu, fasziniert, gebannt von einem Esel, der beharrlich nach einer Problemlösung sucht. Nachdem er ein paar Minuten nachgedacht zu haben scheint, fasst er sich ein Herz und setzt mit einem eleganten, präzisen hohen Schritt ein Vorderbein auf die andere Seite … es folgt das andere … und dann zieht er seine Hinterbeine nach, eins nach dem anderen. Er hat es geschafft, hat das Hindernis überwunden. Alle klatschen. Ich bin stolz und tätschle ihn, begeistert, ermutigend. Er verzieht keine Miene, sein Gesicht ist ausdruckslos wie immer. Ich sattle ihn wieder und wir nehmen Abschied von der Menschenansammlung, setzen unseren Weg in die Einsamkeit fort, eine Einsamkeit, geprägt von guter Kameradschaft …

*

Martin Heidegger verbrachte so manche einsame Stunde in einer Skihütte in seinem geliebten Schwarzwald unweit von Freiburg, wo er Rektor der Universität war, Gribouille. Er konnte die Alpen aus dem Fenster seines kleinen Domizils sehen. Sie stellte Heideggers »elementare Welt des Seins« dar, war der stille Nährboden für seine Gedanken, der Ausgangspunkt beim Verstehen der »verborgenen Gesetze«, die im Bergwald herrschen. Heidegger sah in dem dunklen Wald eine Metapher für das Leben, für die Realität. Die Wahrheit hat die Angewohnheit, sich im Unterholz des Waldes zu verbergen, sagte er, in der Lautlosigkeit, wo einige Wege »Sackgassen« darstellen und im

Nirgendwo enden. Doch andere führen zur Wahrheit, zu offenem Terrain, zur Lichtung. Unsere Gedanken müssen diese Lichtung nur finden, den richtigen Feldweg ausmachen, einen Weg, der nur den einheimischen Holzfällern, den einheimischen Holzarbeitern bekannt ist.

Heidegger unterscheidet zwei Arten des Denkens: das kalkulative Denken und das meditative Denken. Kalkulatives Denken, so Heidegger, »berechnet immer neue, immer noch lukrativere und effizientere Möglichkeiten«. Diese Form des Denkens hört nie auf, hält niemals inne, um sich zu sammeln, hetzt von einem Thema zum nächsten. Meditatives Denken dagegen »sinnt über die Bedeutung nach, die allem innewohnt, was ist«. Letzteres ist gemeint, wenn es heißt, »dass der Mensch unserer Zeit vor dem Denken flieht«. Vielleicht liegt das daran, dass meditatives Denken keinen Profit bringt? Kritiker behaupten, dass es die Bodenhaftung verloren hat, über den Dingen steht, der Wirklichkeit entrückt, jenseits der »realen Welt«. Es sei ein wertloses Unterfangen, eine Verschwendung produktiver Zeit und Zeit sei bekanntlich Geld.

Doch meditatives Denken ist kein müßiger Zeitvertreib. Es erfordert größere Mühe als kalkulatives Denken, das normalerweise nicht die geringste Anstrengung voraussetzt und niemandem schwerfällt. Meditatives Denken bedarf laut Heidegger der gleichen Sorgfalt wie jede andere Fertigkeit. Man wird nicht unverzüglich belohnt. Der Mensch muss in der Lage sein, sich in Geduld zu fassen und wie der Bauer zu warten, bis die Saat aufgeht, oder wie der *bûcheron*, der Holzfäller, der ja auch nicht alle Bäume gleichzeitig fällt und verbrennt; wie der *vigneron*, der liebevoll seinen Wein hütet, lagert er die Holzscheite ein und trocknet sie, damit sie einsatzbereit sind, wenn es wirklich kalt wird.

Heidegger glaubt, dass jeder fähig ist, meditativ zu denken; jeder kann auf seine eigene Art und innerhalb seiner eigenen Grenzen den Holzfäller-Weg finden, kann die Lichtung suchen. »Warum?«, fragt er. »Weil der Mensch ein denkendes, das heißt, meditatives Wesen ist.« Als solches hat meditatives Denken nichts »Abgehobenes« an sich. Es geht nicht darum, alles auszublenden und das Denken auf vermeintlich sinnvollere Dinge auszurichten. Es reicht aus, darüber nachzusinnen, was naheliegt, was uns betrifft, jeden von uns, hier und jetzt: hier, auf diesem Fleckchen Erde, jetzt, in diesem Augenblick der Geschichte.

Doch das, was am nächsten liegt, wird leicht ignoriert und übersehen, ist oft am schwersten zu fassen. Meditatives Denken setzt voraus, dass wir bereit sind, das Selbst loszulassen und uns auf das einzulassen, was »auf den ersten Blick überhaupt nicht zusammenpasst«. Wir sinnen nach, warten, meditieren über das, was ist, suchen blind nach Offenheit, nach einer Lichtung, nach Licht, nach einem weiten Raum in der Ferne, irgendwo am Horizont. Unser Blick ist auf die Nähe gerichtet und doch greifen wir nach dem fernen Horizont. Meditatives Denken zieht uns in die Ferne, während wir gleichzeitig an Ort und Stelle, *in der Nähe* bleiben. Es bringt diese beiden Welten zusammen, in einer Art »Nähe der Ferne« – einer Annäherung an die Ferne. Die Nähe der Ferne zu finden bedeutet unter dem Strich, den Weg zum Sein zu finden, zu voller Bewusstheit, zum Loslassen des Selbst.

9

Es ist später Nachmittag. Wir erreichen Bonneval, ein malerisches Dorf, schmuck und aufgeräumt, atypisch für die Auvergne. Normalerweise trifft man in den Dörfern überall auf verrostete landwirtschaftliche Geräte und ausgediente Pflüge, Berge von Autoreifen und Abdeckplanen, Holz, Schutt und herrenlose Fahrgestelle von Kraftfahrzeugen. Hier ist nichts dergleichen zu entdecken. Ich setze mich auf eine niedrige Steinmauer, umgeben von bunten Blumenbeeten, in die sich kleine Rasenflächen mit üppigem Gras einfügen. Die alte Kirche ist genau gegenüber und nebenan befindet sich eine hübsche *auberge,* ein Landgasthof mit einer schattigen Terrasse, die Ausblick auf das Tal bietet. Hier wurde alles geschmackvoll restauriert. Wie ein Vorzeigedorf in den Alpen. Alles blüht an diesem strahlenden Sommertag. Ich binde Gribouille an einen Ring am Dorfbrunnen an, aus dem ein Rinnsal Wasser tröpfelt. Er steckt das Maul in den Brunnen, nimmt aber Abstand davon, zu trinken. Die Vögel zwitschern und ich schlendere an der *mairie* vorbei, dem Rathaus, kaum größer als ein Einfamilienhaus, und gehe in Richtung Gasthof, um dort Kaffee zu trinken.

Plötzlich öffnet sich ein Fenster im obersten Stock des Rathauses. Der Kopf einer älteren Frau erscheint. *Monsieur, Monsieur!*, ruft sie mir zu. *Votre âne, votre âne! Il faut absolument qu'il ne mange pas les fleurs!* – Ihr Esel! Ihr Esel! Dass er mir ja nicht die Blumen frisst! Ich erkläre ihr, dass ihre Sorge unbegründet ist, mein Esel würde niemals diese Blumen fressen. Esel sind wählerisch, was Essen und Trinken angeht. Gribouille würde sich niemals an den »domestizierten« Blumen vergreifen, er nimmt nur die wild wachsenden in der freien Natur. Er mag keine Nahrung aus dem Supermarkt! Er zieht es vor, sich an wild wachsendem Löwenzahn gütlich zu tun. Sie glaubt mir nicht. Sie misstraut Gribouille! Es ist immer die alte Leier: Der Ärmste wird wieder einmal mit Acht und Bann belegt, ein Verfemter dieser Erde.

Als ich mit meinem Kaffee zurückkehre, um ihn, auf der Mauer sitzend, zu trinken, ist *Madame* angerückt und liest auf der Bank neben der Kirche demonstrativ ein Buch. Von hier aus hat sie uns besser im Blick. Gribouille schnuppert an jedem Blumenbeet, schiebt seine Nase in jedes einzelne hinein, scheint von den Farben, dem Geruch gebannt ... obwohl ich keine Ahnung habe, warum. Aber er frisst keine einzige Blume, nicht eine, obwohl es so aussehen mag. Er begnügt sich mit dem, was ihm schmeckt, zum Beispiel Gras, das er sich einverleibt wie ein Rasenmäher auf vier Beinen. Doch inzwischen hat der Kaffee einen bitteren Beigeschmack und das schmucke Dorf wirkt mit einem Mal bedrückend, wie ein zu enges Korsett, das einem die Luft abschnürt. Wir sind unwillkommene Gäste, werden mit Verachtung gestraft, wie Ausgestoßene, zwei Störfaktoren. Als wir das Dorf verlassen, blicke ich zurück und sehe, wie *Madame*, die Kleingläubige, die Blumenbeete höchstselbst inspiziert. Ich muss an Vater Chichambre denken, den Dorfpriester aus *Der Esel mit der Samthose,* Henri Boscos Eselsklassiker aus dem Jahr 1937, ebenfalls ein Kinderbuch für Erwachsene, der sagt: »Und wenn ihr eurem alten Pfarrer, der euch wirklich liebt, einen Gefallen erweisen wollt, dann seid nett zu dem Esel Culotte.« Ja, seid nett zu dem Esel Gribouille.

Esel wie Culotte, Robert Bressons Balthasar und mein *camarade* Gribouille haben eines gemein: Sie bekommen die volle Wucht menschlichen Hohns zu spüren, wenn sie durchs Leben gehen, demütig, gemächlich, uns mit ihren tiefgründigen wissenden Augen erforschend. Mit ihrem monströsen Kopf und dem nervtötenden Schrei sind sie für viele eine Ausgeburt des Teufels auf vier Beinen – in einem Dorf mit üppigem Blumenschmuck nicht willkommen. Der Esel Culotte stammt aus einem sonnigen Klima, aus dem Lavendelparadies der Provence in Südfrankreich. Culotte ist schlau: Er hasst die winterliche Kälte. Deshalb trägt er Hosen aus glänzendem braunem Cordsamt, die mit blank polierten ledernen Hosenträgern an seinem Brustriemen und seinem Hals befestigt sind. Alle lachen über den armen alten Culotte mit seinen Samthosen, seinen *culottes*, und machen sich über seinen ungewöhnlichen Anblick lustig. Jeden Tag lässt er höhnische Zurufe und gelegentlich einen derben Schlag über sich ergehen. Doch er lässt sich nichts anmerken, lässt die Schmähungen nie an sich heran, geht seinen Weg, mit kleinen Schritten über die Kopfsteinpflasterstraßen des Dorfes.

Culotte erledigt Besorgungen für einen Einsiedler, der im Gebirge lebt, und wird zur Quelle des Staunens für einen kleinen Jungen namens Constantin. In der Figur des Constantin bewahrte Bosco sein persönliches Paradies, seine kindliche Ehrfurcht vor der Welt. Culotte ist ein Esel, der »auf dem Kirchplatz genauso wenig deplatziert wirkte wie in seinem Stall; ein Esel mit einer Seele, gut zu den vom Schicksal Gezeichneten, seinen eigenen Göttern huldigend; ein Esel, der überall mit hoch erhobenem Kopf einhergehen konnte, denn er war aufrichtig; ein Esel, der seinesgleichen alle Ehre gemacht hätte, wenn es den Begriff der Rechtschaffenheit bei Eseln gäbe. Es hieß, eine undefinierbare, liebevolle Macht wache über Culotte. Wohin er auch ging, dieses unerklärliche Wohlwollen begleitete ihn.«

Ein einfacher, unscheinbarer Esel, der vielleicht die besten Jahre bereits hinter sich hatte, so wie Gribouille, mit gestriegeltem grauem Fell und stoischem Blick, ohne Überheblichkeit oder Boshaftigkeit, der wusste, dass er ein Esel war, und sich dessen nicht schämte. Culotte wusste, wie man geht, steht, den Weg fortsetzt, kehrtmacht, Nahrung zu sich nimmt, beobachtet, lauscht und gehorcht, ganz nach Art der Esel. Er war ein Esel, der es liebte, über den Lauf der Welt nachzusinnen; ein Esel, der viel gesehen und in seinem Gedächtnis bewahrt hatte; ein Esel, der viel verzieh; ein zuvorkommender Esel, der Wert auf gute Manieren legte, höflich im Umgang mit Eseln und respektvoll, aber nicht unterwürfig in seinen Beziehungen zu Menschen war – ein Esel also, mit dem man sich überall sehen lassen konnte.

Dennoch hatte der alte Dorfpfarrer Chichambre recht: Die Menschen brachten Culotte wenig Achtung entgegen. Alle machten sich über ihn lustig, mit Ausnahme des kleinen Constantin, der – wie so viele Kinder – von der Gutmütigkeit der Esel gebannt war. Constantin schließt Freundschaft mit Culotte, gegen den Willen seiner Eltern, folgt ihm in das magische Königreich in den Bergen, wo das Leben harmonisch und das Land fruchtbar ist. Ist dieses Paradies eine Fantasie, ein Produkt von Constantins überbordender Vorstellungskraft? Oder ist Culottes Welt real? Und wenn sie real ist, ist sie nur Kindern zugänglich? Können wir misstrauischen, kleingläubigen Erwachsenen uns Einlass verschaffen, sind wir bereit, einen Blick in das Reich des geheimnisvollen Zaubers zu werfen, über die verbotene Schwelle zu treten?

»Ich hörte Steine, die auf dem verbotenen Saumpfad herabrollten«, sagt Constantin. »Und als ich den Kopf hob, sah ich den Esel, der zwischen den Eichen auftauchte, den berühmten Esel, über den ich immer noch nichts wusste. Er hatte seine Winterreithosen abgelegt, zweifellos wegen der ungewöhnlich milden Luft. Mit gesenktem Kopf, als würde er an den Steinen schnuppern, und sorgfältig aufgesetzten Hufen kam er den steilen Weg hinunter. Er überquerte die Steinbrücke, ließ seine kleinen leichten Eselsschritte klappern. Die Einkaufskörbe, die von seinem Rücken herabhingen, waren bis zum Rand gefüllt.« Culotte näherte sich Constantin, kam ihm so nahe, dass er den Jungen berührte. Dann sprach er laut, mit menschlicher Stimme: »Steig auf meinen Rücken. Hab keine Angst. Du kannst auf meinem bloßen Rücken reiten, ohne Sattel. Ich möchte dir den Berg zeigen ... ich weiß, du liebst den Berg ... Komm! Wir machen uns auf den Weg ins Hochland.«

10

Komm! Wir machen uns auf den Weg ins Hochland! Gribouille nickt und versetzt mir einen sanften Stoß, als wir aufbrechen, dem Ort entfliehen, an dem wir nicht willkommen sind. Wir sind offenbar einer Meinung – obwohl er wahrscheinlich nur sicherstellen will, dass ich nicht aufhöre, ihn zwischen seinen Ohren zu kraulen. Wir setzen unseren Weg fort, auf einem schmalen, steinigen Pfad, der rasch abschüssig wird, zu einem Bach abfällt. Es ist eine malerische Route, die unter Bäumen und am Wasser entlangführt. Wir lassen eine Reihe vereinzelter »Landhäuser« hinter uns, Sommerdomizile für Großstadtpflanzen. Das erkennt man an den Fahrzeugen, die davor stehen, großen, sauberen Fahrzeugen, und an den Nummernschildern. Wir gelangen wieder auf eine Teerstraße, gehen und gehen, passieren weitere Dörfer, Ansiedlungen, die weniger schmuck sind, wo uns die Bewohner jedoch mit einem Lächeln zur Kenntnis nehmen, uns willkommen heißen. Das ist eher die Regel als die Ausnahme: dass Passanten lächeln, freundlich lächeln, wenn man mit einem Esel unterwegs ist.

In den frühen Abendstunden sind erstaunlich viele Menschen auf den Beinen. Sie blicken zu uns herüber, um Gribouille anzuschauen, und lächeln. Alle Dorfbewohner strahlen, wenn wir gemächlichen Schrittes unseres Weges gehen. Menschen mit Eseln ziehen eine Aufmerksamkeit anderer Art auf sich als jemand, der auf einem Pferd reitet oder mit einem Hund spazieren geht. Ein Wanderer ohne Begleitung würde in dieser Gegend anonym bleiben, kaum eines zweiten Blickes gewürdigt werden, ganz zu schweigen von einem heiteren Lächeln. Im Gegensatz zu Pferd oder Hund hat niemand Angst vor einem Esel, nicht einmal kleine Kinder. Oft sind es gerade Kinder, die Esel heiß und innig lieben, die als Erste herbeieilen, auf Gribouille aufmerksam werden. Leute jeden Alters möchten ihn streicheln, haben ein freundliches Wort für ihn, wollen mehr über ihn wissen und ihre eigenen Eselsgeschichten zum Besten geben. Es gibt nur wenige, die keine eigenen Erfahrungen beisteuern können.

Nun geht es klipp, klapp einen Berg hinauf, zwischen uralten Gebäuden hindurch, vorbei an einer kleinen Werkstatt, in der noch die traditionellen Holzpantinen hergestellt werden, einem Café und einem Laden, der Produkte aus der Region verkauft. Vermutlich tragen der friedfertige Blick des Esels und die in ihm schlummernde *lenteur*, seine ansteckende bedächtige Langsamkeit, dazu bei, gute Laune zu verbreiten, Aufmerksamkeit, Sanftmut und Zuneigung zu wecken. Es ist der Blick eines nachdenklichen Kindes, das die Stirn an die Fensterscheibe presst, wie Constantin, der in den Regen hinausblickt und nach Culotte Ausschau hält. Wer kann schon der Sehnsucht widerstehen, hinauszugehen und zu spielen? Beim Anblick eines Esels können die Kinder vielleicht sich selbst sehen, wie sie bei Regenwetter aus dem Fenster schauen, und haben das Gefühl, in ihr eigenes, beschlagenes Spiegelbild zu blicken. Dennoch sind die Reaktionen der Menschen rätselhaft: Auf der einen Seite lösen Esel ein Lächeln aus, auf der anderen Seite Grausamkeit, Spott und alberne Klischeevorstellungen.

*

Esel stehen schon lange am Pranger des Menschen, sie gehören zu den Tieren, die am häufigsten geschlagen werden. Du kennst das Schicksal deiner geschundenen Verwandten besser als jeder andere, Gribouille. In literarischer Form veranschaulicht das Gedicht »Esel« von G. K. Chesterton die Angst und Verachtung, die man Eseln entgegenbringt, aber auch das alte Sprichwort »Wer zuletzt lacht, lacht am besten«. Denn oft werden sie auch mit den besten Eigenschaften in Verbindung gebracht, so wie in Homers *Ilias*, wo sie mit dem großen Krieger Ajax verglichen werden, der nicht aufgeben will, obwohl trojanische Speere und brennende Reisigbündel auf ihn niederprasseln: »In großer Unzufriedenheit leitete Ajax den Rückzug vor den Trojanern ein, gegen seinen Willen … Er war stur wie ein Esel, der die Knaben, die ihn hüten, eines Besseren belehrt, der sich einem Feld zuwendet, an dem sie vorüberkommen, und sich an dem Getreide auf den Halmen gütlich tut. So viele Stöcke wurden auf seinem Rücken zerbrochen, dass ein paar schwache Schläge ihm nichts ausmachen. Auch wenn sie ihn am Ende doch noch mit großem Getöse hinaustreiben – er geht nicht, bevor er sich nicht nach Herzenslust satt gefressen hat.«

Chesterton, der englische Autor und Poet, Philosoph und Theologe, der geistreiche Schöpfer des Pater Brown, dessen Hobby darin besteht, Kriminalfälle zu lösen, hatte offenbar ein gespaltenes Verhältnis zu Eseln. Die Heftigkeit, mit der er die ersten drei Strophen seines Gedichts »Der Esel« zum Ausdruck bringt, wirkt echt auf den Leser, vielleicht, weil unsere Beziehung zu Eseln ungestüm ist. Als der verhasste Esel auf die Erde kam, sagt Chesterton, verirrte sich eine Gemeinschaft dummer, zotteliger Ausgestoßener in unsere Mitte:

Als flog der Fisch und schritt der Wald
und Feige wuchs am Dorn,
unter der blut'gen Mondsgestalt,
da wurde ich gebor'n.

Mit Monsterkopf und schrillem Ruf
und Ohren flügelgleich:
die Parodie der Teufel schuf
vom Tetrapodenreich.

Zerlumpt, geächtet rundherum
in falschem Volkes Joch;
Verlacht, verpeitscht mich: Ich bin dumm,
doch stumm verbleib ich noch.

Doch der viel geschmähte Außenseiter hat seinen glorreichen Augenblick, seine große Stunde, die Chesterton anerkennt:

Narr'n! Meine Stunde kam zuvor
mit hellem, holdem Gruß:
Hosannas barsten mir ins Ohr
und Palmen mir zu Fuß.

Palmzweige wurden vor die Füße des Esels gestreut beim Einzug Jesu in Jerusalem, am »Palmsonntag«, dem ersten Tag der letzten Woche seines Lebens. Der Esel war das von ihm auserwählte Reittier seiner letzten Tage. »Geht hin in das Dorf, das vor euch liegt«, heißt es im Evangelium nach Matthäus, »und alsbald werdet ihr eine Eselin finden, angebunden, und ein Füllen bei ihr; bindet sie los und führet sie zu mir.« Ein Esel wurde erwählt, um die Prophezeiung des Zacharias zu erfüllen: »Jauchzet! Siehe, dein König kommt zu dir in Sanftmut und er reitet auf einem Esel, auf dem Füllen eines Lasttiers.« Eine Menschenmenge säumte die Straßen, trug Umhänge und Palmzweige in den Händen, bereitete Jesus und seinem Esel den Weg. Er hatte ein ebenso robustes wie bescheidenes Reittier gewählt, das seinen Reiter überallhin trägt, zuverlässig, sanftmütig und sicher; kein strahlendes, schnelles, stolzes Ross, sondern ein gewöhnliches Geschöpf, eine geschundene Kreatur, grauer Bannerträger einer friedlichen Sache, mit einer weißen Fellzeichnung auf dem Rücken, dem sogenannten *Andreaskreuz*.

Esel werden sowohl im Alten und Neuen Testament als auch im Koran in positivem Licht dargestellt. Sie gelten als loyale und intelligente Geschöpfe, als Träger der Weisheit, als vertrauenswürdige Reittiere von Propheten, manchmal klüger als die Propheten selbst. In der Bibel und im Koran werden sie kein einziges Mal als dumm bezeichnet, als »Esel« in dem Sinne, wie man das Wort heute oft missbraucht. Sancho Pansa erklärt, dass sein Esel als Dapple in die Geschichte eingehen soll, weil Dapple, sein Augenstern, sein Grauer, kein dummer Esel, sondern der treue Freund eines einfachen Schildknappen sei.

Obwohl es im Koran heißt »die hässlichste Stimme ist die eines Esels«, können sich Esel mit muslimischen Propheten verständigen – genauer gesagt, Muhammad spricht mit den Eseln. Das Wunder besteht weniger darin, dass Allah Tiere befähigt, die Sprache des Menschen zu verstehen, sondern es Muhammad ermöglicht, die Sprache der Tiere zu sprechen. Es heißt, Allah bewahrt einen Mann, seine Nahrung *und seinen Esel* einhundert Jahre lang vor dem Verderben. Der schwarze, hagere Esel Ya'foor antwortete sogar auf Allahs Fragen, schwor dem Propheten Treue und wurde Muhammads »Gehilfe« und bevorzugtes Reittier. Auf Geheiß des Propheten klopfte er mit seinem Maul an die Türen der Leute und wenn der Hausbesitzer öffnete, bedeutete der Esel ihm mit einem Kopfnicken, dass der Prophet ihn zu sprechen wünschte …

11

Vielleicht weißt du, Gribouille, dass wir Menschen uns oft als Judas entpuppen, als kollektive Verräter? Der begnadete Verseschmied Stevenson beschrieb sein »letztes Abendmahl« mit Modestine, seiner Eselin, die er verriet und just in dem Augenblick verkaufte, als sie endlich Zuneigung zueinander gefasst hatten und sie ihm im Mondschein aus der Hand fraß. Vielleicht kennst du auch das Gleichnis von Bileam, dem käuflichen Propheten aus dem Buch Numeri des Alten Testaments? Er verriet und züchtigte seine Eselin, doch wie Boscos *Esel mit der Samthose* kann sie sprechen – oder besser gesagt widersprechen. Sie erklärt ihm den Grund ihres Verhaltens, konfrontiert ihn mit seiner Grausamkeit und Blindheit. Und so widerlegt die Bibel die Vorurteile, die alte Leier vom »dummen Esel«:

Der wahre *Esel* war Bileam. Seine Eselin erwies sich als die Klügere von beiden; sie machte ihn auf seine Abtrünnigkeit, seinen Betrug und sein unheilvolles Streben nach Reichtum aufmerksam. In diesem Gleichnis wurde eine unscheinbare kleine Eselin – und nicht ihr Herr – spirituell erleuchtet und durfte den Engel schauen, der ihnen den Weg versperrte. Aus der Sicht des Menschen war ihr Verhalten sonderbar, störrisch, irrational; doch aus der Perspektive des Esels reagierte sie rational, intelligent und treu, als sie immer wieder von der Straße abwich. Es war eine Treue, die ihr schlecht gedankt wurde. Der korrupte Bileam schlug sie und misstraute ihrer Loyalität; der Gedanke an den schnöden Mammon trübte seinen gesunden Menschenverstand:

Gott hatte Bileam gewarnt, das Lager der Moabiter zu betreten und somit sein Volk zu verraten und sich selbst. Doch man hatte ihm Ehre und Reichtum versprochen, den »Judaslohn«, und so überrascht es nicht, dass Bileam der Versuchung erliegt und aufbricht. »Lass dich nicht abhalten, zu mir zu kommen. Ich will dir einen sehr hohen Lohn geben.« Er sattelt den Esel und bricht am nächsten Morgen mit den Hofleuten der Moabiter auf, bis ihm ein Engel mit gezücktem Schwert den Weg verstellt. Der Esel sieht den Engel und weicht ins Feld aus. Bileam schlägt ihn, um ihn auf die Straße zurückzubringen. »Darauf stellte sich der Engel auf den engen Weg zwischen den Weinbergen, der zu beiden Seiten Mauern hatte.« Wieder sieht der Esel, was sich vor ihm befindet, und presst sich eng an die Mauer, wobei er Bileams Bein einquetscht, was abermals Prügel nach sich zieht. Der Engel des Herrn folgte ihnen weiter und stellte sich an eine besonders enge Stelle, wo es weder rechts noch links eine Ausweichmöglichkeit gab. Die Esel ging unter Bileam in die Knie. »Bileam aber wurde wütend und schlug den Esel mit dem Stock.«

Damit war das Maß voll und die Wahrheit kam ans Licht: »Da öffnete der Herr dem Esel den Mund und der Esel sagte zu Bileam: ›Was habe ich dir getan, dass du mich jetzt schon zum dritten Mal schlägst?‹ Bileam erwiderte dem Esel: ›Weil du mich zum Narren hältst. Hätte ich ein Schwert dabei, hätte ich dich schon umgebracht.‹ Der Esel antwortete Bileam: ›Bin ich nicht dein Esel, auf dem du bis heute geritten bist? War es etwa je meine Gewohnheit, mich so gegen dich zu benehmen?‹ Da musste Bileam zugeben: ›Nein.‹ Nun öffnete der Herr Bileam die Augen und er sah den Engel des Herrn auf dem Weg stehen, das gezückte Schwert in der Hand. Dem Esel widerfuhr endlich Gerechtigkeit. Da verneigte sich Bileam und warf sich auf sein Gesicht nieder. Der Engel des Herrn sagte zu ihm: ›Warum hast du deinen Esel dreimal geschlagen? Ich bin dir feindlich in den Weg getreten, weil mir der Weg, den du gehst, zu abschüssig ist. Der Esel hat mich gesehen und ist mir schon dreimal ausgewichen. Wäre er mir nicht ausgewichen, dann hätte ich dich vielleicht jetzt schon umgebracht, ihn aber hätte ich am Leben gelassen.‹« Und so kam es, dass ein sprachloser Esel in »menschlichen Zungen« redete und das Vorhaben des verblendeten Propheten verhinderte.

Ich liebe das Gleichnis von Bileam, weil ich mir gut vorstellen kann, wie ein Esel an den Straßenrand ausweicht. Ich stelle mir vor, wie du an den Straßenrand ausweichst, Gribouille, mich anstupst, die Ohren wie Antennen aufgerichtet, und deinen Herrn von einem Kurs abbringst, auf dem Unheil droht. Ich finde die Geschichte glaubhaft, eher realistisch als religiös geprägt; ein solches Verhalten ist typisch für Esel, ein Musterbeispiel des »Eselseins«. Doch Bileam ist mit Blindheit geschlagen, sieht nicht, was vorgeht, und reagiert mit »blinder« Wut und Ungeduld, wie so viele Menschen. Er glaubt, dass ihn der Esel zum Narren hält, und genau das ist der Punkt, der ihn maßlos ärgert. Deshalb muss er Dampf ablassen und wählt die Gewalt als Ventil. Am Ende hat er sich selbst zum Narren gemacht, der nicht erkennen kann, wie töricht sein Verhalten ist, der blind ist für andere Möglichkeiten der Erkenntnis.

*

Ich stehe hinter Gribouille. Der Tag ist vorüber. Ich nehme ihm den Packsattel und das rote Halfter ab. Als erste Amtshandlung pflegt er sich danach meist auf der Erde zu wälzen. Und dabei macht er keine halben Sachen: Er wälzt sich so hingebungsvoll und ausdauernd, dass er Wolken von Staub aufwirbelt; seine Beine sind angezogen, wie bei einem Kind im Mutterleib, und er strampelt und strampelt, ein unschuldiges Vergnügen, von dem er nicht genug bekommen kann. Ich sehe seine Unterseite, seinen weißen Bauch. Dann setzt er sich auf, den Körper auf alle viere gestützt, und schaut verträumt auf das Tal hinaus. Der Ausblick ist fantastisch. Er hat ein wunderbares Nachtquartier, eine nach allen Seiten offene Wiese, frisch und ruhig, und in der Ferne ragt der Mont Bar auf. Der Ort hat einen zutreffenden Namen: Bel Air, gute Luft. Die Sterne stehen bereits am Himmel. Wenn ich Gribouille in seinem natürlichen Habit vor mir sehe, habe ich ein schlechtes Gewissen, ihm jeden Tag meine Last aufzubürden. Nach einer Weile steht er auf und wirkt auf Anhieb größer, erholt und kraftstrotzend, die Ohren aufgerichtet wie intergalaktische Antennen. Ich nähere mich ihm mit dem Striegel, um sein Fell vor dem Schlafengehen gründlich auszubürsten.

Wenn man hinter einem Esel steht, gleichen die Ohren Engelsflügeln, die im Wind flattern, zwei biegsame Haltestangen, an denen man sich festklammern kann, wenn man abhebt, sich mit ihm in die Lüfte erhebt, hoch in den Himmel hinauf, über die Berge hinweg. Gribouilles Ohren sind braune Engelsflügel mit weißen Schattierungen in der Mitte. Er ist zudem mit einem eingebauten Radargerät gesegnet. Denn an seinem hinteren Ende befindet sich der Schwanz, der nicht nur dazu da ist, Fliegen zu verscheuchen. Er dient auch als Ruder, das uns Stabilität verleiht und auf Kurs hält in dem riesigen grünen Ozean des Lebens, den wir durchqueren. Er pendelt nun hin und her, bewegt sich in Einklang mit seinen »Flügelohren«, die auf eine ferne göttliche Frequenz ausgerichtet sind, wie der Taktstock des Dirigenten, der ein Symphonieorchester leitet, oder ein Metronom, das zu den Klängen Schuberts tickt.

Ich kann mir Gribouille gut als Bileams Esel vorstellen. Ich kann mir vorstellen, wie er Engel sieht, mich auf sie aufmerksam macht mit seinem Maul, mich anstupst, um sich zu vergewissern, dass ich dem Unheil aus dem Weg gehe, dass ich nicht auf dumme Ideen komme, was meinen Rang und Stand im Leben betrifft, dass ich mich nicht vom lockenden Sirenengesang verführen lasse. Ich hoffe, dass ich gegen solche Versuchungen gefeit bin; ich hoffe, dass ich mich nicht an einen Mast binden muss. Es ist wichtig, dass ich mich vorsehe, dass ich seine Weisheit nicht hintergehe, die mir den Weg weist, nicht zu einem käuflichen Bileam werde, einem Judas, einem weiteren Kleinmütigen, der glaubt, dass ein Esel seine Blumen frisst. Gribouille dreht sich um und blickt mich traurig an, als ich ihn striegle. Er verdreht den Hals wie der »Engel der Geschichte«, von dem Walter Benjamin sprach, der deutsche Philosoph, der 1940 starb und es nie schaffte, sich aufzuschwingen und über den Gipfel des Berges zu gelangen. Er fand seine Inspiration in einem kleinen Aquarell von Paul Klee, *Angelus Novus*. Es zeigt eine zarte, fragile Gestalt mit Flügeln und Augen, die über die eigene Schulter zurückblicken. Das Gesicht des Engels ist der Vergangenheit zugewandt, aber gleichzeitig streckt er die Hand nach der Zukunft aus, nach dem, was vor uns liegt. »Dort, wo wir eine Kette von Ereignissen wahrnehmen, sieht dieser Engel eine einzige Katastrophe, die nichts als Trümmerhaufen hinterlässt und ihm vor die Füße schleudert«, schreibt Benjamin.

Der Engel würde gerne auf der Erde verweilen, um bei der Auferstehung der Toten an unserer Seite zu sein, über uns zu wachen, zu kitten, was zerbrochen ist, und den Scherbenhaufen wegzuräumen. Doch dazu bleibt keine Zeit und vielleicht ist es ohnehin zu spät. Er nickt der Zukunft zu, dem Paradies; ein leichter Wind kommt auf und verfängt sich in den Schwingen des Engels, die ihn unaufhaltsam dieser Zukunft entgegentragen, dem Paradies. Als ich vor ein paar Jahren zum ersten Mal Walter Benjamin las, nach meiner Rückkehr in den Schuldienst, nach einer Auszeit von zehn Jahren, hätte ich nie geglaubt, dass der Engel der Geschichte ein Esel sein könnte. Ich hätte nie für möglich gehalten, dass Bileams Esel – der mich mit offenen Augen und zurückgewandtem Kopf betrachtet, wie Culotte den kleinen Constantin – mir helfen könnte, zu begreifen, dass der Trümmerhaufen, den Benjamin sah, vom Sturm des Fortschritts herrührte.

12

Der Himmel ist von einem zarten Blau heute Morgen und die Sterne funkeln noch in der Dämmerung. Ein fahler Dunstschleier umgibt die Wiese wie ein Heiligenschein. Gribouille schlurft auf mich zu und statt nach Bethlehem machen wir uns auf in Richtung Bel Air. Er trottet gemächlich von einer Straßenseite zur anderen, vermutlich runzelt er dabei die Stirn. Immer wenn ich ihn so schlendern sehe, offenbar nur um des Schlenderns willen, tief in Gedanken versunken und sich selbst genügend, driften meine Sorgen davon, mein früheres Leben, die Welt der Reife- und Alterungsprozesse, alle Dinge, die nicht hielten, was sie versprachen, damals im sechsundachtzigsten Stock des Empire State Building vor so vielen, vielen Jahren ... all das driftet davon in die frische Morgenluft.

Als ich in New York umherstreifte, wie an den meisten Nachmittagen die Straßen und breiten Promenaden entlangschlenderte, zu Fuß durch schattige Passagen und höhlenartige U-Bahn-Stationen ging und von dem Dichter Walt Whitman träumte, auf der Suche nach einem Lied für mich selbst, hätte ich mir nie vorstellen können, dass ich eines Tages mit einem schokoladenfarbenen Esel über menschenleere französische Straßen und offene Felder wandern würde, ganz zu schweigen davon, dass ich mit ihm reden würde. Ich wollte wie Whitman sein, ein ebenso sorgloser wie zielloser Müßiggänger in New York, der über den Pomp, das glorreiche Menschengewimmel und den Einfallsreichtum der Metropole staunte. Doch die Stadt mit ihrer gefühllosen Anonymität, ihrer erbarmungslosen Gleichgültigkeit ließ mich kalt, weckte nicht ehrfürchtiges Staunen, sondern die panische Angst in mir, ob ich mir hier eine Zukunft leisten konnte. Damals, mit

Walt, war jeder Tag ein Samstagnachmittag, verkaufsoffen und bereit für die Begegnung mit der Welt, einer Welt, die sich im Kaufrausch verausgabte und nur eines noch zu kennen schien: Konsum, Konsum, Konsum. Seit ich mit einem Esel unterwegs bin, ist immer Sonntag, ein träger Sonntagnachmittag, in dem jede Sekunde zählt, auch wenn es keine Uhren gibt und keine Möglichkeit, etwas zu kaufen oder zu verkaufen – nur einen Esel, kurz nach Einbruch der Abenddämmerung …

*

Gribouille ist heute nicht in der Stimmung zu laufen. Er trödelt. Wir bewegen uns im Schneckentempo vorwärts. Es gibt eben Tage, an denen man zu nichts Lust hat. Einem Esel ergeht es in dieser Hinsicht keinen Deut anders als uns Menschen. Er bleibt ständig stehen und nicht nur, um zu fressen. Er bleibt einfach stehen und das war's dann erst mal. Er wartet und schaut sich um. Ich warte und beobachte ihn, überlege, was los sein könnte, falls etwas nicht stimmt. Doch der Anblick ist seltsam beruhigend, ein friedlicher Augenblick. Er atmet, seufzt und bleibt wie angewurzelt stehen. Ich weiß nie genau, weshalb. Ich kann mir nicht vorstellen, dass er müde ist.

Vielleicht liegt es am Weg, vielleicht hat er Schwierigkeiten, festen Halt zu finden. Ich bringe ihn dazu, mir seine Füße zu zeigen. Alles in Ordnung: nichts, was Beschwerden verursachen könnte, keine eingetretenen Steinchen, die ihn drücken. Der Weg ist staubig, aus roter Vulkanerde, trocken, rutschig und voll losen Gerölls, Millionen kleiner Lavabrocken mit Lufteinschlüssen, winzig kleinen Luftblasen. Der Weg ist schmal und steil, überhaupt nicht nach Gribouilles Geschmack. Genau da liegt das Problem. Ich rede ihm gut zu weiterzugehen, führe ihn an den Außenkanten entlang; ich akzeptiere sein Tempo, bin froh, dass er sich überhaupt in Bewegung gesetzt hat. Geduld. Viel Geduld. Wir arbeiten uns gemeinsam vor, mein Arm um seinen großen Kopf geschlungen, immer dicht am Wegesrand.

Als wir uns dem Gipfel nähern, scheint es ihm besser zu gehen. Wir sind oben, überschreiten ihn und gehen auf einen Wald zu. Wir befinden uns nun auf ebenem Boden, in offenem Terrain. Der Weg fühlt sich weicher unter den Füßen an, wie ein flauschiger Teppich aus Tannennadeln. In diesem bewaldeten Lebensraum wirkt Gribouille überraschend behände und energiegeladen. Gelegentlich überholt er mich sogar, zieht mich mit. Ich folge ihm. Er kann wirklich schnell unterwegs sein, wenn er will – nur um dann wieder abrupt stehen zu bleiben und dem Schweigen nachzuspüren, das ringsum herrscht, eine Welt samtener Stille, in deren Mitte sich ein Esel und ein Mensch befinden, die immer tiefer in sie vordringen. Die Sonne scheint durch die Lücken im Unterholz. In ihrem Licht betreibe ich meine ganz eigene Photosynthese, ziehe Energie und Kraft aus dem Leben im Freien, aus der Freiheit, die mir mein Nomadenleben beschert …

Es überkommt einen manchmal, oft nur einen Augenblick lang, wenn man ein Fleckchen Erde betritt, das in Sonnenlicht getaucht ist: das Gefühl, frei zu sein, alles tun zu können, was man will, gehen zu können, wohin man will, niemandem Rechenschaft schuldig zu sein. Das alles geschieht, wenn man seinen »inneren Esel« akzeptiert. Einen Moment lang kann man diese Freiheit beinahe riechen, spürt ihre Kraft, die Macht der unbegrenzten Möglichkeiten. Ich bin der erste Mensch auf dem Mond, der Künstler als junger Mann, der Konsul, der Mescal trinkt, der König von Spanien, ich kann mein eigenes Tagebuch mit Verrücktheiten füllen. Ich bin ein Betrüger, ein Scharlatan … bin halsstarrig, aufrichtig, schüchtern, überheblich … ein Hochstapler. Ich bin alles, was ich sein will, und jeder, der ich sein will. Ich bin sogar ich selbst, mein schlichtes altes Ich, das Selbstbestätigung sucht, ein linkischer Mann aus Liverpool mit einem braunen französischen Esel. Wer hätte das gedacht! Nicht ich. Menschen ändern sich, können sich ändern, manchmal zum Besseren.

*

Früher hatte ich mein Leben stellvertretend gelebt, hatte mich nach dem Ebenbild anderer geformt, nach der Hauptperson eines Buches, nach einem berühmten Schriftsteller, einem namhaften Dozenten; ich las, was sie lasen, kleidete mich nach ihrem Vorbild und richtete mein Haus genauso ein wie sie. Ich war leidenschaftlich auf Unabhängigkeit bedacht und doch suchte ich Führung und Anleitung, brauchte nährende Impulse, wünschte mir jemanden, zu dem ich aufschauen, den ich bewundern konnte. Vielleicht lag es daran, dass ich diese Dinge zu Hause vermisst hatte, bei meinen Eltern, die aufmerksam und liebevoll waren, aber keine Bildung im konventionellen Sinn besaßen. Möglicherweise brauchte ich wie viele junge Leute oder Reisende, die planlos durchs Leben gehen, einen Mentor, einen Lehrer mit Vorbildfunktion, eine Krücke, um mich aufzurichten und zu stützen, bis ich auf eigenen Füßen stehen konnte, meinen eigenen Weg fand – neben einem Esel.

Als ich nach New York zog, wählte ich die Upper West Side, weil ich von einer mit Büchern tapezierten Wohnung träumte, die ich an der West End Avenue gesehen hatte. Sie bildete den Grundakkord für ein Leben, das ich mir einbildete, führen zu wollen: Inhaber eines Lehrstuhls, hohe Decken, ein Portier im Foyer, eine intellektuelle Persönlichkeit des öffentlichen Lebens, Bagels zum Frühstück, mit der U-Bahn zum City College, ein Buch von Hannah Arendt unter dem Arm. Ich erinnere mich, wie ich an einem Samstagabend im Januar bei erbarmungsloser Kälte noch sehr spät den Broadway entlangging; der Wind biss in jede Handbreit nackter Haut. Ich trug Skihandschuhe und eine Kaninchenfellmütze mit Ohrenklappen. Ich lief vierzig Blocks weit zu einem Zeitungskiosk in der Nähe der 112. Straße und fand mich auf der Titelseite der wöchentlichen Ausgabe von *The Nation* wieder.

Ich war selig, trunken vor Stolz, schien den menschenleeren Bürgersteig entlangzuschweben, vierzig Blocks weit, zur 69. Straße zurück. Ich hatte eine Rezension über ein Buch von Walter Benjamin geschrieben und für Schlagzeilen gesorgt! Jetzt würde ich berühmt, würde Stadtgespräch sein: West End Avenue, ich komme! Ich hatte einen ehrgeizigen Traum wahr werden lassen – das dachte ich zumindest. Ich hatte zwanzig Jahre gebraucht, um mich aus dem unbedeutenden, schäbigen Hafenbehördenloch freizubuddeln, in dem ich lebendig begraben gewesen war, hatte geschafft, was meinem kleinen Maulwurffreund verwehrt geblieben war. Einem Mann, der die High School abgebrochen hatte, war nicht nur der Sprung nach New York, sondern auch die Aufnahme in die Intellektuellenkreise der Metropole gelungen. Endlich war ich am Ziel meiner Wünsche, meiner langjährigen nahezu zwanghaften Bestrebungen. Doch bald – nach kurzer Zeit, genauer gesagt – erkannte ich, dass ich dieses Leben nicht wollte, dass ich nicht der Mensch sein wollte, der ich geworden war. Es war schmerzhaft, mir diese Tatsache einzugestehen, und ich ließ mir damit Zeit. Natürlich hätte ich endlos so weitermachen können, hätte die Situation ignorieren und mein Leben unter der Fassade einer falschen Identität, eines falschen Ichs fortführen können. Ich hätte aber auch wie Shakespeares König Lear, der dem Wahnsinn verfallen ist, in einem lichten Augenblick zur Selbsterkenntnis gelangen können.

Wie töricht! Töricht, etwas sein zu wollen, was ich nicht war, ein anderes Spiel zu spielen als mein eigenes. New York hatte angefangen, mir den Verstand zu umnebeln. Das war kein guter Ort, um ich selbst zu sein. Dort werden Menschen mit der Aussicht auf Erfolg geködert. Es ist schwer, dem Reiz dieses Spiels zu widerstehen. Und dort gibt es auch keine Esel; nur ausgelaugte Pferde, die Kutschen durch den Central Park ziehen. Es war Zeit, meine Zelte abzubrechen, auch wenn ich sie gerade erst aufgeschlagen hatte. Ich war wie Bileam auf der Schnellspur unterwegs, getrieben von Eitelkeit, Ehrgeiz und der Aussicht auf Reichtum, wie Sancho, dem man die Statthalterschaft auf seiner Insel versprach. Genauso lächerlich. Es mag banal sein, zu behaupten, dass die Vorstellung von Glück, das Glück eines anderen Menschen, nicht das Gleiche ist wie reales Glück, gelebtes Glück, das voll ausgeschöpft wird. Aber so ist es. Echtes Glück erwartet uns an unerwarteten Orten, durch eine überraschende Wende des Schicksals, durch Ehrlichkeit zu uns selbst. Das schnell erreichte, eng gesteckte Ziel versagt uns dieses Glück, denn es ist normalerweise eine Lüge, reiner Selbstbetrug.

13

Nun gehört der Tag mir, uns, keinem anderen. Mit einem Esel fühlt man sich nie allein. Er zwingt einem niemals seinen Willen auf. Ich spüre seine rührige Anwesenheit, seine Kameradschaft, wenn ich mich bei unserer Wanderung treiben lasse, dahindrifte, den Schnörkeln meiner Gedanken folgend. Ich werde aus einem Tagtraum gerissen, wenn er mit einem Ruck stehen bleibt, um sich einen Leckerbissen, irgendetwas Grünes einzuverleiben. Heute lasse ich ihn gewähren, er soll fressen, was er will; im Gegenzug bringt er mich dorthin, wohin ich will. Plötzlich öffnet sich der Wald und macht einer weitläufigen Wiese Platz, einer Art abgelegenem Tal ohne Bäume, dafür voll von Kühen und Schafen, die in der smaragdgrünen Helligkeit leuchten. Wir sind auf dem Weg nach Le Brignon.

Ein Bach kreuzt unseren Pfad, mit einer Steinbrücke, die wir überqueren müssen. Gribouille bleibt wie angewurzelt davor stehen, rührt sich nicht vom Fleck. Die Brücke ist kaum mehr als einen Meter breit, mit einer Spannweite von annähernd zwei Metern. Er weigert sich, sie zu betreten. Ich lasse den Führstrick los. Er weicht einen Schritt zurück, geht auf Abstand, aus eigenem Antrieb. Er verschafft sich offenbar einen Überblick über das Problem. Seine Ohren sind aufgestellt, er steht hoch aufgerichtet da. Er wirkt groß, wenn er sich für ein Vorhaben rüstet, Handlungsbereitschaft signalisiert. Er ist nicht nervös, nur vorsichtig. Er geht zu der Stelle, an der das Bächlein fließt, ein schmales Rinnsal zwischen Felsen, das mit einem einzigen Schritt zu überqueren wäre. Selbst wenn man hineinfiele, würde man kaum nass werden. Doch Gribouille verabscheut Wasser, hasst es geradezu. Diese

Option gefällt ihm also auch nicht besonders. Er hält erneut inne, wartet, überlegt, was er tun soll …

Die Situation erinnert mich an Buridans Esel, nach Jean Buridan benannt, einem französischen Kleriker und Philosophen aus dem vierzehnten Jahrhundert, Wegbereiter der Revolution der Wissenschaften und der newtonschen Theorien. Vielleicht schweifen meine Gedanken zu weit ab, spielen mir Streiche unter der sengenden Sonne. Vielleicht habe ich nur Hunger und Durst. Laut Buridans Paradox würde ein hungriger und durstiger Esel, wenn man ihn zwischen zwei Heuhaufen und zwei Wassereimern von gleicher Größe und Beschaffenheit stellen würde, notgedrungen verhungern, da er sich nicht entscheiden könnte, an welchem Heuhaufen und an welchem Wassereimer er sich zuerst gütlich tun sollte. Der Esel könnte sich einfach nicht für eine der beiden Optionen entscheiden, da sie ihm beide gleichermaßen reizvoll erschienen. Gribouille sieht sich einer ähnlichen Entscheidung gegenüber: Für ihn sind Brücke und Sprung über den Bach gleichermaßen riskant.

Dieses Gleichnis wird übrigens fälschlicherweise Buridan zugeschrieben. Es stammt in Wirklichkeit von Aristoteles, der das Dilemma in seinem Werk *De caelo* beschrieb, bezogen auf einen Menschen. Buridan griff Aristoteles' Lösung auf und erweiterte sie um den Esel, um die Absurdität der Situation zu unterstreichen, und machte sie somit zur Satire. Laut Buridan verhindert der menschliche Wille jede übereilte Entscheidung, ermöglicht einem denkenden, moralisch gefestigten Menschen, darüber nachzudenken, welcher Aktionskurs dem höheren Guten dient, den meisten Sinn macht. Er trifft keine Entscheidung, bevor er nicht alle potenziellen Ergebnisse ins Auge gefasst und die Nachteile der einen oder anderen Möglichkeit erwogen hat. Mit anderen Worten, ein durch und durch rationaler Mensch würde langfristig untergehen, während er darüber nachdenkt, was er tun soll. Zweihundert Jahre später klinkte sich Spinoza in die Debatte ein und erklärte: »Ich verbürge mich dafür, dass ein Mensch in einem solchen Zustand des Gleichgewichts ... an Hunger und Durst sterben würde. Wenn man mich fragt, ob er nicht vielmehr einem Esel als einem Mensch gleicht, würde ich antworten, dass ich es nicht weiß, genauso wenig wie ich weiß, was man von einem Menschen halten soll, der sich aufhängt, oder von Kindern, Narren und Verrückten.«

Ich weiß es auch nicht. Aber ich habe eine Idee, eine rationale Lösung, nehme ich an. Ich werde einfach über die Brücke gehen, hin und her, hin und her, und mich vergewissern, dass Gribouille zuschaut. Gesagt, getan, und er beobachtet mich, wie ich mir dachte. Siehst du, es ist absolut sicher, die Brücke zu überqueren. Seine Reaktion ist verblüffend. Er weiß genau, was ich tue. Er wirkt sehr aufmerksam. Die Ohren stehen fast senkrecht und er sieht konzentriert aus, wie ein eifriger Schüler. Im Gleichnis von Buridans Esel heißt es, dass der Esel reglos verharrt und überlegt. In Wirklichkeit würde ein Esel in einer solchen Situation weder reglos verharren noch sich endlos Zeit nehmen, die verfügbaren Optionen in Erwägung zu ziehen. Er würde einfach weiterziehen, um sich anderswo Grünzeug einzuverleiben, und die Heuhaufen bald vergessen. Anzumerken wäre auch, dass Esel ihre Nahrung oft riechen, bevor sie sie sehen; was sie zu sich nehmen, wird eher vom Geruchssinn beeinflusst, weniger von ihrem Sehvermögen. Nicht zuletzt ist ihr sensorisches System viel weiter entwickelt als das jedes x-beliebigen Philosophen, dessen großes Gehirn ausschließlich auf abstraktes Denken ausgerichtet ist.

Nach ungefähr dreimaligem Überqueren der Brücke nehme ich erneut den Führstrick, lege meine Hand auf Gribouilles Genick, stelle mich dicht neben ihn, seine Wärme spürend, und gehe los. *Allez-hop*! Wir überqueren langsam die Fußgängerbrücke. Alles in allem brauchen wir dazu weniger als zehn Sekunden. Geschafft! Das Problem war kein Berg, sondern ein Maulwurfshügel. Gemeinsam haben wir Buridans Dilemma gelöst. Was die Frage aufwirft: Was hätte Gribouille getan, wenn ich ihn nicht hinübergeführt hätte? Wie hätte er, auf sich allein gestellt, die Situation gemeistert? Meine spontane Antwort lautet, dass er sich vermutlich gar nicht erst in diese Lage gebracht hätte. Er wäre nie von sich aus mit einem Bündel Packtaschen auf dem Rücken durch halb Frankreich marschiert, um vor einer kleinen Brücke zurückzuscheuen. Er wäre weder so weit gekommen noch hätte er sich in eine vermeintliche Gefahr wie diese begeben. Ich war es, der ihn hierhergeführt hat, ich habe von ihm verlangt, das Hindernis zu überwinden. Die Brücke stellte für einen Menschen keine Gefahr dar, also was war sein Problem? Vielleicht war ich das Problem?

Buridans Esel hat also streng genommen nichts mit Eseln zu tun. Wir Menschen sind es, die Entscheidungen als Dilemma betrachten, Probleme in Dinge hineininterpretieren und Lösungen vorschlagen, Lösungen, die für uns Menschen annehmbar sind, aber nicht für Esel. Lösungen, die wir auf Kosten anderer durchsetzen. Ich erinnere mich an Bens Worte in Sidmouth: Esel verstehen sich nicht gut auf das Lösen von Problemen, die wir geschaffen haben, auf Problemlösungen der menschlichen Art. Was die Logik betrifft oder sogar die Mathematik – das fünfte Postulat des Euklid wird nicht umsonst *Pons Asinorum* oder Eselsbrücke genannt –, denke ich daran, was John Fowles in *Die Geliebte des französischen Leutnants* sagte: »Sarah *war* intelligent, aber ihre Intelligenz war von einer anderen, seltenen Art; eine, die in unseren modernen Tests zur Messung der kognitiven Fähigkeiten mit Sicherheit unentdeckt bleiben würde. Sie war weder analytisch noch problemlösungsorientiert und es ist zweifellos symptomatisch, dass das einzige Fach, in dem sie sich nur unter Qualen Kenntnisse angeeignet hatte, die Mathematik war. Sie besaß jedoch die unheimliche Fähigkeit, den Wert anderer Menschen einzuschätzen: sie zu verstehen, im wahrsten Sinn des Wortes.« Ihre Hartnäckigkeit war ihre einzige Zuflucht, ist die einzige Zuflucht eines Esels, um zu überleben und immer einen Ausweg parat zu haben.

14

Wir bahnen uns unseren Weg durch Schafe und Kühe, durch einen dunstigen Spätnachmittag, der über die Wiese driftet. Gribouille scheint die reine Essenz des Sommers in sich aufzusaugen, schnaubt und geht auf Zehenspitzen über die weiche Erde. Ich folge ihm. Ich atme tief ein und aus, inhaliere die Landluft, die nach dem Dung der blökenden und muhenden Tiere riecht. Gribouille und ich tauschen Blicke aus, bieten uns gegenseitig unsere Gesellschaft an, in stummer Zwiesprache. Er bleibt kurz stehen und lauscht: den Kopf gebeugt, Hufe vorne und hinten eng zusammen, als würde er auf einen Befehl aus einer anderen Welt reagieren, den ich nicht zu hören, nicht zu ergründen vermag. Ich lege meine Hand auf seinen Nacken und wir setzen uns wieder in Bewegung. Eine Kuhherde gerät bei unserem Erscheinen in helle Aufregung, bricht das Schweigen.

Das ist nicht das erste Mal. Gribouille hat diese Wirkung auf Kühe: sie kommen angerannt, schnell, schneller, als man glaubt, beinahe hektisch, drängen sich am Elektrozaun, mustern Gribouille zornig. Was stört sie? Schwer zu sagen. Ein verschlafener brauner Esel und ein *trapu*, ein untersetzter Mann im blauen Flanellhemd? Gribouille steuert auf die andere Straßenseite zu, weg von den Kühen, und bleibt abermals stehen, um zu grasen. Er blickt weder hoch noch zu den Kühen hinüber. Er weiß, dass sie da sind, denn er hat absichtlich die Straßenseite gewechselt, aber er wirkt wie immer ruhig und gelassen. Seine Ruhe mutet an wie ein Wunder und wirkt ansteckend. Selbst wenn Hunde mit gefletschten Zähnen auf uns zulaufen, fürchte ich nichts an seiner Seite. Ich bleibe ruhig und gelassen und wir gehen ohne Eile durch die bellende Meute.

Einige Hunde sind freundlicher und neugierig. Sie kommen zögernd näher, nervös, und fangen an zu bellen. Aber oft handelt es sich um ein Gebell, das uns begrüßt, uns sagen will, dass es hier ein wenig eintönig ist und man sich über Gesellschaft freut, dass man froh ist, neue Gesichter im Dorf zu sehen. Ein Hund folgt uns eine Zeit lang, ein kleiner schwarzweißer Terriermischling, der zu einem der Bauernhöfe gehört. Ich bin froh, einen dritten Begleiter zu haben, frage mich aber, wann er umzukehren, nach Hause zurückzulaufen gedenkt. Ich bücke mich hin und wieder und streichle ihn; er rollt sich im Sonnenschein auf den Rücken, eine Aufforderung, ihm den warmen Bauch zu tätscheln. Er ist immer noch bei uns, läuft immer zwanzig Meter voraus, übernimmt die Führung. Er ist offenbar fasziniert von Gribouille und springt um ihn herum, obwohl er ihm nie zu nahe kommt, vermutlich aus Angst. Gribouille stupst ihn spielerisch mit dem Maul an. Wenn Gribouille anhält, um zu grasen, legt sich der Hund bäuchlings auf den Weg. Wenn der Weg steinig ist und bergab führt, rutscht er hinunter, mit den Vorderpfoten voran, wie ein vierbeiniger Bob auf einer Rutschbahn, eine Aktivität, bei der man sich gleichzeitig nach Herzenslust kratzen kann. Nachdem er uns etwa eine Stunde Gesellschaft geleistet hat, dreht er sich plötzlich um und saust davon.

Schafe fühlen sich von Gribouille ebenfalls magisch angezogen. Wenn sich Menschen nähern, zerstreuen sie sich normalerweise in alle Himmelsrichtungen. In der Gesellschaft eines Esels jedoch eilen sie herbei, nehmen uns genauer in Augenschein. Wir sind fahrende Musikanten, ein Paar mittelalterlicher Minnesänger, das von Dorf zu Dorf reist, Täler und Schluchten durchquert, Menschen und Tiere gleichermaßen unterhaltend, eine seltsame Volksmusik spielend, die sich bei den Leuten großer Beliebtheit erfreut. Neulich kamen wir durch einen kleinen, heruntergekommenen Weiler und an einem Stall vorüber, in dem ich Kühe vermutete. Wie sich herausstellte, war er voller Schafe, Mutterschafe mit kleinen Lämmern, die ihre kahlen Köpfe durch die Tür steckten, durch den Schlitz lugten. Knopfaugen, die versuchten, einen Blick auf Gribouille zu erhaschen. Im Gegensatz zu seinem Verhalten in Gegenwart von Kühen blieb Gribouille stehen, richtete sich auf, stellte die Ohren hoch und nahm sie zur Kenntnis. Dann ging er geradewegs auf die Stalltür zu. Einen Moment lang stand er reglos wie eine Statue, in seine Inspektion und Innenschau vertieft. Nichts geschah, abgesehen von einer kosmischen Kinese, welche die Bewegungen der Tiere zu steuern schien.

*

Eselsbrücke, Buridans Esel … alles abwertende Begriffe, die Dummheit symbolisieren. Die alte Leier. Die Diffamierung der Esel war schon in der Frühzeit der Menschheit gang und gebe. Ungefähr 600 v. Chr. schrieb der griechische Weise Äsop hundert berühmte Fabeln, Juwelen der Weisheit, gespickt mit versteckten Bedeutungen. Doch sie sind heimtückisch, diese Parabeln, denn immer wenn Esel in allegorischer Form darin vorkommen, dann auf verächtliche, ignorante und ungerechte Weise. Es ist mir ein Rätsel, warum ein Mann, der als Sklave geboren wurde und zu einer geachteten gesellschaftlichen Stellung aufstieg, dieses benachteiligte Tier, das sich in einer ähnlichen Position befand, so schmählich verriet.

Ein Beispiel ist die Fabel *Das Hirn des Esels*, in der Löwe und Fuchs beschließen, gemeinsam auf die Jagd zu gehen. Der Löwe schickt, dem Rat des Fuchses folgend, dem Esel eine Nachricht, er möge dieses Bündnis besiegeln. Überglücklich eilt der Esel zum verabredeten Treffpunkt, wo der Löwe ihn unverzüglich erlegt. »Hier ist unser Abendessen«, sagt er zum Fuchs und überträgt ihm die Aufgabe, in seiner Abwesenheit über die Beute zu wachen. Doch er ist eine Weile weg und der Fuchs nutzt die Gelegenheit, sich das Hirn des Esels einzuverleiben. Bei seiner Rückkehr fragt ihn der Löwe: »Was hast du mit dem Gehirn gemacht?« »Hirn, Majestät?«, erwidert der Fuchs. »Er hatte keines, sonst wäre er niemals in die Falle gegangen.« Die Moral: Wer Hirn hat, hat immer eine Antwort parat.

Eine weitere Fabel ist *Der Esel in der Löwenhaut*, in der ein Esel in die Haut eines Löwen schlüpft und die Wälder unsicher macht, andere Tiere erschreckt. Er begegnet einem Fuchs, dem er Angst einzujagen versucht. Doch der Fuchs hört die Eselsstimme und ruft aus: »Wenn ich deinen Schrei nicht vernommen hätte, wäre es dir vielleicht gelungen, sogar mich zu täuschen.« Moral: Kleider können einen Narren unkenntlich machen, doch seine Worte verraten ihn. Und in *Der Esel und der Grashüpfer* ziehen Grashüpfer mit ihrem Zirpen einen Esel in ihren Bann. Er wünscht sich den gleichen klingenden Zauber und fragt, wovon sie sich ernähren, um so herrliche Stimmen zu bekommen. »Von Tautropfen«, sagen die Grashüpfer. Entschlossen, es ihnen nachzumachen, beschließt der Esel, nur noch von Tautropfen zu leben, verhungert aber nach einer Weile. Moral: Ein Narr soll nicht versuchen, etwas zu sein, was er nicht ist.

Ich erinnere mich, dass ich als Kind einmal zum Narren gehalten und gedemütigt wurde, Gribouille. Damals war ich noch sehr, sehr jung und am wenigsten gerüstet, mich zur Wehr zu setzen; ich hätte als Esel in jeder Fabel von Äsop am Pranger stehen können. Ich war ungefähr zehn Jahre alt und sah so schlecht, dass ich eine Brille mit dicken Gläsern tragen musste. Ich saß vor einem Gremium von vier oder fünf Männern, die hinter einem großen Schreibtisch im alten voll gestopften Zimmer des Schuldirektors Platz genommen hatten, mich mit Fragen bombardierten, mein Wissen prüften, mir Fallen stellten und leise, kaum verhohlen über mich lachten. Ich saß stammelnd da, murmelte angespannt und mit glühend rotem Kopf die falschen Antworten. Ich versuchte mir Zutritt zu ihrer Grammar School zu verschaffen, versuchte, in ein Löwenfell gekleidet, über den Platz hinauszugelangen, den mir das Leben zugeteilt hatte. Es erübrigt sich zu erwähnen, dass ich scheiterte. Das Schlimmste war jedoch, dass nicht ich, sondern meine Eltern auf ihre Tauglichkeit geprüft wurden, dass beide anwesend waren, am hinteren Ende des Raumes saßen, mich leiden sahen, unfähig zu helfen, zum Schweigen verdammt. Vielleicht fühlten sie sich selbst gedemütigt, weil sie nichts Besseres als mich zustande gebracht hatten. Es war eine Lektion über Klassenschranken, gesellschaftliche Klassenschranken, auf englische Art festgeschrieben.

Weder meine Eltern noch ich befanden uns auf vertrautem Terrain, lasen die richtigen Bücher, trafen den richtigen Ton, besaßen die richtigen Umgangsformen. Das war ein »natürlicher« Nachteil, als wäre man in der Gestalt eines Esels geboren, als käme man auf die Welt, um an jeder Ecke Misslichkeiten zu begegnen. In den Familien der Reichen ist man nicht den gleichen Selbstzweifeln und Ohnmachtsgefühlen ausgesetzt, nicht dem gleichen Risiko, Opfer von Erniedrigungen zu werden. In diesen Kreisen hatten Väter und Mütter das College besucht, man hatte Bibliotheken in den imposanten Häusern und die Männer wurden im Krieg Offiziere statt Kanonenfutter. Der Vater meines Bruders kehrte nicht mehr von der italienischen Front zurück, wurde im November 1943 mit seinem Panzer in die Luft gejagt; es war seine erste Auslandsreise, eine Reise in den sonnigen Süden, die ein jähes Ende fand. Er war erst achtzehn, hatte sich freiwillig gemeldet. Meine Mutter und mein Vater hatten nur bis zum zwölften Lebensjahr die Schule besucht, wegen des Krieges, wegen der Luftangriffe und der Evakuierung aufs Land. Als der Krieg vorüber war und sie in das von Bomben zerstörte Liverpool zurückkehrten, war es an der Zeit, mit der Arbeit zu beginnen. Es war zu spät für eine Ausbildung, die keinen direkten Nutzen brachte.

Nach dem Tod meiner Mutter vor zehn Jahren, ein durch Lungenkrebs verursachter elender Tod, fand ich unter ihren Besitztümern die Anfänge einer Familienchronik. Eigentlich war es eine Geschichte über ihre Großmutter, die in ihrer Kindheit den größten Einfluss auf sie gehabt hatte. Sie endet auf Seite dreizehn, mit einer Unglückszahl. Als siebtes Kind eines Iren aus Athlone und einer wallisischen Mutter aus Beaumaris geboren, beschloss der Urgroßvater meiner Mutter, nach Amerika auszuwandern und nur seine vier *ältesten* Töchter mitzunehmen – die Schiffspassage für die ganze Familie konnte er sich nicht leisten. Binnen kürzester Zeit entdeckte er, dass die Neue Welt nicht nach seinem Geschmack war, und kehrte nach Hause zurück, ließ jedoch seine vier Töchter in der neuen Heimat. Zu Hause war ihm indes nur noch wenig Zeit vergönnt, er starb mit vierzig an einer Lungenentzündung. Von da an brachte die Großmutter meiner Mutter, ihre »Nin«, als Zugehfrau bei reichen Kaufleuten den gesamten Familienclan durch, einschließlich der Familie, in die meine Mutter hineingeboren wurde. Sie wuchs in dem kleinen Reihenhaus der Großmutter in der Innenstadt auf …

Ich habe keine Ahnung, warum ich dir das alles erzähle, Gribouille, warum es mir wichtig erscheint. Ich ziehe leicht am Führstrick und Gribouille reagiert, wirft einen verstohlenen Blick in meine Richtung. Es gibt Dinge, die ich ihm offenbaren möchte, die er vielleicht schon weiß oder vermutet … Vielleicht liegt es daran, dass ich insgeheim stolz bin auf meine bescheidenen Wurzeln, weil ich mich ihm näher fühle als jemandem, der das Leben auf einem Silbertablett samt Treuhandfonds serviert bekam. Vielleicht sollte ich mich glücklich schätzen, im Alter von zehn Jahren gedemütigt worden zu sein. Es öffnete mir die Augen, machte mir bewusst, auf welcher Seite des Zauns ich stand und vielleicht immer stehen würde: bei den Eseln oder bei den Herren?

Vielleicht schwelge ich deshalb selten in Erinnerungen, wie gut sich letztlich alles gefügt hat, wie ich schließlich aufs College kam, unermüdlich studierte, alles las, was ich in die Finger bekam, wie hart ich stundenlang auf dem einfachen Holzstuhl arbeitete, sodass ich einen Abdruck in seinem Polster hinterließ. Ich habe ihn noch heute, ich kann dir die Delle zeigen. In diesem Collegezimmer habe ich so vieles gelernt und mir angeeignet, alles an diesem Schreibtisch, auf diesem Stuhl. Inzwischen bin ich besser qualifiziert als die Mitglieder jenes Prüfungsausschusses, die mir den Zutritt zu ihrer Schule verweigerten. Inzwischen habe ich einen Blick in ihre Welt geworfen, habe sie mir von innen angesehen. Heute weiß ich, dass mich der Zutritt nicht mehr interessiert: Sie können ihn für sich behalten. Ich bin klüger und stärker als sie, entschlossener, zielstrebiger. Hege ich immer noch einen heimlichen Groll? Ich kann ihm nicht entfliehen. Die Narben sind da, Gribouille, sie werden ein Leben lang bleiben.

15

Esel besitzen eine Schmerzgrenze, die erschütternd ist. Sie kämpfen sich durchs Leben, ungeachtet dessen, wie geschunden oder ausgezehrt sie sind. Vielleicht halten sie nur durch, um der Welt zu zeigen, dass man ihnen nichts anhaben kann, gleich was man ihnen auch antut, nach dem Motto: Wie es drinnen aussieht, geht niemanden etwas an. »Esel verbergen ihren Schmerz«, sagt Alex Thiemann, Tierarzt im Sidmouth Sanctuary. »Sie verinnerlichen ihn, beugen das Haupt, ertragen ihn stumm und oft weist kein einziges äußeres Zeichen auf die Anspannung hin, unter der sie stehen. Pferde bocken, bäumen sich auf, treten aus und machen ein großes Gewese, wenn sie Schmerzen haben. Bei einem Esel erkennt selbst ein Tierarzt oft nur schwer, dass ihm etwas fehlt.« Daher *scheint* es, als wären Esel unempfindlich gegen Schmerzen.

Die Seiten des Fachjournals *Equine Veterinary Journal* bestätigen diese These: Der Mangel an sichtbaren Schmerzsymptomen bei einem Esel erschwert die tierärztliche Diagnose. Anzeichen einer Krankheit werden häufig erst im Endstadium erkannt. Pferde mit starken oder akuten Schmerzen lassen unübersehbare Verhaltensveränderungen erkennen, während die Verhaltensänderungen bei einem Esel subtiler, unterschwelliger sind. Tierärzte weisen auf ihre Charaktereigenschaften wie stoische Ruhe und Gelassenheit hin, auf ihren Widerwillen, Schmerz durch ihr Verhalten zum Ausdruck zu bringen, und auf die Rolle, die Evolution in diesem Zusammenhang spielt: Diese Spezies hat überlebt, indem sie Schmerzsymptome kaschiert oder bagatellisiert, eine Strategie, um der Aufmerksamkeit von Raubtieren zu entgehen. Anzeichen von gesundheitlichen Problemen bei Eseln sind meist Lethargie und verminderte Wachsamkeit, Selbstisolation oder Vermeiden des Blickkontakts mit dem Eselsführer und eine gebeugte Kopfhaltung. Wiederholtes vehementes Wälzen auf dem Boden kann auf Bauchkrämpfe oder eine Kolik hindeuten, auf Schmerz statt Übermut. Vorsichtiges oder extrem langsames Kauen auf der bevorzugten Seite des Mauls kann ein Indikator für Mund- oder Zahnprobleme sein. Eine geänderte Gewichtsverteilung in der Standhaltung und leichte Veränderungen in der Gangart lassen auf Schmerzen im Fuß oder in den Beingelenken schließen.

Der emotionale Schmerz eines Esels ist gleichermaßen subtil, besonders wenn er einen langjährigen Gefährten oder Freund verloren hat. Seine psychischen Bedürfnisse sind überaus vielschichtig. Er mag es nicht, alleine auf die Weide geschickt zu werden, ein seltener und trauriger Anblick. Er entwickelt eine starke Bindung zu seinen Artgenossen, zu allen Tieren, und wenn ein Gefährte stirbt, muss man ihm Zeit geben, zu trauern, den Verlust zu überwinden. Er sucht oft Tage nach ihm und kann, wenn er das Geschehene, die unerklärliche Abwesenheit nicht bewältigt, in eine Depression verfallen und ein tragisches Ende nehmen, an gebrochenem Herzen sterben. Mit solchen Geschichten von Liebe und Hingabe könnte man die Annalen der romantischen Dichtkunst füllen und nicht umsonst sind sie Thema zahlreicher Klassiker der Weltliteratur.

Cervantes hebt die zarten Bande zwischen Dapple und Don Quijotes Klepper Rosinante hervor und die Lektionen, die wir aus einer guten Kameradschaft, aus einer unverbrüchlichen Freundschaft lernen können. Die beiden Freunde waren unzertrennlich, schmusten miteinander und ruhten sich Seite an Seite aus. Sie standen immer ganz dicht beieinander, Rosinantes Hals quer über den von Dapple gelegt – ihr Kopf ragte dabei noch einen guten halben Meter auf der anderen Seite über ihn hinweg – und starrten in stiller Eintracht vor sich hin. So konnten sie drei Tage lang stehen bleiben, wenn man sie ließ, oder zumindest solange der Hunger sie nicht überkam und sie sich auf Nahrungssuche begeben mussten. »Wir können mit großer Bewunderung darauf schließen, wie tief die Freundschaft dieser beiden friedfertigen Tiere gewesen sein muss, zur Schande der Menschen, die nicht wissen, wie man zum Erhalt einer Freundschaft beiträgt.«

Unserem Mangel an Vertrauen, der Unfähigkeit, Freundschaften aufrechtzuerhalten, versuchte George Orwell einige Jahrhunderte später in *Farm der Tiere* auf den Grund zu gehen, einer brillanten Satire auf menschliche Scheinheiligkeit und politische Intrigen. Die faszinierendste Figur des Buches ist bezeichnenderweise ein Esel: Benjamin, ein äußerst komplexer Charakter. Er ist das älteste und lebenserfahrenste Tier auf der Farm und der beste Freund des Zugpferdes Boxer. Benjamin redete wenig und lachte nie: Er hatte im Leben wenig zu lachen gehabt. Wenn er sprach, gab er gewöhnlich eine düstere, rätselhafte Bemerkung von sich. Er sagte beispielsweise, Gott habe ihm einen Schwanz gegeben, um die Fliegen zu verscheuchen, aber er würde lieber sowohl auf den Schwanz als auch auf die Fliegen verzichten. Oder: »Esel haben ein langes Leben. Keiner von euch hat je einen toten Esel gesehen.« Benjamin konnte lesen, machte aber nie Gebrauch von dieser Fähigkeit, weil es in seinen Augen nichts Lesenswertes gab. Obwohl er es nie offen zugab, war er Boxer sehr zugetan. »Die beiden verbrachten für gewöhnlich ihre Sonntage zusammen auf der kleinen Koppel hinter dem Obstgarten, grasten Flanke an Flanke und sagten nie einen Ton.«

Die beiden Altgedienten träumten davon, sich eines Tages gemeinsam zur Ruhe zu setzen, sich auf ihrem Altenteil in einem stillen Winkel der großen grünen Weide gegenseitig den Rücken zu kratzen. Doch dann bricht Boxer beim Bau der Windmühle für die Farm infolge von Überarbeitung zusammen. »Pferdelungen halten auch nicht ewig«, hatte Benjamin das betagte Zugpferd gewarnt. Bevor er in die Abdeckerei geschafft und zu Knochenmehl verarbeitet wird, legt sich Benjamin neben Boxer und schützt ihn mit seinem langen Schwanz wortlos vor den Fliegen. Alle Tiere staunten, als Benjamin eines Tages laut schreiend auf sie zulief, als gelte es sein Leben. Es war das erste Mal, dass sie ihn so aufgeregt sahen, das erste Mal, dass sie ihn überhaupt laufen sahen. »Schnell, schnell!«, schrie er. »Kommt sofort! Sie bringen Boxer weg!«

»Ihr Narren, ihr!«, herrschte Benjamin die anderen Tiere an, als sie Boxer zum Abschied nachwinkten, und stampfte zornentbrannt mit seinen kleinen Hufen auf. »Ihr Narren! Seht ihr nicht, was da auf der Seite des Lieferwagens geschrieben steht? … Alfred Simmonds, Pferdemetzger und Leimsieder, Willingdon, Handel mit Häuten und Knochenmehl.« Nach Boxers Tod wurde der trauernde Benjamin noch griesgrämiger und schweigsamer. Er war als Erster auf die Scheinheiligkeit der Menschen aufmerksam geworden und dennoch das einzige Tier, das der Revolution der Tiere skeptisch gegenüberstand. Er wusste, »das Leben würde immer so weitergehen wie bisher – nämlich schlecht«. Es war Benjamin, der sich schließlich einverstanden erklärte, gegen seinen Grundsatz zu verstoßen und die verhängnisvollen Zeilen, das Menetekel an der Wand, laut vorzulesen: »ALLE TIERE SIND GLEICH, ABER MANCHE SIND GLEICHER.« Keines der Tiere wusste, was das zu bedeuten hatte, mit Ausnahme von Benjamin.

Benjamins und Boxers letzte gemeinsame Momente sind die bewegende Schlussszene in einem Gleichnis über die Grausamkeit einer abstrakten Weltgeschichte, über die Ausbeutung von Mensch und Tier, die man eiskalt abserviert und entsorgt, sobald sie ihre Pflicht und Schuldigkeit getan haben. Vielleicht ist das der Punkt, den Orwell hervorheben wollte: Wahre Erfüllung im Leben findet man in Kameradschaft, Liebe und Hingabe und nicht in der Politik, Geometrie oder Mathematik. Sie sind nur Hindernisse, die dabei im Weg stehen.

16

Im Département Haute-Loire findet man überall loyale Partnerschaften, die so eng sind, dass man sich sogar die Wanzen brüderlich teilt. Die Suche nach Eselsherden war eine meiner Lieblingsbeschäftigungen an freien Nachmittagen, und eine kostenlose obendrein: durch die Landschaft streifen und nach hin und her pendelnden Eselsschwänzen und Hängeohren Ausschau halten, nach bestimmten kleinen Fixpunkten am Horizont. Ich habe viele Erkundungsfahrten mit dem Fahrrad durchgeführt, weil man damit größere Entfernungen zurücklegen kann, aber langsam genug unterwegs ist, um Eindrücke zu sammeln, neue Bekanntschaften zu schließen und kameradschaftliches Verhalten zu beobachten. Selbstvergessen fahre ich so einsame Feldwege entlang, auf denen mir nur gelegentlich ein knatternder Traktor begegnet, gelange an Bergpässe, die immer höher hinaufführen, und lande auf staubigen Pfaden, die im endlosen Labyrinth der Wälder enden. Fast immer treffe ich dabei auf Esel und ihre Freunde, die hinter irgendeiner Biegung auf mich warten.

Ich kann einen Esel schon aus weiter Ferne erkennen. An seinen Bewegungen, seiner reglosen Präsenz, am gebeugten Kopf, der im Erdreich stöbert. Ich habe Stuten gesehen, kastrierte Eselwallache und Eselhengste im Vollbesitz ihrer männlichen Kräfte – ganze Herden, bestehend aus männlichen und weiblichen Tieren samt Fohlen, die sich gegenseitig bei der Fellpflege helfen oder sich gemeinsam im Staub wälzen. Ich habe Pferde und Esel zusammen auf einer Weide gesehen, sowie einen Esel, der einer Schar Kühe Gesellschaft leistete, auf einer Wiese an der Route Nationale 102, die nach Brioude führt, mit Blick auf die Touristen, die gen Süden rasen; ein hellbrauner Esel, vergnügt und munter. Er steht zwischen seinen schwarzweißen Freunden am Abhang des Hügels, lässt seinen Blick schweifen, verscheucht die Fliegen mit seinem Schwanz, scheint sich über die Gesellschaft zu freuen. Ich fahre mit meinem Rad einen steilen Hügel hinter dem Dorf Saint Cirgues hinauf, an einem Feld mit Weinreben vorbei, und entdecke einen betagten schokoladenfarbenen Esel männlichen Geschlechts, der auf vertrautem Fuß mit einem gleichermaßen betagten Schafbock steht, ein Schafbock, der hinkt, mit gebogenen Hörnern und verfilztem Fell.

Ein alter Schafbock mit »Dreadlocks«, der den Rest seiner Tage mit seinem besten Freund, dem Esel, verbringt, genauer gesagt *unter* ihm, in seinem Schatten meditierend. Er folgt ihm auf Schritt und Tritt, humpelt hinter ihm her über die schmalen Pfade, die kreuz und quer durch das Tal verlaufen. Sie verbringen ihre letzten Jahre zusammen, so wie Benjamin und Boxer es sich erhofft hatten. Esel sind bekanntlich treue Beschützer, ein loyaler Wachhundersatz für Schafe (und Ziegen): Sie freunden sich mit ihren Schützlingen an, schlafen nachts an ihrer Seite und entwickeln innige Beziehungen zu ihnen. Zudem können sie furchterregende Schreie ausstoßen, um Raubtiere in die Flucht zu schlagen. Der Schafbock ergreift vor mir die Flucht, als ich näher komme, er fürchtet die Menschen. Doch der Esel schiebt seinen braunen Kopf über den Zaun und lässt zu, dass ich die Fliegen verscheuche, seine ergrauende Stirn streichle. Er ist ein verschmuster Bursche, sanft und ungeheuer liebenswert. Der Schafbock steht ein paar Meter hinter ihm, »Gewehr bei Fuß«, beäugt mich skeptisch, misstrauisch, beobachtet meine Interaktionen mit seinem Freund. Als ich mich umdrehe und auf mein Rad steige, kehrt er zurück in seinen sicheren Hafen, zurück zu seinem vierbeinigen Unterschlupf. Dieses Duo, das Ruhe und Gelassenheit ausstrahlt, ist ein herzerfrischender Anblick. Ich fahre los, der Sonne entgegen, über die Hügel, fühle mich mit der Welt versöhnt, ermutigt durch die Dankbarkeit, die ich gegenüber einem Schafbock und einem Esel in einem stillen, friedvollen Feld empfinde.

Die Erinnerung an das Gespann Schafbock-Esel hat zur Folge, dass ich über Dapple und Sancho nachdenke, über meine Beziehung zu dir, Gribouille. Der Beziehung zwischen Mensch und Esel wird zwangsläufig zu wenig Bedeutung beigemessen. Der Modus operandi eines Esels basiert auf Diskretion, Verschwiegenheit, Zurückhaltung. Es gibt ein ungeschriebenes Gesetz zwischen den beiden Parteien, wonach gleiche Rechte und Pflichten gelten: Es gibt viele Dinge zu lehren und zu lernen, für Mensch und Tier gleichermaßen. Sancho fand Stabilität und Stärke in seiner Beziehung zu Dapple, Schutz vor den Geschossen, mit denen uns das Leben bombardiert. Manchmal war der Schutz, den Dapple seinem Herrn zuteil werden ließ, auch im wortwörtlichen Sinne zu verstehen. Als Ginés de Pasamonte einen Gesteinshagel auf Don Quijote und seinen Schildknappen niederprasseln lässt, kann sich der Ritter weniger gut schützen als Sancho, der hinter seinem Esel in Deckung geht. Dapple beugte nur nachdenklich den Kopf, zuckte von Zeit zu Zeit mit den Ohren und ließ den Schicksalsschlag wie üblich klaglos über sich ergehen. Wenn das Leben, wie Don Quijote glaubt, tatsächlich nur aus Niederlagen besteht, aus Situationen, in denen wir kläglich scheitern, können wir nur versuchen, Schutz im Windschatten eines Esels zu finden, einen sicheren Hafen, einen Hauch Loyalität immer dann, wenn es drunter und drüber geht.

Dapple befindet sich auf Augenhöhe mit Sancho, ist das Spiegelbild seines unkomplizierten Wesens. Die erfüllendsten Augenblicke erlebt Sancho mit seinem Esel. Er fühlt sich am glücklichsten, wenn er mit vollem Bauch im Seitsitz auf Dapple reitet, ohne das geringste Verlangen nach irgendwelchen Gunstbezeigungen des Schicksals. Er stellt fest, dass es mehr Sinn macht, mit Dapple als mit seinem Herrn zu reden, denn der Esel hilft ihm, die Unbill des Schicksals zu ertragen, spricht die einfache Sprache der Geduld und Friedfertigkeit. Es ist schwer, sich jemandem anzuvertrauen, sagt Sancho, wenn ein Mensch sein Leben lang auf der Suche ist und nur Ungemach findet, wenn er schweigen muss, weil er nicht zu sagen wagt, was er auf dem Herzen hat. Nur in Gegenwart seines Esels traut er sich, aufrichtig zu sein, seine einfachen Wahrheiten zu äußern.

17

Ich höre, wie sich ein Fahrzeug nähert, neben der Straße querfeldein fährt, aus der entgegengesetzten Richtung kommend. Dann ist es in Sichtweite, hält an. Ein Mann steigt aus, ein älterer Mann, und eilt auf uns zu. Gribouille bleibt stehen, um zu fressen, unbesorgt. »Haben Sie ein schwarzes Pferd gesehen?«, ruft er mir zu. »Eine Stute, sie ist aus der Weide ausgebrochen und streunt umher, ist schon eine Weile weg. Sie muss sich verirrt haben.« Ich versichere ihm, dass ich nichts und niemanden gesehen habe. *Rien*. Tut mir leid.

Mann und Pferd sind schnell vergessen. Ich gehe in Richtung Sembadel, einem Trampelpfad folgend, der sich durch Gebüsch und Felder schlängelt. Ich gelange in ein kleines Dorf, bestehend aus wenigen Häusern, als ich plötzlich ein schwarzes Pferd auf einem Feld entdecke.

Beim Näherkommen sehe ich, dass es sich auf einem Feld ohne Einzäunung befindet, sich frei bewegt, dass es das ausgebüchste Pferd sein muss. Es kommt auf uns zu, tänzelnd, unruhig. Es macht mich nervös, macht mir Angst. Gribouille spürt auch etwas, spürt, wie ich reagiere. Er verändert seine Position, stellt die Ohren hoch, hebt den Kopf und steht wie angewurzelt da. Die Stute ist jung und hochgradig nervös. Sie verfällt in einen Galopp; dann bäumt sie sich auf, ganz in unserer Nähe. Ich bin alles andere als erfreut über die Bekanntschaft, habe keine Ahnung, wie man sich gegenüber einem Pferd in freier Wildbahn verhält. Sie beruhigt sich einen Moment und Pferd und Esel beschnuppern sich. Ich versuche, Gribouille langsam von ihr wegzulotsen, um sie herum, querfeldein; doch das Pferd versperrt uns den Weg und bäumt sich abermals auf, ragt drohend über uns auf. Gribouille scheint das nicht zu beeindrucken. Er trottet seelenruhig in die andere Richtung, in ein anderes Feld und beginnt, in der Erde zu stöbern, zu fressen, ohne dem Geschehen weitere Beachtung zu schenken. Ich weiß nicht, wie, aber ich habe offensichtlich den Führstrick losgelassen. Wenn sich ein Esel einer unvertrauten Situation gegenübersieht, versucht er, sich ihr zu entziehen; empfindet er sie als wirklich bedrohlich, ergreift er die Flucht. Ich bemühe mich also, meine Panik zu unterdrücken.

Ich sehe mich einem Problem gegenüber: Was soll ich tun? Jedes Mal, wenn ich mich Gribouille nähern und nach dem Führstrick greifen will, geht die Stute auf mich los. Sie tritt aus, in meine Richtung, nach mir – das ist schlecht. Sie kann mich nicht leiden, ich stehe ihrem kleinen Stelldichein mit meinem Esel im Weg. Wir setzen dieses Spiel noch eine Weile fort. Jedes Mal, wenn ich mich Gribouille nähere, bäumt sich die Stute auf und jedes Mal entfernt sich mein Esel ein Stück weiter. Es ist völlig ausgeschlossen, an ihn heranzukommen. Plötzlich wird mir klar, dass er mich beschützt. Er scheint zu wissen, dass das Pferd ein Problem mit mir hat. Dass er mir den Rücken kehrt und auf Distanz geht, ist vermutlich ein Zeichen von Loyalität, Kameradschaft, Fürsorge. Sicher weiß ich es jedoch nicht. Alle Beteiligten befinden sich in einer Pattsituation. Nichts geht mehr. Ich halte inne, beobachte Pferd und Esel und gewinne meine Gelassenheit zurück, versuche die Wellen zu glätten, atme tief durch. Gribouille interessiert sich offenkundig nicht für die Stute, dennoch fährt sie mit ihren Kapriolen fort. Und dann, etwa eine Viertelstunde später, taucht endlich ein Wagen am Ende des Weges auf, der Wagen von vorhin, mit dem Mann, der sein Pferd sucht. Ich winke, verleihe meiner Erleichterung Ausdruck, schüttle ihm die Hand. Er legt der jungen Stute ein Halfter an und führt sie weg. Ende gut, alles gut.

Als wir unseren Weg fortsetzen, denke ich über das Geschehene nach und wie nahe ich der Panik gewesen bin. Das Pferd hat es gespürt und seine Erregung steigerte sich. Gribouille war der Einzige, der Ruhe bewahrte, auf Distanz ging, die Situation an sich abprallen ließ, ohne sich allzu große Sorgen zu machen. Ich hatte noch einiges zu lernen über schwierige Situationen, selbst belanglose. Kein Wunder, dass Esel wegen ihrer beruhigenden Wirkung bisweilen mit nervösen Pferden auf die Weide geschickt werden oder beim Halftertraining assistieren. Der Esel trägt dabei ein Halsband, das mit dem Geschirr eines Kalbs oder dem Halfter eines Jährlings verbunden ist. Das ungestüme Jungtier hat keine andere Wahl, als dem Esel zu folgen, und somit führt im Grunde der Esel das trickreiche Halftertraining durch. Und nicht nur das: Wenn ein Esel mit einer Stute und ihrem Fohlen vertraut ist, sucht das Fohlen in der

Entwöhnungsphase, wenn der Abnabelungsprozess von der Mutter begonnen hat, oft die Nähe des Esels. Die Ruhe des Esels überträgt sich auf das Fohlen und das Trauma der Trennung wird gemildert. Seine Gelassenheit und Ruhe tragen nachhaltig dazu bei, das Wohlbefinden von Mensch und Tier zu verbessern, und helfen, mit Ängsten umzugehen, nicht überzureagieren, Stress abzubauen und Entscheidungen mit klarem Kopf zu treffen. Ich weiß, das ist leichter gesagt als getan: Als sich das Pferd direkt vor mir aufbäumte und ausschlug, hatte ich nur noch Angst, unter seinen Hufen zermalmt zu werden, allein auf weiter Flur zu sterben; dass alles, was von mir bliebe, eine Feder wäre, die vom Wind umhergewirbelt würde, so wie bei dem Schurken in Daudets Kurzgeschichte.

Ein paar Tage später bahnt sich die nächste Katastrophe an, wieder mit einem Pferd und wieder ein Ausreißer. Die Besitzer sollten die Zäune ihrer Koppeln wirklich besser im Auge behalten und sie regelmäßig ausbessern, denn dieses Mal waren gleich zwei Pferde unterwegs, zwei große, ausgewachsene. Jetzt galt es, Ruhe zu bewahren, wie Gribouille. Wir waren schon zu weit gegangen, um jetzt kehrtzumachen; es wäre zu schmerzlich gewesen, den Rückzug anzutreten, zu beschließen, dem Problem lieber aus dem Weg zu gehen. Wir hatten keine andere Wahl, als uns der Situation zu stellen, als uns, ohne mit der Wimper zu zucken, und mit aller Autorität einen Weg zu bahnen, vorbei an Scylla und Charybdis. Ein Weg, den wir gehen mussten. Also straffte ich Gribouilles Führstrick, legte den Arm um seinen Hals und ging dieses Mal direkt auf die Pferde zu. Der Feldweg, auf dem wir uns befanden, war kaum mehr als drei Meter breit. Ich ging weiter, unbeirrt, hielt mich in der Mitte, versuchte meinen Herzschlag unter Kontrolle zu bringen, insgesamt die Kontrolle zu behalten, eng an Gribouille gepresst, den ich glaubte beschützen zu müssen. Er spielte mit, machte sich »unsichtbar«. Die Pferde beobachteten uns einen Moment lang, dann bäumten sie sich jäh auf und rannten davon.

Sie kamen nicht wieder. Wir gingen weiter, ohne uns umzuschauen. Gribouille hielt zügig mit, schien zu wissen, was geschehen war; er machte keine Anstalten, auszuscheren und sich auf Nahrungssuche zu begeben. Er blieb so ruhig und gelassen wie bei dem Zwischenfall mit der ausgebrochenen schwarzen Stute. Doch dieses Mal eskalierte die Situation nicht, weil ich Ruhe bewahrt hatte. Ich hatte meinen Weg fortgesetzt, langsam, umsichtig und trittsicher wie ein Esel. Die Pferde hatten das vermutlich gespürt und Gribouille mit Sicherheit auch. Er ging mit mir, weil er sich sicher fühlte. Er beschützte mich und wusste, dass ich ihm ebenfalls Schutz bot. Dieses Mal hatte er nicht das Bedürfnis gehabt, wegzulaufen, der Gefahr zu entfliehen. Er lehrte mich Ruhe und Gelassenheit und ich zeigte ihm, wie man mit ebendieser Ruhe und Gelassenheit Probleme löst. Weglaufen ist eine natürliche Verhaltensweise für Esel, wenn sie sich einer Bedrohung gegenübersehen; der gleiche Impuls macht sich auch beim Menschen bemerkbar, wenn es ihm schwerfällt, sich einer Angst einflößenden Situation zu stellen und auszuharren. Ausharren entspricht nicht den Instinkten eines Esels und die Evolution hat mit Spezies, die erstarren, wenn sich ein Raubtier nähert, kurzen Prozess gemacht. Doch wenn man einem Esel beibringt auszuharren, ihm zeigt, dass er nichts zu befürchten hat, wenn man ihn begleitet, Körperkontakt herstellt, sich langsam mit ihm fortbewegt, zeigt man ihm, dass sich eine beängstigende Situation auflösen kann, wenn man sich ihr stellt oder darauf verzichtet wegzulaufen.

Es ist eine Situation, in der alle Beteiligten gewinnen, wenn wir gemeinsam an der Lösung arbeiten. Ich überlasse mich Gribouilles Führung und er vertraut meinem Urteil, teilt meine Zuversicht, ein spürbarer Austausch findet statt. Wir werden zu einer harmonischen Einheit. Ich richte meine ungeteilte Aufmerksamkeit auf den Esel, auf die Schritte, die unsere Zusammenarbeit fördern, uns der Lösung des Problems näherbringen. Ich überstürze nichts. Ich beginne, die Wesensart eines Esels nachzuahmen, einen Zustand der stillen Leere statt der leeren Stille zu erreichen; das Gefühl, dass alles, was ich am Leibe trage, mein ganzes Hab und Gut, unwichtig ist. Ich konzentriere mich mit ihm, an seiner Seite, auf das Wesentliche. Weder Zukunft noch Vergangenheit zählen, nur das Hier und Jetzt, die uneingeschränkte Gegenwart. Ich bin nackt wie er: ein Esel, der keine Kleider trägt, der kein Geld besitzt, der isst und trinkt, der das Leben in seinem eigenen Tempo, auf seine eigene Art bewältigt. Ich bin der, der ich in diesem Augenblick bin, nicht mehr und nicht weniger, ein einzelnes Ich. Wenn man sich gestattet, in diese Welt der Esel einzutauchen, mit kleinen Schritten und langsamen tiefen Atemzügen seinen Weg geht, gewinnen Ruhe und Gelassenheit ganz automatisch die Oberhand. Alles geschieht mit Klarheit, Einfachheit und Entschlossenheit – wie das Grasen auf einer Wiese voll Löwenzahn.

18

Tautropfen, Kristall des Lebens, destillierte Morgendämmerung. Es ist an der Zeit aufzusatteln. Ich stehe neben der Straße in einem feuchten Acker. Gribouille beschnüffelt einen Hütehund namens Février, der von meinem Reisegefährten ganz gebannt ist. Hin und wieder kommt uns ein Fahrzeug entgegen, auf dem Weg nach Bellevue-la-Montagne. Der Himmel ist bewölkt. Die Kälte am frühen Morgen geht mir durch Mark und Bein, eisig wie ein Wasserfall, der sich seinen Weg durch zerklüftete Felsen bahnt. Ich habe den gestrigen Abend in Gesellschaft von Michel und Françoise verbracht, in ihrem kleinen *chambre d'hôtes*. Wir haben ein vorzügliches Kartoffelgratin gegessen, dazu einen *vin ordinaire* aus einem kleinen Krug getrunken und danach habe ich in dem Gästezimmer, in dem ein Doppelbett und nicht viel sonst stand, tief und fest geschlafen. Ich musste ihnen alles von meiner Wanderung erzählen und von dem Buch, das ich darüber schreiben möchte. Michel, der ungefähr in meinem Alter ist, hält Milchkühe. Er hat einen Bestand von dreißig *bêtes*, deren Milch er zum Festpreis an eine lokale Kooperative verkauft. Die Milch wird für den Saint Agur verwendet, einen kräftigen, cremigen Blauschimmelkäse, der ganz in der Nähe, im Velay-Gebirge hergestellt wird.

Beide sind überrascht, dass ich die Gegend so gut kenne. Ich erzähle ihnen, dass ich diese Wege schon oft gegangen bin, normalerweise ohne Esel. Das erste Mal kam ich vor etwa fünf Jahren hierher, auf den Spuren eines Philosophen namens Guy Debord. Er lebte wie ein Einsiedler in Champot, einem benachbarten Dorf, etwa zwei Kilometer entfernt, in einem Haus, das von einer hohen Steinmauer umgeben war. Er nahm sich dort das Leben, vor ungefähr einem Jahrzehnt, schoss sich eine Kugel mitten ins Herz, wie van Gogh. Michel kannte ihn, hatte ihn ein paarmal gesehen, immer schwarz gekleidet, und wusste einiges über ihn zu erzählen – Gerüchte, Dorfklatsch, Hörensagen. Dieser Philosoph hat mich interessiert, sagte ich, sehr sogar. Ich hatte seine Werke gelesen und wollte sein

Haus in Augenschein nehmen, das »direkt an der Milchstraße lag«, wie er zu sagen pflegte.

Er nannte die Region das »Land der Stürme«, wegen der Unwetter, die hier rasch und unverhofft aufziehen, meistens am späten Nachmittag, vor allem im Sommer. Einmal wurde ich von einem solchen Unwetter überrascht, wehrlos und schutzlos, als ein Blitz in einen Telegrafenmast ganz in meiner Nähe einschlug, keine zwanzig Meter entfernt. Plötzlich ein ohrenbetäubendes Krachen, gleißende Helligkeit. Sekunden nackter Angst. »Sie näherten sich stets lautlos, angekündigt von einem kurzen Windhauch, der durch das Gras strich, oder einem jähen Aufflammen am Horizont; dann brachen Donner und Blitz über uns herein und wir wurden lange und aus jeder Richtung unter Beschuss genommen, wie ein belagertes Fort.«

*

Ich schätze, dass ich mich damals noch in meiner »fremdgesteuerten Lebensphase« befand, in welcher ich mich immer durch andere zu verwirklichen suchte. Ich hatte die Idee, mein eigenes Buch über diesen Philosophen zu schreiben, ein Projekt, das nie richtig in Schwung kam. Deshalb breitete ich an einem Frühlingstag auf den Holzdielen meiner New Yorker Wohnung eine Michelin-Karte der Auvergne aus, eine detaillierte Landkarte, die fast die gesamte Fläche meines Fußbodens einnahm. Ich kniete mich hinein, kämpfte mich durch endlose Ortsnamen, klapperte Stück für Stück das Département Haute-Loire ab, bis mir schwindelig war und die Augen schmerzten. Ich wusste nur, dass es sich um ein kleines Dorf handelte, das Champot hieß, in dem dieser Mann in der Abenddämmerung seines Lebens Zuflucht gesucht hatte, um

Paris zu entkommen, der Welt zu entkommen. Doch ich konnte es nicht auf der Landkarte ausmachen, es entzog sich beharrlich meinem Zugriff. Es dauerte nicht lange, bis ich das Gefühl hatte, das gesamte Département in- und auswendig zu kennen: CHAMPEIX, CHAMPSIAUX, CHAMBON und CHAMPIONG, aber keine Spur von CHAMPOT!

Dann suchte ich im Internet und lud zahlreiche Kommentare über den Philosophen herunter, in denen auch Champot erwähnt wurde: »Ein entlegener Ort … ein verlassenes Dorf … er bewohnte dort ein Bauernhaus …« Aber wo zum Teufel? In einem Artikel hieß es, in Champot habe man einen »schönen Ausblick auf die Berge«. Also kehrte ich zu meiner Landkarte zurück und grenzte die Suche ein, konzentrierte mich auf die gebirgigen Bereiche, auf »Nadelöhre« in den Höhenzügen, wo diese eng zusammenrückten. Fehlanzeige. Dann kam mir der Gedanke, dass der Übersetzer des Guten zu viel getan haben könnte: Vielleicht war der »schöne Ausblick auf die Berge« in Wirklichkeit ein Ortsname und keine Ortsbeschreibung. *Voilà*! Ich machte Fortschritte: Auf der Karte war doch tatsächlich ein Ort namens Bellevue-la-Montagne verzeichnet. Ein Dorf, hoch droben in den Bergen. Champot befand sich vermutlich im Schatten dieser Berge, aber wo genau?

Unverzagt und unerschrocken überquerte ich den Atlantik, auf den Spuren der Gedankengänge dieses Mannes, vielleicht um meinen eigenen zu entfliehen oder sie zu suchen. Ich machte mich auf, um auf Geisterjagd zu gehen, die Ausgeburten meiner Fantasie auszutreiben. Ich landete am Flughafen Saint-Exupéry in Lyon, mietete ein Auto und reiste wie der *petit prince* in eine Mikrowelt, abgeschieden und fern vom Planeten Erde. Die Michelin-Landkarte benutzte ich als Orientierungshilfe, obwohl das Konzept der Himmelsrichtungen bald jede Bedeutung einbüßte. Es ging nur noch bergauf und bergab, vorwärts und rückwärts; ich fuhr meilenweit über schmale Landstraßen, schlängelte und bahnte mir meinen Weg kreuz und quer durch die ländliche Auvergne, eine Berg- und Talfahrt, die Zeit und Raum hinter sich ließ, durch entlegene Dörfer führte, einer fernen Küste im Inland entgegen. Einmal, nach stundenlanger Fahrt, fürchtete ich das Schlimmste: Ich hatte mich verirrt. Doch bald darauf entdeckte ich am Rand einer von Bäumen gesäumten schmalen Straße einen alten, verwitterten Meilenstein, auf dem es hieß: »Bellevue 8 km«.

In Bellevue hielt ich an der Metzgerei. Sie befand sich an der Hauptstraße und war das einzige Geschäft, das offen hatte, der einzige *petit commerce,* der übrig geblieben war in einem Dorf, das die Welt abgeschrieben hatte. Die Inhaberin, *Madame de la patronne,* Madame Soulier, wie ich später erfuhr, kannte nicht nur Champot, sondern konnte mir auch eine genaue Wegbeschreibung aufzeichnen. Erst sehr viel später sollte ich sie in mein verrücktes Vorhaben einweihen. Kurz darauf gelangte ich nach Champot, einer kleinen Ansammlung von drei oder vier dicht zusammengedrängten Bauernhäusern. Ein abgeschiedenes Dorf, weit entfernt von allem, Welten entfernt von der Upper West Side in Manhattan, die ich vor fünfzehn Stunden verlassen hatte. Ich hatte eine solche magische, einladende Stille seit Jahren nicht mehr gespürt, vielleicht noch nie.

Im darauffolgenden Sommer kam ich abermals nach Champot, wohnte in einem Haus in Champot Bas, dem weiter unten gelegenen Teil des Dorfes. Ich war im Internet darauf gestoßen, ein Sommerhaus unweit Bellevue, das vermietet wurde. Ich konnte es kaum glauben. Wie sich herausstellte, war es nur einen Steinwurf von Champot entfernt und allem Anschein nach noch frei. Ich rief bei dem Besitzer an, doch niemand ging ran. Ich versuchte es zu verschiedenen Zeiten, überprüfte die Nummer, alles umsonst. Vielleicht hatte sich die Sache längst erledigt und ein Mieter war gefunden worden. Schließlich wusste ich mir keinen anderen Rat mehr, als an *le maire* im Rathaus von Bellevue zu schreiben. Monatelang hörte ich nichts. Dann traf eines Tages unverhofft ein Brief aus Champot Bas ein, eine handschriftliche Mitteilung des Besitzers der *gîte,* mit Einzelheiten, Mietpreis und Dank für das Interesse. Ich verschwendete keine Zeit, bestätigte die Reservierung und schon ging es ab nach Champot, dann ein weiteres Mal und ein drittes Mal im Jahr darauf. Dort, während der langen stillen Sommertage, wurde ich ein anderer Mensch, war wie ausgewechselt.

Ich begann, klarer zu sehen, meine derzeitige Lebenssituation realistisch zu betrachten, eine Erkenntnis, die mich veranlasste, den Absprung zu wagen und meine Karriere als Söldner im Bildungswesen an den Nagel zu hängen. Der lange Aufenthalt im stehenden Gewässer hatte die Flamme, die einst in mir loderte, zum Erlöschen gebracht. Nun war ich ein Pirat, der dank seines Schiffbruchs sein Inselparadies gefunden hatte, seine Bounty, sein Geschenk des Himmels nach der Meuterei. Im zweiten Sommer, während der *canicule,* traf ich mich mit der Witwe des Philosophen, saß mit ihr an einem schattigen Platz im ummauerten Garten an einem runden Tisch mit grüner Tischdecke. Sie rauchte ein Zigarillo, bot mir Wein an und sprach offen über ihren verstorbenen Mann. Etwas an dieser einfachen, unkomplizierten und dennoch stilvollen gallischen Lebensart mit ihrem Reichtum an grundlegenden unprätentiösen Werten setzte bei mir einen

Wandlungsprozess in Gang. Ich glaube, ich sehnte mich nach meinem eigenen schattigen runden Tisch mit grüner Tischdecke, wollte mein eigenes Leben mit Blick auf die Milchstraße ausrichten.

19

Nachdem ich Michel und Françoise *Au revoir* gesagt und versprochen hatte, bald wiederzukommen, umarmte ich Gribouille. Ich hatte herrliche Stunden in Champot verbracht, konnte die Vergangenheit aber nicht zurückholen. Ich musste sie loslassen, musste den Philosophen loslassen und das Universum nach neuen funkelnden Sternen durchforsten. Ich finde es beruhigend, dass Gribouille einen weiteren Tagesmarsch an meiner Seite bestreitet, unterwegs mit mir nach nirgendwo. Ich erinnere mich noch genau, was ich nach der Begegnung mit der Witwe des Philosophen tat. Ich machte einen Spaziergang, kurz vor Sonnenuntergang, in einem strahlenden goldenen Licht. Ich machte Rast, setzte mich auf einen Felsen, um abzuschalten, in mich zu gehen, einen klaren Kopf zu bekommen, dem Chor der Vögel zu lauschen.

Der Felsen befand sich in der Nähe von Le Monthiol, wohin mein Weg nun führt, eine kleine Gemeinde in einer ländlichen Idylle, inmitten von Wiesen und Wäldern, weit entfernt von jedweder Hauptstraße. Hier residiert Marcel, ein kleinwüchsiger Siebzigjähriger. Nach einem Jahrzehnt harter Arbeit hat er im Alleingang einen Garten Eden geschaffen, eine Parkanlage, die einem Schloss alle Ehre gemacht hätte: mit klassischen griechischen Statuen, gepflegten Rasenflächen, gigantischen steinernen Pilzen und unzähligen Plastiken von Tauben. Mit ihnen hat er der

Friedenstaube, *la colombe,* seinem persönlichen Maskottchen, ein Denkmal geschaffen. Jeder in der Gemeinde kennt Marcel, sein Kunstwerk hat Le Monthiol zu Berühmtheit verholfen. Damals hatte ich in der Nähe von *Chez Marcel* über mein Leben nachgedacht. Ich verspürte eine innere Zufriedenheit in diesen frühen Abendstunden, die mir unvergesslich ist.

Gribouille und ich halten vor Marcels Haus. Überrascht entdecke ich, dass alles von hohem Gras überwuchert ist. Das ganze Anwesen sieht ein wenig verwahrlost aus. Das Dorf ist klein, aber früher strahlte es Lebendigkeit, Frische, Optimismus aus. Bei einigen Häusern sind nun die Fensterläden geschlossen, sie scheinen leer zu stehen, wirken verlassen. Heute, unter dem bedeckten grauen Himmel, wirkt die Stille zum ersten Mal nicht belebend, sondern gespenstisch, bedrückend. Ich binde Gribouille am Torpfosten fest und verspreche, dass es nicht lange dauert, ich will nur kurz *Bonjour* sagen. Während meines Sommeraufenthalts in Le Monthiol lud mich Marcel immer in sein kleines Haus ein, zwei Zimmer oben, zwei Zimmer unten, nannte mich *mon petit* und füllte mein Glas bis zum Rand mit *pastis.* Wenn ich dann in meine gemietete *gîte* zurückkehrte, geschah dies meist auf unsicheren Beinen und mit wirrem Kopf, und das nicht nur von der Hitze.

Ich erschrecke zutiefst, als ein winziger, gebrechlicher Mann ans Tor kommt, um uns zu begrüßen. Er scheint seit unserer letzten Begegnung noch mehr geschrumpft zu sein, seine Lebenskraft verwelkt, er ist bleich und sieht aus, als wären seine Tage gezählt. Er tätschelt Gribouille die Stirn und bittet mich herein. Es sei nicht gut um ihn bestellt, sagt er; er fühle sich ständig müde und erschöpft, könne die Gartenarbeit nicht mehr verrichten, sein Kunstwerk nicht länger instand halten; er wird wohl bald verkaufen müssen. Die Nachbarn ringsum sterben weg, die Häuser stehen leer, Fenster und Türen mit Brettern vernagelt. Hier ist das Spiel aus und vorbei, es bleibt keine Zeit mehr, die Zukunft einzuläuten. Wie soll es weitergehen? Er hat Krebs. Die Diagnose ist eindeutig. Ich brauche heute Morgen einige *pastis*, trotz der frühen Stunde, um mich aufzumuntern, meinen Kummer zu kaschieren. Er erkundigt sich, wie es mir ergangen ist, wieso ich mit einem Esel auf Wanderschaft bin. Ich versuche, es ihm zu erklären, gebe mich vergnügt und normal, aber mein aufgesetztes Lachen, meine Unaufrichtigkeiten, die Banalitäten, die ich von mir gebe, sind mir ein Gräuel. Ich bin erleichtert, als ich mich verabschiede. Als ich aus dem Haus trete, sehe ich, dass Gribouille sein Geschäft vor dem Gartentor gemacht hat. Ich habe ihn zu lange warten lassen und ihn viel zu kurz angebunden. Ich mache ihm keinen Vorwurf, denn es ist meine Schuld. Marcel sagt, keine Sorge, ich werde das Malheur beseitigen, es gibt Schlimmeres …

Ich werde ihn wohl nie mehr wiedersehen. Wir wissen es beide. Ich möchte ihn als sonnengebräunten, kraftstrotzenden Mann mit hochgekrempelten Ärmeln in Erinnerung behalten, der lächelte, wenn er in seinem Garten arbeitete, dem Garten, der nun so verlassen wirkt. Ich möchte an die Stunden zurückdenken, die ich dort verbrachte, und die riesigen Mengen Blattsalat, die er mir schenkte: Ich kann das Grünzeug nicht mehr sehen, es hängt mir zu den Ohren raus, sagte er. Es ist wohl überflüssig, zu erwähnen, dass die Salatköpfe einen unvergleichlichen Geschmack besaßen, besser als alles, was die meisten Menschen jemals zu schmecken bekommen. Ich erinnere mich, dass ich ihm damals eine Postkarte schickte, mit einem Hallo und Dankeschön aus New York, ein

Klischeebild der Skyline mit den Twin Towers, den Zwillingstürmen des World Trade Center, und einen Brief als Antwort erhielt.

Es war kein richtiger Brief: In dem Umschlag steckte eine selbst gemachte »Grußkarte«, ein Bild seines früheren Selbst mit drei anderen Dorfbewohnern, die im Hof vergnügt *Boules* spielten. An eine Ecke hatte er eine Miniaturaufnahme von seinem Garten in voller Blüte geheftet, ein prachtvoller Anblick. Und am unteren Rand der Grußkarte befand sich ein weiteres kleines schlichtes Foto. Es zeigte einen Blumentopf mit leuchtend roten Rosen. »Wie Sie sehen, bleibt unser Dorf unberechenbar [*coquin*]«, stand dort in seiner sorgfältigen, leicht schrägen Handschrift. »Diese kleine Komposition«, fügte er in Anführungszeichen hinzu, »war *meine Wahl.*« Die kleine Komposition war, natürlich, sein Garten, sein Lebenswerk. Vielleicht ist das Dorf nun ebenfalls dem Untergang geweiht, ein Opfer der Landflucht, ein Opfer der Zeit und der Tatsache, dass die Alten sterben, die Welt sich verändert, Menschen vergessen, sich vielleicht nicht erinnern wollen …

Gribouille und ich folgen einem mittelalterlichen Reitweg mit viel losem Geröll, lavieren uns in Richtung Bellevue, an Cafés vorbei, die längst geschlossen wurden. Eines heißt L'ÉTOILE BLANCHE (Der weiße Stern), der Name ist noch sichtbar über der Eingangstür. Ein weiteres Opfer jüngeren Datums ist die AUBERGE DE LA TOUR, wo ich bei meiner ersten »blinden« Fahrt nach Champot zu Mittag aß. Es ist Mittag, bevor ich mich ein wenig besser fühle, bevor die Sonne wieder scheint. Doch die wunderbare Milde des Sommers, Balsam für die Seele, ist verschwunden, hat einer Melancholie Platz gemacht, einer Herbststimmung, der Tristesse der *feuilles mortes* …

20

Mein ganzes Erwachsenenleben wurde ich mit Lärm bombardiert. Als ich im Zentrum von London lebte, in einem kleinen Studio im zweiten Stock unweit des Russell Square, plagten mich die Taxis jede Nacht. Sie schienen direkt unter meinem Kopfkissen um die Ecke zu biegen. Wohin wollten die Insassen um diese Zeit? Alles war geschlossen. Ich habe es nie herauszufinden versucht, es war nicht wichtig. Doch der Lärm schien direkt in mein Wohnschlafzimmer zu schallen und ich war offenbar der Einzige, dem er zusetzte. In New York, im Hochparterre in Manhattan, löste stets ein nächtliches Rumpeln das Kreischen von Autoalarmanlagen aus, ein Chor, der wenig Rücksicht auf die Nachbarschaft nahm. Er setzte sich im Kopf fest, ging unter die Haut: die schrillen Klänge eines Orchesters, das sich einstimmt. Ich versuchte, mich taub zu stellen. Wenn mich endlich der Schlaf übermannte, kam die Müllabfuhr, um die Abfälle einzusammeln, von denen nur ein kleiner Teil von mir stammte. Am Tag musste ich eine Serenade in Stereo über mich ergehen lassen: ohrenbetäubende Rapmusik auf der einen, Handygeschnatter auf der anderen Seite der Wand; draußen vor dem Fenster eine Diskussion über Aktienoptionen. Über mir führte der Nachbar einen Holzschuhtanz auf, marschierte von einem Raum in den anderen, Tag und Nacht, Nacht und Tag. Ich redete mit ihm, drohte, flehte … Man hat die Wahl: Man kann solche Lebensumstände akzeptieren, normalisieren, sich desensibilisieren. Oder man geht.

Es gab Zeiten, als wenigstens die Nacht flüchtigen Trost spendete. Vielleicht war ich deshalb eine Nachteule, kein Frühaufsteher wie jetzt. Ich war eine opportunistische Großstadtpflanze, hatte Karriere als Autor und Dozent für urbane Geografie gemacht, eine Karriere, aus der ich nun aussteigen, die ich abschütteln wollte. Sie befriedigte mich nicht. Dabei hatte ich gedacht, ich befände mich genau auf dem Weg, den ich im Leben einschlagen wollte. Als ich auf Umwegen ins College zurückkehrte – als »reifer« Student, wie es hieß –, lernte ich bis spät in die Nacht hinein. Die wenigen Stunden waren die einzige Zeit, in denen ich Ruhe fand. In einem klammen Collegeraum in Oxford, inmitten von Ruß und Staub, verblassender Farbe und vergilbten Tapeten, Spinnweben und zerschlissenen Vorhängen, las und schrieb ich bei gedämpftem Licht, während draußen Dunkelheit herrschte. Fragmente der Stille. Bei Anbruch des Tages drangen Lärm und Bewegung durch die dünnen Wände und Decken, von überall, von oben, unten und ringsum.

Die nächtliche Gewohnheit blieb mir lange erhalten. Diese ganze Zeit war ich überzeugt, nirgendwoanders als in einer Großstadt leben zu können. Durch die Straßen zu wandern, mir die Nächte um die Ohren zu schlagen, Cafés und Buchläden, Kinos und grelle Lichter, ständige Aktivität, Bewegung, Schnelligkeit, Menschen und Getöse, das alles war für mich ein Lebenselixier, wie ich glaubte. Irgendwann war der tägliche Lärm nicht nur akzeptiert, sondern unerlässlich geworden, eine halluzinogene Droge, nach der man sich verzehrte, von der man glaubte, sie zu brauchen, nicht ohne sie leben zu können. Es war eine Sucht, wie das Surfen im Netz, der Austausch von E-Mails – ohne sie erschien das Leben leer. Oder vielmehr: Es gab kein Leben. Man war tot. Heute bin ich eine tagaktive Nachteule und bin nur selten »online«. Ich kann trotzdem mitteilen, was ich zu sagen habe, dem Wind, der Wildnis, doch die Tonart hat sich geändert, ist weniger gequält, weniger hektisch, ein leiser Ausruf statt eines verzweifelten Aufschreis, ein ursprünglicher Laut in der Stille statt des Lärms aus der Konserve.

Wir sind in die Stille gegangen, Gribouille und ich, haben eine Nähe zueinander hergestellt, in der wir uns berühren, spüren, den Atem des anderen wahrnehmen können; wir befinden uns in einem Wald, einem verborgenen Reich ohne Schwerkraft, ohne Lärm, in einem geheimen Spiralkanal, der das Klanggemisch aufbereitet, optimiert. Wenn ich mit dem Finger das rechte Ohr verschließe, kann ich die Lautstärke noch mehr dämpfen. Unlängst teilte mir ein Ohrenspezialist mit, mein linkes Innenohr sei geschädigt, ein Hörverlust, den er sich nicht erklären könne. »Wie ist das passiert?«, fragte der Arzt beim Auswerten der Testergebnisse. Ich hatte keine Ahnung. Möglicherweise bestand das Ungleichgewicht schon lange und ich bemerkte es erst, als der Lärm nachließ, als ich nach Frankreich übersiedelte, in die ländliche Stille. Auf dem linken Ohr kann ich bestimmte Töne, bestimmte Frequenzen nicht mehr wahrnehmen, oftmals die angenehmen Klänge.

Dazu gehört auch das Läuten der Glocken, das ich liebe, vor allem am Sonntagmorgen; sie läuten, wie nur die Glocken einer französischen Dorfkirche läuten können, werden weit über das Tal getragen, bis in mein Schlafzimmer. Die erste Woche in Frankreich verbrachte ich im Bett, wie ein Rekonvaleszent. Ein ungeheures Gewicht war von mir genommen, das mein Leben belastet hatte, ich fühlte mich erleichtert, auf dem Weg der Genesung. Und plötzlich diese sonderbare Stille. Wenn ich auf der rechten Seite lag, das »gute« Ohr auf dem Kissen, hörte ich nichts, kein Glockengeläut von der kleinen *église* in Feigères, keine Sphärenmusik. Wenn ich mich auf die linke Seite drehte, vernahm ich den Morgenchor. Ich besaß also eine gute und eine schlechte Seite, ein Ohr, das hören konnte, und ein Ohr, dessen Funktionsfähigkeit zu wünschen übrig ließ. Ich dachte mir nicht viel dabei. Vermutlich war das Hörvermögen davon abhängig, aus welcher Richtung der Wind wehte. Doch dann fielen Vögel, gelegentlich Bienen und nachts die Grillen durch das Raster meiner Wahrnehmungsfähigkeit und nicht zu vergessen der Ruf der Eulen, das beruhigendste Geräusch überhaupt, wenn man nachts im Bett liegt und der Nacht lauscht. Erst als auch noch die Turteltauben hinzukamen, hatte ich den vagen Verdacht, dass etwas nicht stimmte. Eine Taubheit, die nur wohlklingende Frequenzen dämpft. Eine nur halb vernommene Ode an die Freude.

Auf dem Land gibt es zahllose Geräusche, die man ständig hört: Kirchenglocken, Vogelgezwitscher, das Summen von Insekten, ein Traktor bei der Feldarbeit, muhende Kühe, blökende Schafe, der Schrei einer Eule, ein stürmischer Windstoß, das Trommeln des Regens, das Summen der Heuschrecken, der *sauterelles,* im Sommer. Es ist erstaunlich, wie viele Geräusche es ringsum gibt. Lärm ist etwas anderes, nämlich Krach, Radau: Missklänge, die vertraute rhythmische Geräusche überlagern und überwältigen. Der Unterschied ist instinktiv erfassbar: Verkehrsgetöse, Autohupen, Motorräder, ohrenbetäubende Musik, Gewehrschüsse, Hämmern an Türen, Flugzeuge im Tiefflug. Dieser Lärm wird in einer Umgebung, in der beruhigende Geräusche vorherrschen, noch verstärkt.

Der Rastplatz, den wir gefunden haben, liegt unweit einer alten Steinbrücke, die in einem schmalen Bogen einen Bach überspannt. Ich höre das Wasser plätschern. Es ist ein *coin*, ein lauschiges Plätzchen. Ich bin hungrig. Ich breche ein Stück Baguette ab, ein Baguette, das ich heute Morgen frisch bei einem Bäcker in Bellevue-la-Montagne gekauft habe, das erste neue Geschäft, das dort seit Jahrzehnten eröffnet hatte – es gibt also nicht nur schlechte Neuigkeiten! Mit meinem Schweizer Armeemesser streiche ich Entenrillettes auf mein Brot, die ganz in der Nähe, in Chomelix hergestellt wird. Ich fühle mich abermals wie ein König ohne Königreich. Ich genieße diesen Luxus ohne Hochmut oder höfisches Zeremoniell. Über mir ruft ein Bussard – *une buse* – nach seinem Gefährten, ein unverkennbarer Ruf, ein Geräusch, das durchdringend, aber nicht unangenehm ist.

Dann durchdringt das Röhren von Motocross-Maschinen die Stille, schwere geländegängige Motorräder, die sich nähern. Schon bald ist mein Refugium laut und unannehmbar ... fortwährendes Aufheulen von Motoren, das Zerstören von Feldern und Feldwegen, auf einem Spielzeug durch die Landschaft rasen, als wäre sie nur zur Unterhaltung da, als könne man sie ungestraft mit Füßen treten. Eine Entwicklung, die ich besorgt verfolge. Dahinter steckt mehr als ein harmloses Vergnügen, jugendlicher Übermut. Drei oder vier Motorräder donnern über die Brücke, versuchen sich gegenseitig abzudrängen; zweifellos ein paar Halbstarke, die hier ihre Ferien verbringen, aus der Stadt, aus Lyon. Bald werden ihre Maschinen leiser und leiser, dann nimmt die Lautstärke wieder zu, als die Meute zurückkehrt, unter der Brücke durchfährt, mit einem Sprung über den Bach setzt. Sie rasen hin und her, erst laut, dann wieder leise. Mit der Stille ist es vorbei. Der ununterbrochene Laut-leise-Wechsel ist nervenaufreibend. Ich bin gereizt; ich habe langsam das gleiche Gefühl wie damals, als ich in der Stadt lebte.

Selbst Gribouille lässt das Getöse nicht kalt. Er reagiert ähnlich wie Balthasar auf das Feuerwerk bei Gérards lärmendem Fest: leicht verstimmt, dann unruhig, doch zum

Schluss steckt er den Kopf in den »Sand«, lässt sich nichts anmerken, legt die Ohren zurück. Doch jeder Schlag, jedes Aufheulen der Motoren lässt ihn kaum merklich zusammenzucken, hochschrecken. Mit ihren großen Hängeohren können Esel hervorragend hören, besser als wir. Wenn sie ein Geräusch vernehmen, bevor sie etwas sehen, verdrehen sie die Ohren, als würden sie ihre Antennen ausrichten. (Diese Ohren dienen außerdem als Klimaanlage und verschaffen Eseln Kühlung bei hohen Temperaturen.) Die Ohren eines Esels zu betrachten ist faszinierend. Zur Nachahmung empfohlen. Wenn man darüberstreicht, fühlen sie sich an wie ein Baguette, frisch aus dem Ofen: warm und weich, aber mit fester Textur, ein tägliches Brot aus himmlischem Teig. Und was für ein unglaublicher Anblick, wenn sich diese Baguettes drehen!

Sie drehen sich unabhängig voneinander, können dabei mithilfe von sechzehn Ohrmuskeln einen Winkel von hundertachtzig Grad beschreiben. Die Ohrmuskeln befinden sich im unteren, sichtbaren Bereich des Außenohrs, in der Ohrmuschel. (Menschen besitzen nur drei Ohrmuskeln.) Sie drehen sich wie Hightechantennen, wie hochleistungsfähige Mikrofone: Esel bewegen ihre Ohren in die Richtung der Geräuschquelle, nach links oder rechts. Kommt das Geräusch von vorne, stellen sie die Ohren auf, leicht nach vorne geneigt. Ist das Geräusch zu laut, legen sie die Ohren an, um sich zu schützen. Die Stellung der Ohren lässt nicht nur auf die Geräusche schließen, die ein Esel in einem bestimmten Augenblick wahrnimmt, sondern auch auf seinen emotionalen Zustand. Angelegte Ohren können auf Aggressionen hindeuten, auf eine Situation mit einer Lautstärke, die Eseln missfällt.

Esel hören Geräusche in hohen Tonlagen mit Frequenzen bis zu 30 kHz, eine Oktave höher als wir, und können selbst kleinste Unterschiede in Tonhöhe und Lautstärke wahrnehmen. Sie sind in der Lage, jedes Geräusch zu ermitteln, das nicht Teil ihres natürlichen Repertoires ist. Es wird mit den gespeicherten Informationen abgeglichen und entweder ignoriert oder gelernt. Esel, die unweit einer verkehrsreichen Straße auf einer Weide gehalten werden, erkennen und begrüßen den sich nahenden Wagen ihres Besitzers mit einem Schrei, in freudiger Erwartung des Futters. Sie können das Auto offenbar von allen anderen unterscheiden. Wie beim Menschen lässt auch das Hörvermögen eines Esels im Alter nach und bestimmte unbekannte Geräusche können ihm »Angst einjagen«. Ein geländegängiges Motorrad ist mehr als ein Knattern in einer ländlichen Umgebung. Es ist ein Fremdkörper und macht Lärm, den Gribouille mit Sicherheit nicht zum ersten Mal gehört hat; für ihn hat er eine negative Wellenlänge, wirkt gespenstisch, ist kein interessantes Geräusch. Es ist ein Lärm, der den Frieden stört, die innere Harmonie, unser natürliches Tonsystem. Gribouille versucht, sich davon nicht aus der Ruhe bringen zu lassen, er ist gleichmütiger als ich. Es gelingt mir nicht, mir seine Duldsamkeit, seine passive Einstellung zu eigen zu machen. Wir satteln auf und gehen. Ich weiß, dass ich inzwischen überempfindlich auf Lärm reagiere. Ich habe noch immer Albträume von Londoner Taxis, New Yorker Autoalarmanlagen, der Müllabfuhr und schlaflosen Hausbewohnern, die über mir die ganze Nacht auf Wanderschaft gehen. Geräusche, bei denen mir der kalte Schweiß ausbricht.

21

Verblassendes Licht von einem durchsichtigen Halbmond. Die Felder gleichen einem dunklen Ozean, der sich bis zum Nachthimmel erstreckt, in eine transzendente Stille. Unser Nachtquartier ruft schon, *mon ami.* Nachdem wir den ganzen Tag unterwegs waren, wird der Gedanke an ein Abendessen übermächtig, an den ersten Schluck Wein, einen preiswerten roten Landwein, ein Glas *Côtes d'Auvergne.* Einige der besten *Côtes d'Auvergne*-Weine stammen aus Boudes, einem kleinen Dorf im Tal, ein regionales Juwel und gut gehütetes Geheimnis, das ich zu verraten fürchte. Dort findet man ein mildes Mikroklima und halbhohe Steinmauern um die Weingärten, die an Burgund erinnern … Das ist die Stunde, in der Stevenson ein Glas auf die »göttliche Herrschaft des Mondes« zu trinken pflegte, die Stunde, in der auch ich mir einen Schluck Wein genehmigen werde. Seine Modestine fühlte sich stets vom »gereinigten nächtlichen Sonnenschein« inspiriert und schritt in seinem Licht noch munterer aus. Ich habe das Gefühl, dass es Gribouille ähnlich ergeht. Vielleicht ist er sich der Dunkelheit bewusst, die sich in Kürze wie ein Vorhang auf unseren Tag herabsenken wird. Ein kühler Wind kommt auf und löst einen gespenstischen Tanz in den Bäumen aus, ein Knacken und Schwanken, als würde sich jemand in den Kronen verbergen, auf der Lauer liegen und jeden Ast seines Verstecks zum Schaukeln bringen. Ich erspähe zwei verzerrte zuckende Schattengestalten, die uns auf der grauen Erde vorauseilen, eine davon mit langen Ohren.

Wenn man zu den Sternen emporblickt, zum Firmament in diesem lebendigen Planetarium, entdeckt man zwei Esel, die aus einem Trog fressen und als Sternbild zu funkeln beginnen: *Asellus Borealis* und *Asellus Australis*, auch als Nördlicher und Südlicher Esel bekannt. Sie sind annähernd zweihundert Lichtjahre entfernt, scheinen mit einer Stärke von +4,2 im Sternbild des Krebs, meinem Sternzeichen. Vielleicht stand diese spirituelle Reise, dieses Abenteuer der Fantasie, meine scheinbar zufällige Begegnung mit einem Esel seit jeher in den Sternen? Vielleicht war sie mir vorherbestimmt, seit Anbeginn der Zeiten im Sternbild Krebs festgeschrieben, hat mir gewinkt, mich erwartet? »Die Sternennacht ist meine Konstellation«, sagte der Philosoph Gaston Bachelard (über die Poesie des Raumes). »Sie macht mir stets meine eigene Macht bewusst, Konstellationen zu bilden. Sie legt die schwerelosen Kelche und Blüten, die im Weltraum erblühen, in meine Hände.«

Einer Legende zufolge erlangten die im Sternbild des Krebses funkelnden Esel durch Dionysos Unsterblichkeit. Der griechische Gott des Weines und Hephaistos, der Gott des Feuers, zogen auf ihren Eseln gegen die Riesen zu Felde. Die Esel begannen zu brüllen. Die Riesen, die dergleichen nie gehört hatten und glaubten, dass ein Ungeheuer nahte, ergriffen die Flucht. Aus Dankbarkeit wies Dionysos den beiden Eseln einen Ehrenplatz am Himmel zu, zu beiden Seiten einer Sternenansammlung, die von den Griechen *Phatne* oder Futtermulde genannt wurde, in der die Esel immer Nahrung finden, das ultimative Eselparadies.

Dionysos wird so häufig auf einem Esel dargestellt, dass der Esel als sein Reittier gilt, durch eine besonders enge Beziehung mit ihm verbunden. Dionysos ist nicht nur der Gott des Weines, sondern Inbegriff der Lebenskraft, der schöpferischen Impulse und spirituellen Erleuchtung, der göttlichen Macht und mystischen Ekstase. Er ist der Gott, der Wasser in Wein verwandelte und König Midas die trügerische Macht verlieh, alles in Gold zu verwandeln, was er berührte. Dem Weg des Dionysos zu folgen bedeutet, weltlichen Gütern zu entsagen, Erlösung zu suchen, vielleicht sogar, dem Alltag auf einem Esel zu entfliehen, einem astralen Esel.

Dionysos wird der »zweimal Geborene« genannt, das »Kind der zwei Türen«, er symbolisiert Erneuerung und Wiedergeburt. Gezeugt wurde er im Rahmen eines Seitensprungs von Zeus, dem mächtigsten olympischen Gott und Herr der Stürme, mit der Priesterin Semele. Semele bittet Zeus, sich ihr in seiner wahren Gestalt zu zeigen. Zeus lehnt zunächst ab, weil er weiß, dass kein Sterblicher diese göttliche Offenbarung überlebt. Schließlich gibt er nach und erscheint ihr als Sturmgott. Es kommt, wie es kommen muss: Semele wird vom Blitz getroffen und verbrennt, wird in die Unterwelt verbannt. Um seinen ungeborenen Sohn zu retten, näht sich Zeus ihre Leibesfrucht in den Schenkel und drei Monate später wird Dionysos wie durch ein Wunder abermals »geboren«. Diese geheimnisvolle Wiedergeburt, um die sich zahlreiche Mythen ranken, ist seither Gegenstand des Dionysoskults.

Der griechische Komödiendichter Aristophanes sah in Eseln die »Träger der göttlichen Mysterien« des Gottes Dionysos. In seiner Satire *Die Frösche,* zirka 405 v. Chr. entstanden, gelangen Dionysos und sein Sklave Xanthias in den Hades, die Unterwelt. In der ersten Szene sitzt Xanthias auf Dionysos' Esel, das Gepäck seines Herrn an einer Stange über die Schulter gehängt. Dionysos geht neben den beiden, als Xanthias plötzlich sein Los beklagt, schwere Lasten tragen zu müssen, während alle anderen Spaß haben. Dionysos zeigt sich wenig beeindruckt: »Und dann, wie hast du's? Üppig und bequem! Ich, Dionysos, Humpens Sohn, ich geh zu Fuß und lauf mich müd' und lass dich auf meinem Esel reiten, nur damit du nicht so schwer zu tragen hast.« Xanthias will seinem Herrn klarmachen, dass er unter dem Gewicht schier zusammenbricht, und so entwickelt sich folgender Dialog, der wie eine Slapstick-Komödie anmutet:

Xanthias: So? Trag ich nicht?
Dionysos: Du trägst? Du reitest ja!
Xanthias: Ich trage, sieh!
Dionysos: Was du da trägst, das trägt der Esel ja.
Xanthias: Der Esel? Was ich selbst belastet trage?
Dionysos: Wie kannst du tragen, wenn dich einer trägt?
Xanthias: Das weiß ich nicht, doch beißt mich meine Schulter.
Dionysos: Nun gut, wenn dir der Esel doch nichts nützt, so huck ihn auf und trag ihn auch einmal.

Offenbar tragen wir alle schwer an der Bürde unseres Daseins, aber wie kann das sein, fragt Dionysos, wo wir doch von einem Esel getragen werden, von zarten Beinen und kleinen Hufen voller Geheimnisse, verewigt in den Sternen? Angenommen, wir würden zur Abwechslung den Esel tragen? Es ist besser, ein Esel zu sein, erklärte der griechische Dichter Menander, als mit ansehen zu müssen, wie es einem schlechten Menschen gut ergeht. Ich kann förmlich vor mir sehen, wie Gribouille dazu zustimmend mit seinem Maul nickt. Das täte ich auch, wenn ich ein Maul hätte. Es heißt, dass es uns Menschen viel schlechter geht als Eseln, weil wir immerhin für unser grausames Schicksal selbst verantwortlich sind.

22

Ein milchiges Licht überzieht die Erde. Die Nacht senkt sich lautlos herab. Die Nördlichen und Südlichen Esel bedienen sich wie jeden Abend aus ihrem Futtertrog. Der Trampelpfad mündet in einen breiteren Kiesweg, der zu unserem Nachtquartier führt, einem *chambre d'hôtes*. Die Luft ist kühl, ein Zeichen dafür, dass die Tage kürzer werden und der Sommer verblasst. Ein Gefühl der Melancholie ergreift Besitz von mir, ein leiser Schauder. Vielleicht liegt es an der Müdigkeit. Ich höre wieder Musik. Wir beide hören sie, spüren sie. Es ist Schubert, Franz Schubert, dieser unbeholfene, schüchterne junge Komponist. Er litt unter depressiven Anwandlungen, trank zu viel, trieb Raubbau mit seiner Gesundheit, zog sich in sich zurück. Seine Stimmungsschwankungen und seine Verzweiflung waren wohl eine Folge seiner Krankheit, der rasenden Kopfschmerzen und des Wissens, dass ihm keine lange Lebenszeit beschieden war.

Er schrieb einige seiner besten Werke, als die Symptome der Syphilis bereits fortgeschritten waren, Werke, die ihm keinen Heller einbrachten, zu seinen Lebzeiten nie aufgeführt wurden, denen die Anerkennung der Öffentlichkeit versagt blieb. Doch in dieser hoffnungslosen Situation wurde seine grandiose Musik geboren, eine Musik aus der Tiefe, ein erhabener schöpferischer Akt. Es waren Augenblicke der Ekstase, die er nur dann erlebte, wenn er für sich alleine spielte oder für eine Handvoll gebannt lauschender Gäste und Freunde während seiner privaten musikalischen Soireen. Die posthum gefeierte Klaviersonate Nr. 20 (D.959) entstand wenige Monate vor seinem Tod am 19. November 1828. Zu diesem Zeitpunkt lebte er bei seinem Bruder in einem Wiener Vorort, wo die

Luft frischer war und er bei seinen Spaziergängen in der ländlichen Umgebung inneren Frieden fand.

Dieses Solostück in vier Sätzen mit seinen teilweise hämmernden Akkorden in cis-Moll ist ungemein eindringlich und wurde von Kritikern »vulkanische Eruptionen der Subjektivität« genannt. Das getragene Andante, das Robert Bresson als Begleitmusik für den Tod des Esels Balthasar wählte, geht in ein fis-Moll über, inspiriert vom Kunstlied der deutschen Romantik, von den romantischen Solostücken und Balladen, die durch Dichter wie Heine und Goethe Popularität erlangten. Die darin enthaltene Lyrik und Melancholie passt perfekt zu einem Esel: Bresson bewies ein gutes Gespür für das richtige musikalische Thema, die richtige Eselselegie. Die geheimnisvolle Kraft von Schuberts Klaviersonate erschüttert die Erde wie der Schrei eines Esels und besitzt gleichzeitig eine quecksilbrige Zartheit, die an einen warmen Pelz, den unschuldigen Blick eines unbedarften Lebewesens, an Bergwiesen, das Läuten von Schafsglocken und an den Tod eines Esels erinnert. Schuberts Klaviersonate ist ein tragischer Aufschrei, sie repräsentiert jedes Geschöpf, das sich auf einem einsamen Feld zum Sterben niederlegt, nachdem es sich ein Leben lang ohne Anerkennung abgerackert hat. Sie repräsentiert uns Menschen, unsere Eselsjahre, unsere Hoffnungen, getrübt von Hoffnungslosigkeit, sie ist Sinnbild der Dunkelheit, die sich in unsere Seele einschleicht, des beginnenden Herbstes.

Hundegebell dringt von der anderen Seite des Tales herüber. Weißes Licht umgibt die Berge wie ein Heiligenschein. Bald werden sie sich in erhabene Dunkelheit zurückziehen. Unsichtbare Vögel stimmen den letzten Chorgesang vor dem Einbruch der Nacht an. Ich steige gemächlich – teils gewollt, teils aus Müdigkeit – vor

Gribouille den schmalen Kiesweg empor und summe eine Melodie vor mich hin, vielleicht in A-Dur. Die Benediktinerabtei von La Chaise-Dieu ist bereits zum Greifen nahe. Ihre mächtigen Zwillingsglockentürme beherrschen die Landschaft, sind schon aus weiter Ferne sichtbar, Wegweiser für Reisende, sakrale Leitsterne, die den Weg ins Dorf weisen, eine Strecke, die ich bereits kenne und etliche Male zurückgelegt habe.

Die Abtei ist spiritueller Mittelpunkt eines Bergdorfes, das keineswegs weltfern ist, sondern vielmehr eine seltsam kosmopolitische Atmosphäre hat – vielleicht wegen der Touristen, die im Sommer zu den klassischen Musikfestivals anreisen oder weil dem Ort ein Hauch New Age anhaftet. In der Abtei, unweit der Westwand, gibt es Kunstschätze zu bestaunen: flämische Gobelins aus dem sechzehnten Jahrhundert und ein unvollendetes Wandfresko aus dem fünfzehnten Jahrhundert. Es stellt einen Totentanz dar, *La dance macabre*, bei dem ein nackter Tod die Lebenden heimsucht, vor einem blutroten Hintergrund wütet. Er erinnert Menschen niederer Herkunft und Würdenträger – Päpste und Kardinäle, Kaiser und Könige, Ritter und Kaufleute, Edelleute und Schulmeister – gleichermaßen daran, dass vor der Pest und auf dem Schlachtfeld alle gleich sind, dass die Sense von Gevatter Tod irgendwann jeden von uns niederstreckt.

Ein Pilger mit einem Esel ist in diesem Landstrich kein ungewöhnlicher Anblick. Seit dem zwölften Jahrhundert sind Pilger von hier aus in den Südosten des Landes aufgebrochen, nach Puy-en-Velay, der größten Stadt im Département Auvergne. Von dort aus führt der Weg über die Pyrenäen nach Santiago de Compostela – *St. Jacques de Compostelle* –, zum Grab des heiligen Jakobus. Der Apostel predigte einige Jahre in Spanien, bevor er nach Jerusalem zurückkehrte und dort den Märtyrertod starb. Nach seinem Ableben sollen seine Jünger die Leiche in ein Steinboot gesetzt haben, das von Engeln und dem Wind durch die Straße von Gibraltar getragen und an der Atlantikküste im Norden Spaniens angetrieben wurde. Einem alten Einsiedler wurde 830 v. Chr. durch eine Vision die Stelle offenbart, wo die Gebeine des Heiligen ruhten, in einer Marmorgrabstätte in Santiago in Galizien. Kaum hatte sich die Kunde davon verbreitet, traten Abermillionen Christen aus ganz Europa eine Wallfahrt an: bußfertige Sünder, Gläubige, die dem Heiligen ihre Reverenz erweisen wollten, Kranke, die auf ein Wunder hofften. Und sie kommen noch heute, die Pilger der modernen Zeiten, auf den vier uralten Pilgerwegen. Sie brechen auf in Paris, Arles, Vézeley und Le Puy; sie reisen zu Fuß, auf dem Fahrrad und manchmal mit einem Esel, mit Bileams Esel, der Engel sehen kann.

*

Ich wünschte, ich könnte an Wunder glauben. Doch das gelingt mir nicht. Ich gehöre auch nicht zu den Büßern, obwohl ich das vielleicht sollte. Dennoch fühle ich mich wie ein Pilger, einer, der sich aufgemacht hat, um zu verstehen, zu lernen, die vergessene Weisheit des Waldes, das Geheimnis des Zauberbergs zu erfahren. Gribouilles Gesellschaft hilft mir dabei, weist mir den Weg. Er sieht, dass ich bisweilen unsicher bin, aber er murrt nie. Er weiß, dass wir kein festgelegtes Ziel ansteuern, dass unsere Suche nicht auf einen bestimmten Zweck ausgerichtet ist. Für uns ist sie ein Wagnis, das wir jeden Tag aufs Neue eingehen. Wir sind unterwegs, weil … tja, weil wir unterwegs sein wollen. Der Weg ist das Ziel. Die Welt mag aus den

Fugen geraten – er bleibt an meiner Seite, unerschütterlich wie ein Fels in der Brandung, bietet mir Halt, bietet mir Zeit und Raum in der Unendlichkeit von Zeit und Raum.

Wir gehen eine schmale Gasse unweit des Dorfplatzes hinab, wo es einen Springbrunnen, ein Café, einen Lebensmittelladen und eine Bäckerei gibt, hoch überragt von der Abtei. Unsere Schatten, steif in der Abendkälte, schlurfen den Abhang hinunter, auf der Suche nach *Le Clos de l'Atre* mit seinem gemütlichen Plätzchen vor dem offenen Kamin. Es ist ein Steingebäude aus dem vierzehnten Jahrhundert, vier Stockwerke hoch, mit lohfarbenen Fensterläden, außen restauriert und innen beinahe vollständig renoviert. Herzstück des Speisesaals ist ein eindrucksvoller Kamin; alte Eichenbalken stützen die *chambres d'hôtes,* die fünf Gästezimmer von Pascals und Bernadettes Familienbetrieb. Ich werde später mit den beiden essen, am *table d'hôtes,* zusammen mit einer Gruppe, die hier eine Woche lang intensiv Yoga macht und ihre Batterien wieder aufladen will. Wir werden ausreichend Gesprächsstoff beim Abendessen haben.

Bevor ich mich den angenehmen Dingen des Lebens widme, sorge ich dafür, dass Gribouille alles hat, was er braucht. Ich bringe ihn zu einer winzigen Koppel, eigentlich zu klein für einen Esel. Er ist die Satteltaschen los, aber hier kann er sich nirgendwo auf dem Boden wälzen. Überall stehen Bäume mit tief hängenden Ästen, der Boden ist überwuchert von Brennnesseln und Dornengestrüpp. Ich muss achtgeben, mich nicht zu stechen. In der Nähe des Stacheldrahtzauns befindet sich ein Wassereimer, doch Gribouille macht keine Anstalten zu trinken. Ich habe ein schlechtes Gewissen, ihn hierzulassen, den armen Kerl. Sein weißes Maul schimmert in der gespenstischen Dunkelheit, als er neben dem Baum steht, einsam, ein Wanderer, den es an diesen fremden Ort verschlagen hat und der sich fragt, wie es nun weitergehen soll. Er verzichtet sogar darauf, zu fressen. Ich fühle mich ebenfalls einsam und als ich in mein Nachtquartier zurückkehre, spüre eine Existenzangst, wie sie bisweilen Wanderer befällt, die geraume Zeit unterwegs sind. Später am Abend, aufgeheitert von der Mahlzeit, einem köstlichen Salat mit durchwachsenem, gebratenem Speck, vom Wein und der fröhlichen Gesellschaft, als ich leicht beschwipst auf meinem Einzelbett einschlief, glaubte ich einen klagenden Schrei zu hören, ein leises Krächzen unter dem Herbstmond, das widerhallte auf der Wiese meiner Träume. Es war Gribouille, der mir *Bonne soirée* wünschte, mir ein Mitternachtsständchen darbrachte, ein Sonett. Ich hörte ihn seufzen, mit meinem guten Ohr …

23

Heute Morgen breche ich erst spät auf. Ich habe mich lange bei einer Tasse Kaffee mit Pascal, dem Besitzer der *chambres d'hôtes*, über das Dorf unterhalten, seine Wahlheimat. Er ist ein sehr kultivierter Mann, der früher in Grenoble ebenfalls dem Großstadtleben verfallen war, der Gedichte von Mallarmé aus dem Gedächtnis zitiert und nun als *néo-rural* seinen Lebensunterhalt verdient, indem er Besuchern in einer unerwartet vielfältigen Dorfgemeinschaft Unterkunft bietet. Die alteingesessenen Bauern, *le paysannat,* die hier seit Urzeiten das Land bestellen und im Schweiße ihres Angesichts ihr tägliches Brot verdienen, kommen mit Neubürgern wie Pascal gut zurecht. Sie kämpfen schließlich alle für das gleiche Ziel – das Dorf am Leben zu erhalten – und dazu brauchen sie einander. Die

Neubürger haben die Wahl getroffen, sich hier anzusiedeln, aus ihrem früheren Leben auszusteigen, sich eine Existenz anderer Art aufzubauen, irgendwo am Rande, im kleineren Rahmen. Die Vorteile sind niedrigere Lebenshaltungskosten, erschwingliche Immobilien, Immobilien, die meistens renovierungsbedürftig sind. Die Nachteile: Hier herrscht ein raues Klima im Winter, die Region soll zu den kältesten in Frankreich gehören und sie liegt am Ende der Welt. Hinzu kommt die Notwendigkeit, hart zu arbeiten, um das Leben in Gang zu halten und zu verhindern, dass es erstarrt.

Es dauert zwanzig Minuten, bevor Gribouille und ich eine Straße finden, die aus dem Dorf hinausführt, in die stille, offene Landschaft hinein. Wir folgen einer Route, die zu einem Waldsee führt. Wir gehen bergab, eine Zeit lang geht alles glatt. Der Weg ist steinig, bietet aber einen guten Halt. Gribouille scheint zufrieden, wieder in Bewegung zu sein, langsam weiterzuwandern. Er fragt mich nie, wohin die Reise geht. Oft bin ich mir dessen selbst nicht sicher. Vielleicht weiß er, warum. Ich denke, ich habe eine ähnliche Wahl wie Pascal getroffen: am Rande zu leben, anders zu leben. Die Wahl fiel mir nicht schwer. Vor Jahren, vor Jahrzehnten war die Entscheidung für eine solche Lebensweise sogar in einer großen Stadt möglich. Heute nicht mehr.

Die Stunden sind wie im Flug vergangen. Der Himmel hat eine aschgraue Färbung angenommen und Nebel hängt träge über den Berggipfeln. Eine Tiefdruckfront nähert sich, es weht ein starker Wind, wirbelt die Luft auf, rüttelt an den Bäumen, peitscht das Geäst hoch. Es fängt an zu regnen. Der See schwappt gegen das Ufer und wir werden nass, frieren immer heftiger, dicke Tropfen fallen. Ich höre, wie sie auf den ledernen Packsattel prasseln, mein Flanellhemd klebt am Körper. Wir müssen uns einen trockenen Unterstand unter den Bäumen suchen. Wir können nur warten, ausharren, bis der Regen nachlässt. Gribouille steht reglos da, nachdenklich, nicht besonders daran interessiert, hier etwas zu fressen. Ich streichle seine Fransenmähne, kraule sein Kinn. Wir warten gemeinsam, warten im Wald. Der Regen ergießt sich auf unser schützendes Blätterdach, prallt von der Oberfläche des Sees ab. Als der Regenschauer nachlässt, nehme ich den warmen, satten Erdgeruch wahr. Eine ursprüngliche, einlullende Stille kehrt zurück zu den grasbewachsenen Ufern der Seenlandschaft.

Gribouille rührt sich nicht vom Fleck. Der von mir gewählte Weg, der am Rand des Wassers entlangführt, die kürzeste Route um den See, behagt ihm nicht. Sie liegt zu dicht am Ufer, zu nahe an der Gefahr, nass zu werden, zu nahe am Unbekannten. Er weigert sich, auch nur einen Schritt vorwärts zu machen, Punktum. Es hat keinen Zweck, an ihm zu zerren, wütend zu werden. Es gibt keine andere Möglichkeit, als umzukehren, zurückzugehen, bevor wir wieder vorwärtsgehen können. Ich muss ihn zu einer Stelle bringen, an der er sich sicher fühlt. Gribouille lässt sich nicht auf einen Weg ein, der ihm nicht geheuer ist, da helfen weder alte noch neue Tricks. Typisch Esel, das Ergebnis von achttausend Jahren Starrsinn, könnte man sagen. Menschen sind da anders: Sie begeben sich oft wider besseren Wissens auf einen Weg, der ihren wahren Interessen widerspricht, lassen sich überreden, verführen, folgen ihrem Herdentrieb. Es ist für gewöhnlich einfacher, sich führen zu lassen und zu folgen, als den eigenen Weg zu finden, den man wirklich gehen will und der der richtige zu sein scheint.

Oft schlagen wir den schnellsten Weg ein, weil wir glauben, er sei der beste, der direkte Weg zum Ziel. Manchmal ist er das. Doch oft herrscht dort ein solches Gedränge, dass wir kaum vorankommen und noch länger brauchen als auf der langsamen Route. Oft ist es auch schwer, umzukehren oder einen Umweg in Kauf zu nehmen. Eine festgefahrene Situation. Natürlich entscheiden sich auch eigenwillige Menschen manchmal für den falschen Weg, einen Weg, der sich im Nachhinein als Sackgasse oder Irrweg entpuppt. Davon kann ich ein Lied singen. Vielleicht war es der falsche Weg, der mich nach Amerika geführt hat, vielleicht bin ich nach links abgebogen und habe die rote Ampel übersehen. Ich weiß es nicht. Doch unterwegs, auf solchen Irr- und Umwegen, in finsteren Seitengassen abseits der breiten ausgetretenen Pfade, können wir wundersame, unerwartete Erfahrungen sammeln. Wir werden mit unbekannten Ausblicken und unvorhergesehenen Begegnungen konfrontiert, die sich lohnen, auch dann, wenn wir umkehren müssen – insbesondere wenn wir umkehren müssen. Oft gelangen wir nur über Irrwege ans Ziel, oft ist das der Weg, den wir gehen müssen. Gerade weil wir ursprünglich *wirklich* geglaubt hatten, dass sie der richtige Weg für uns wären.

Es ist wieder kalt geworden. Der Abend senkt sich auf uns herab. Pascal und ich haben uns für eine andere Idealvorstellung von einem lebenswerten Leben entschieden, eine weniger glamouröse, grünere Version: ein Leben mit einer Liste von Aufgaben, die uns jeden Tag auf Trab halten. Es empfiehlt sich, sie niederzuschreiben. Sie nehmen kein Ende. Niemand liefert Pizza an die Haustür. Man muss sich organisieren, sich vorbereiten, selber die Initiative ergreifen. Das ist nicht immer leicht, wenn man in einem entlegenen Ort oder weit ab von der menschlichen Zivilisation lebt. Die alteingesessenen Bewohner der abgeschiedenen ländlichen Gemeinden sprechen von ihrem ganz eigenen Kampf auf dem Land: *lutter contre la solitude* – dem Kampf gegen die Einsamkeit. Das Leben hier draußen steht noch in enger Beziehung zu den Jahreszeiten; es bleibt einem gar keine andere Wahl. Ich friere im Winter und schwitze im Sommer – nicht umgekehrt, nicht wie in der Stadt, wo es im Winter voll aufgedrehte Heizungen gibt, die einem jegliche Antriebskraft rauben, und im Sommer Klimaanlagen, in deren Kälte man erstarrt. Jeden Tag ist die Lernkurve so steil wie der Berg vis à vis, die massive Silhouette, die langsam schwarz wird. Und man muss sie mühsam zu Fuß erklimmen. Man beginnt, sich auf den Winter vorzubereiten, noch bevor der Sommer zu Ende geht. Es ist wie beim Schachspielen: Man muss mehrere Züge vorausplanen.

*

Ich habe jedes Gefühl der Vertrautheit und Sicherheit verloren. All das ist verschwunden, den Hudson River hinuntergespült. Ich drifte einen Ozean entfernt auf dem trockenen Land dahin, ohne Rettungsboot. Nicht, dass ich zuvor jemals ein Gefühl von Vertrautheit gehabt hätte. Amerika blieb für mich immer fremd und ungewiss, fühlte sich *anders* an. Der Alltag war leichter, bequemer als jetzt; dennoch hatte ich mehr zu kämpfen, fühlte mich stärker bedroht, vor allem auf wirtschaftlicher Ebene. Irgendwie verlor ich die Verbindung zu mir selbst. Ich dachte, ich würde neue Ideen und Erfahrungen sammeln, mich weiterentwickeln, es zu Wohlstand bringen, Karriere machen, meinen Traum leben. Vermutlich war ich ein Glückspilz, überhaupt einen Traum zu haben und ihn verwirklichen zu können. Doch wie sehr ich mich auch bemühte, welche Richtung ich auch einschlug, es gelang mir nicht, dort meinen Weg, meine Nische zu finden, mich zu Hause zu fühlen, auf lange Sicht zufrieden zu sein. Am Ende entpuppte sich der Traum als Albtraum, der bewirkte, dass ich das Handtuch warf, alles hinter mir ließ, wofür ich gekämpft und gearbeitet hatte. Ich verließ das gelobte Land mit leeren Händen, schlechter gestellt als je zuvor und doch freier.

Rückblickend weiß ich, dass nicht meine Umwelt, sondern ich das Problem gewesen bin. Ich hatte die Latte für meinen Traum sehr hoch angelegt und mich dreißig Jahre daran geklammert. In dem Augenblick, als er Wirklichkeit wurde, hätte ich eigentlich wunschlos glücklich sein müssen. Doch genau das war der springende Punkt: Ich hatte kein Ziel mehr vor Augen, keinen Ort, von dem ich träumen konnte. Eine Weile redete ich mir ein, ich sei glücklich. Ich *musste* doch einfach glücklich sein, wie könnte es auch anders sein angesichts meiner Erfolge? Doch tief in meinem Innern war ich todunglücklich, fühlte mich verloren, leugnete es aber, verleugnete mich selbst. Ich kam mir vor wie ein Sklave; um wieder frei zu sein, musste ich mich von diesem Traum befreien, der zum Albtraum geworden war, von seinem maßlosen Ehrgeiz. Ich musste die Ketten zerbrechen, die mich an diesen Traum fesselten, musste etwas tun, das in krassem Gegensatz dazu stand. Damals dachte ich, ich hätte alles unter Kontrolle, aber ich musste mir eingestehen, dass es nicht so war, dass mein Leben aus den Fugen geraten war, dass ich mich geirrt hatte. Es war eine Enttäuschung, mit der ich nicht umgehen konnte.

Oft setzen wir uns Ziele, von denen wir denken, dass sie uns glücklich machen, Ziele, die wir anvisieren, hartnäckig verfolgen, in dem Glauben, das Glück sei *einzig* in ihrer Verwirklichung zu finden. Doch diese Ziele bringen uns oft nur Kummer und Leid, verdammen uns zu einem Sklavendasein, gleich ob wir sie erreichen oder nicht. Sie zwingen uns, einen Weg einzuschlagen, auf dem keine Umkehr, kein Umweg möglich ist. Wir glauben, das Glück liege allein auf diesem Weg. So bleibt uns nur wenig Spielraum, um zu manövrieren, und viele Leerlaufzeiten, die wir mit Nichtigkeiten füllen. Und wenn wir am Ziel angekommen sind, was dann? Ich habe es aufgegeben, meine Träume um jeden Preis verwirklichen zu wollen. Ich vergewissere mich, dass sie reine Gutenachtgeschichten bleiben, bescheidene Gutenachtgeschichten, die ich mir selbst erzähle. Ich finde Trost in den Worten eines Chansons von Jacques Brel, *Avec Élégance*: »Ich habe keine großen Träume mehr / Außer einem Herzen zu lauschen, das tanzt / Verzweifelt zu sein / Aber leise, mit Stil.« Dem Tanz meines eigenen Herzens lauschend, gebe ich mich nun Tagträumen hin, an einem Ort, der mir nicht einmal im Traum eingefallen wäre, an den mich keine freie Willensentscheidung, sondern das Schicksal verschlagen hat. Ich erbitte nichts von diesem Ort, erwarte nichts, fordere nichts. Und er erwartet keine Gegenleistung von mir. Wir kommen gut miteinander aus, instinktiv, so wie Gribouille und ich.

24

Ein neuer Morgen, ein neuer Tag auf dem Planeten Esel, Tage, die ineinander übergehen wie in einem Traum, einem Tagtraum. Vielleicht ist das alles eine Fata Morgana, eine Bergtour im Nebel der Erinnerung, Erinnerungen an etwas, was nie stattgefunden hat, nur in der Vorstellung existierte, Wunschdenken außerhalb der Geschichte, besser als die Geschichte, eine Träumerei. Ich striegle Gribouille auf einer eingezäunten Weide unweit eines kleinen Holzlagers. Riesige Holzstämme sind hier aufgeschichtet, ganze Kiefern. Ich höre eine Motorsäge, die Holz schneidet, ein schrilles Kreischen, dann einen Traktor, der sich auf der anderen Seite des Waldes knatternd fortbewegt. Er fährt hin und her. Früher gab es eine Eisenbahnverbindung zum Holzplatz, vermutlich führte sie nach Le Puy. Die Schienen sind inzwischen verrostet, von Brennnesseln und Unkraut überwuchert, oxidiert in der unprofitablen Luft.

Gibt sich heute noch jemand Tagträumen hin? Sind wir zu beschäftigt, zu sehr auf »wichtigere« Dinge konzentriert, um über müßige Dinge nachzusinnen? Haben wir Angst, zu schweigen, den Blick nach innen zu richten, unsere Gedanken treiben zu lassen? Wer sitzt heute noch still da, trinkt Kaffee und starrt aus dem Fenster, hinaus auf das Leben, oder versucht, aus dem Kaffeesatz zu lesen, die kosmischen Weisheiten zu ergründen, eine Eintrittskarte ins Universum zu lösen? Wer wagt es noch, sich in sich zu versenken, die erholsame Nähe zum eigenen Selbst zu spüren? Muße und Nichtstun bedeutet heute für viele Menschen Frustration, Langeweile, das Bedürfnis nach leicht zugänglicher Stimulation. Das Fernsehen hat sie zu bieten und es begleitet uns auf Schritt und Tritt: in Bars und Cafés, in Flughäfen und Fitnessstudios, auf Werbetafeln und in Geschäften. Und wenn man gerade nicht zuschaut, ist man damit beschäftigt zu telefonieren. Wir alle scheinen heute unentwegt zu telefonieren, sind laut, unruhig, gefangen in einer Endlosschleife der Aktivitäten und verbalen Kommunikation. Die Träumerei ist eine aussterbende Kunst, eine in Vergessenheit geratene Alchemie der vier Elemente und fünf Sinne. Ein Verlust für uns.

Gaston Bachelard, der Philosoph der Tagträume, sah darin eine Ruhephase – *un repos* – und eine besondere Art der lyrischen Poesie. Durch Tagträume werden wir zu Dichtern, sagte er, erleben wir lichte Momente der Poesie. Tagträumer nutzen die Gunst der Stunde, betrachten sie als Geschenk des Himmels, »um sich mit dem Reichtum und der ganzen Fülle der Seele vertraut zu machen«. Der nächtliche Träumer schläft, steht in seinem eigenen Schatten, während der Tagträumer voll präsent ist, Subjekt und nicht Objekt seiner Träume ist, jemand, der ungeachtet des Wetters die Sonne genießt. Bachelard überlässt die Albträume und nächtlichen Schweißausbrüche, die Poltergeister und Traumata, die wir im Wachzustand verdrängen, Sigmund Freud. Der Nachttraum ist uns nicht zu Willen, ist nicht unser Eigentum; die Bilder, die er heraufbeschwört, entziehen sich unserem Zugriff. Die Träumerei dagegen wird auf natürliche Weise geboren, in einer »Bewusstheit ohne Kraftanstrengung«. Sie präsentiert uns »Bilder, die gefallen«, weil wir sie »frei von jeder Verpflichtung« geschaffen haben. Es gibt kein Wohlbefinden ohne Träumerei, meint Bachelard, keine Alltagspoesie ohne den »ursprünglichen Frieden« der Träumerei, ohne seine einsame, ursprüngliche Kraft. In den Fünfziger- und Sechzigerjahren machte Bachelard Radiosendungen und hielt Lesungen und Vorträge über die Poesie der Tagträumerei, die es inzwischen auch als CD gibt. Ich habe sie mir oft angehört und mich von seinem melodischen Akzent, von seiner Rhapsodie für die »erwachten Schläfer« und »luziden Tagträumer« in eine andere Welt entführen lassen.

Bachelard mit seinem langen grauen Bart und dem Aussehen eines alttestamentarischen Propheten bezieht seine Inspiration von romantischen Dichtern und Romanciers, nicht von Psychoanalytikern. Er zieht die Nachdenklichen den Tiefschläfern vor, Menschen, die vor dem Feuer dösen, in die brennenden Holzscheite starren und in Gedanken durch die Flammen wandern. Je schwerer und schlaftrunkener der Körper, desto beweglicher ist der Geist in solchen Augenblicken, sagt Balzac.

Bachelard möchte, dass wir in den Wolken schweben, uns mit unseren Tagträumen in den blauen Himmel aufschwingen, uns Flügel wachsen lassen, um es den Vögeln gleichzutun. Er möchte, dass wir mit dem Strom des Lebens fließen, in der »Milch der Erde« baden, während wir neben einem Bach, unter einem Baum oder auf dem Gipfel eines Berges über Gott und die Welt nachsinnen. Er möchte die Tagträume verstehen, die von den Elementen inspiriert werden, Träumereien, die wir unserem freien Willen, aber auch Erde, Luft, Wasser und Feuer verdanken. Doch wenn wir wirklich wollen, können wir unseren Tagträumen überall nachhängen, vielleicht bei einer Tasse Kaffee und vielleicht sogar an einem Ort wie *Starbucks* ...

*

Zwei kleine Welten großer, erhabener Gefühle. Sie mustern mich, lugen in die Morgenluft hinaus. Sie urteilen nicht. Gribouilles Augen. In diesen Augen entdecke ich eine Traurigkeit, die mich tief bewegt, eine unendliche Sanftmut. Vielleicht versuche ich, die Reinheit zu leben, die ich in den Augen eines Esels erkenne, eine Reinheit, die möglicherweise nicht wirklich existiert, in der menschlichen Welt keine Existenzberechtigung besitzt.

Bachelard sinnt über Tagträume nach, wie sie nur die Augen eines Tieres inspirieren können, er fragt: Hast du jemals gesehen, wie ein Hase an einem Herbstmorgen über den silbrigen Raureif huscht und dann ganz plötzlich innehält in der Stille, erstarrt, sich auf seine Hinterbeine setzt, die Ohren aufrichtet und seinen Blick in die Ferne schweifen lässt, bis zum Horizont, verborgen im Nebel? »Sein Blick scheint Frieden auf das gesamte Universum zu übertragen. In diesem Augenblick ist er ein heiliges Tier, ein Tier, das man verehren sollte.« Er assoziiert den Frieden eines Tieres – deine friedvollen Augen, Gribouille, die in diese endlose grüne Weite blicken – mit dem Frieden der Welt, dem »sehenden Auge, das die Welt betrachtet«. Wenn ich lange genug in deine Augen blicke, in diese glasklaren Seen, in denen sich der Himmel spiegelt, finde ich Frieden in ihren stillen Wassern, ihren von Wellen umspielten Inseln; ich kann der Welt den Rücken kehren und mich verlieren in den endlosen Tiefen dieser seelenvollen Augen.

Bachelard erzählt uns auch, dass Bérénice, Protagonistin des 1891 erschienenen Romans *Le Jardin de Bérénice* von Maurice Barrès, es liebte, in die Augen ihres Esels zu blicken; in seine wunderschönen Augen, in denen sich resignierter Schmerz spiegelte. Sie wandert mit ihm durch Sümpfe, durch die Camargue, am Meer entlang, in der salzigen Luft, inmitten der weißen Wildpferde, Stiere und rosafarbenen Flamingos. Und immerzu starrt sie in seine Augen. In ihnen findet sie Trost und Zuspruch, Beständigkeit und Verlässlichkeit, etwas Meditatives, Zuflucht vor einer Welt, die sich beständig in Aufruhr befindet. Von Zeit zu Zeit umarmt sie ihren Esel, dem sie sich so nahe, so verbunden fühlt.

Philippe, der Erzähler des Romans, betet Bérénice an. Er betrachtet sie als Trägerin alter Weisheit, eine Gegenspielerin der modernen, verrückten Welt; er wünscht sich, ihre Welt, ihren Garten – *le jardin de Bérénice* – betreten zu können und ihn nie mehr zu verlassen. Die Augen ihres Esels werden zu unbelebten Objekten, die fantastische Träumereien auslösen, Tagträumereien von kosmischem Ausmaß. Maurice Barrès bezeichnet diese Eselsaugen als »Kapelle der Meditation«. Sie sind ein Ort der Ehrerbietung, des ehrfürchtigen Staunens vor dem Leben. Es sind unvergessliche Augen, ernsthaft und von unvorstellbarer Klarsicht. In ihnen kommt die ursprüngliche Würde allen Lebens zum Ausdruck, eine schwermütige Geduld und die Sehnsucht, still zu stehen, zu verweilen.

*

Gribouilles Augen leuchten. In ihnen liegt ein sanftes Staunen, wie in den Augen Balthasars, des weisen Esels. Diese Augen geben nur Hinweise, Hinweise, die uns nicht mehr loslassen. In dem Film *Zum Beispiel Balthasar* (*Au Hasard Balthazar*) gibt es eine besonders beeindruckende Szene, in der es um die Augen geht. Der Esel Balthasar wird für eine Zirkusnummer abgerichtet, soll das Publikum mit Rechenkunststücken unterhalten: Er multipliziert ganze Zahlenkolonnen und stampft entsprechend oft mit dem Huf auf, um das Ergebnis anzudeuten. Als er im Zirkus landete, wurde er als Erstes auf dem Gelände herumgeführt, vorbei an den Käfigen mit den anderen Tieren. Sie stellten Blickkontakt her, sahen sich stumm an – Blicke, die eine Ewigkeit zu währen schienen. Es gibt weder Feindseligkeit noch Mitleid unter diesen hilflosen Kreaturen. Er sieht einen Tiger hinter Gitterstäben, einen Eisbären und einen Schimpansen; den längsten und anrührendsten Blick tauscht er mit einem Elefanten aus, dessen kleine Knopfaugen Balthasar gefangen nehmen. Sie füllen sich mit Tränen, als der Esel weitergezerrt wird. Alle Beteiligten scheinen sich ihres Schicksals bewusst zu sein, kommunizieren in einer Geheimsprache. Es sind die Menschen, stimmen sie alle stumm überein, die in Wirklichkeit die Zirkusnummer sind. Und sie haben recht: Wir sind diejenigen, die wirklich hinter Gittern, in Gefangenschaft leben.

Gribouilles Blick springt beständig hin und her. Man kann nicht sagen, worauf er gerichtet ist, wohin er schaut oder ob er überhaupt etwas bewusst ansieht. Vielleicht sind seine Augen Fenster, die Licht auf seine Gedanken werfen. Was man wirklich entdeckt, wenn man hineinblickt, ist eine Seele, eine Insel des Friedens – und nur in zweiter Linie ein Sinnesorgan. Sein Blick ist nicht abhängig von der Stimmung. Eselsaugen enthüllen nur das, was sie sind: der Inbegriff der Beständigkeit und Ruhe, ein Spiegelbild dessen, was das Auge des Betrachters darin sieht. Was wir sehen, hängt davon ab, *wie* wir sehen, was wir sehen *wollen*, was wir zu sehen *glauben*.

In dem Film *Zum Beispiel Balthasar* gibt es eine weitere Szene, die zu Herzen geht. Marie ist ein junges Mädchen, deren Lebensgeschichte Balthasars widerspiegelt. Sie kennt den Esel seit seiner Geburt, seit sie ihn als Fohlen getauft hat. Sie spielen miteinander, wachsen unbeschwert miteinander auf, werden älter. Dann wird Balthasar verkauft, weil Maries Vater sich keinen Esel mehr leisten kann. Balthasars Kindheit findet ein abruptes Ende; er wird geschunden und misshandelt, genau wie Marie, deren melancholischer Blick dem von Balthasar von nun an immer ähnlicher wird. Ihre glücklosen Schicksalswege sind miteinander verwoben. Eines Nachts läuft die junge Marie barfuß in den Garten und pflückt Blumen für Balthasar. Sie knüpft ihm einen Kranz, einen leuchtenden Heiligenschein aus Blumen. Mit diesem Heiligenschein ist er der Inbegriff der Unschuld, der kindlichen Reinheit. Sie gibt ihm einen zarten Kuss auf die Nase und setzt sich ihm gegenüber auf eine Bank, betrachtet ihn betrübt, den Esel, der gleich einem Heiligen reglos im Mondlicht steht. Die beiden betrachten sich stumm. Dann erscheinen Balthasars Augen auf der Leinwand, in Großformat, fünf Sekunden lang, eine cineastische Ewigkeit. Plötzlich dringen Gérard, der Rohling des Dorfes, und seine Kumpane in den Garten ein, stören die Idylle. Sie prügeln Balthasar, den Esel, der sein Kreuz zu tragen hat, halb tot.

*

Wir folgen einem grasbewachsenen Pfad. Plötzlich wechselt Gribouille die Richtung, läuft auf ein Feld. Er hat etwas Grüngelbes gesichtet. Er steuert mit verblüffender Energie und Entschlossenheit darauf zu. Was mag er so anziehend finden? Es dauert eine Weile, bevor mir klar wird, dass er sich an Linsen gütlich tut, grünen Linsen, die auf einem Feld ohne Umzäunung wachsen. Er frisst ohne Unterlass, ein einheimischer Esel, der eine einheimische Spezialität genießt. Wenn ich ihn zu lange gewähren lasse, ist die gesamte Ernte der Saison dahin. Die Pflanzen sind noch jung, wirken verwahrlost wie Gebüsch, wie Unkraut. Doch bei näherer Betrachtung sehe ich, dass sie kurz vor der Blüte stehen, zarte kleine Knospen bilden. Diese Knospen werden sich schließlich in die nahrhaften grünen Linsen von Le Puy-en-Velay verwandeln, eines der bekanntesten Exportgüter der Region und, wie der fantastische französische Wein, mit dem »AOC«-Gütesiegel ausgezeichnet – der *appellation d'origine contrôlée.*

Das bedeutet, dass der Anbau dieser grünen Juwelen nicht »exportfähig« ist: Er findet ausschließlich in dieser

Gegend statt, in den achtundachtzig Gemeinden der AOC-Zone, die Le Puy umgibt. Das Feld, das Gribouille verwüstet, befindet sich vermutlich am nördlichsten Punkt dieser Zone. Mit der »kontrollierten Herkunftsbezeichnung« sind Geschmack und Qualität garantiert. Das Mikroklima von Velay und die Vulkanerde spielen dabei eine entscheidende Rolle. Hier scheint fast das ganze Jahr die Sonne – es ist nicht die wärmste Region in Frankreich, aber die sonnigste – und bevor die Linsen geerntet werden, müssen sie eine akkumulierte Temperatur von 930 Grad Celsius haben. Das dauert in diesen Breiten nur zwischen hundertzwanzig und hundertfünfzig Tagen. Perfekt für Linsen.

Kenner sprechen bei diesen Linsen von einem »Beefsteak in Pflanzenform«, nur dass sie bekömmlicher für die Leibesmitte und den Cholesterinspiegel sind. Sie lassen sich leicht zubereiten und sind sehr schmackhaft, müssen nur zwanzig Minuten in Salzwasser köcheln, bis sie weich sind; man sollte allerdings darauf achten, sie nicht zu lange zu kochen, sonst werden sie matschig. Eine kulinarische Köstlichkeit, wie Gribouille bestätigen kann! Mit Knoblauch, Olivenöl, Weinessig, einem Teelöffel Senf, kross gebratenem Schinkenspeck oder Schinken zubereitet und mit einem erdigen, körperreichen Rotwein wie dem *Cahors* gereicht, gehören sie zu den größten Freuden des Lebens. Ich werde nie vergessen, wie ich die Bekanntschaft dieses Gerichts machte, spät am Abend in Champot, nach einem langen Tag unterwegs; die Linsen wurden mit *rattes* serviert, einer alten Kartoffelsorte der Region mit nussigem Geschmack, und strotzten vor Knoblauch. Es war eine Bekehrung der Sinne, bei der sich eine neue Dimension sinnlichen Erlebens eröffnete, eine Entdeckung von Geschmacksknospen, von deren Existenz ich nichts ahnte.

Rückbesinnung auf das Einfache, Wesentliche, in einem komplexen Leben.

Ich muss Gribouille nun wirklich loseisen. Er hat genug gefressen und alle Vitamine bekommen, um seinen Tagesbedarf zu decken, seinen Wochenbedarf, würde ich meinen. Wir sollten die restlichen Feldfrüchte verschonen und weiterziehen. Es ist seltsam: Immer wenn ich mittags Rast mache, um zu essen, scheint er keine Lust zu haben, sich »zu Tisch zu begeben«. Oft ist das die einzige Zeit, in der er nicht frisst, sondern still steht und mich beobachtet, seine Nase in meine Angelegenheiten steckt.

Das Wetter scheint sich zu verschlechtern, es ist kalt geworden. Wir halten unter Weidenbäumen, suchen Schutz vor dem schneidenden Wind. Ich setze mich auf das Gras, während Gribouille nach Lust und Laune in der Nähe des Flusses herumstreunt. Er ist froh, ein wenig umherzustreifen, den Blick schweifen zu lassen, in meine Augen zu blicken.

25

Dass meine Augen zu wünschen übrig lassen, war mir von jeher bewusst. Kleine Knopfaugen, die mehr Ähnlichkeit mit denen eines Maulwurfs als eines Esels haben. Seit frühester Kindheit habe ich schlecht gesehen. Meine Mutter machte den »Unfall« dafür verantwortlich: Ich war als Kleinkind, als ich laufen lernte, gestürzt und mit dem Kopf gegen den Kamin geprallt. Danach schielte ich auf dem rechten Auge. Eines Tages sah meine Mutter, wie das Auge aus der Spur geriet und in eine Richtung blickte, die nicht im Normalbereich lag. Bald darauf bekam ich eine Brille verschrieben und als ich älter wurde, litt ich unter dieser Behinderung, empfand sie als Qual.

Doch sie hatte auch ihre Vorteile: Ich durfte mit meiner Mutter regelmäßig die Augenklinik besuchen. Der Weg dorthin wurde zum größten Abenteuer meines Lebens; ich werde diese Erfahrung nie vergessen und trauere ihr noch heute nach. Doch ich kann die Bilder dieser Besuche in der Augenklinik, die ich mehrmals im Monat mit meiner Mutter unternahm, jederzeit heraufbeschwören. Ich erinnere mich, wie ich mich an ihre Hand klammerte, wenn wir an der Kunstgalerie Exchange Flags unweit der Town Hall vorbeikamen. Die Gebäude erschienen mir riesig, vermutlich wären sie jedem Kind meines Alters so vorgekommen. Alles wirkte so geschäftig, aufregend, neu und ein wenig beängstigend. Das war Mitte der Sechzigerjahre, bevor der Verfall in Liverpool begann, bevor die Bewohner in hellen Scharen die Stadt verließen, bevor die Gebäude schäbig wurden und der Vergessenheit anheimfielen. Für mich war es damals der schönste Ort der Welt und der Weg dorthin ein einziges großes Abenteuer.

Mit der Zeit hatte sich bei den Augenüberprüfungen ein fester Ablauf entwickelt. In der Klinik gingen wir eine schmale gewundene Treppe hinauf; dort gab es ein Gerät, auf das ich mein Kinn stützen und Bilder von Tieren aller Art anschauen musste: Pferde, Katzen, Hunde, Kaninchen und Esel. Ja, auch Esel. Ich musste einen Hebel bedienen, um die Tiere in einen Käfig oder ins Freie zu bringen, oder sie in einer Reihe aufstellen. Mir war damals nicht klar, was das Ganze zu bedeuten hatte. Ich wusste nur, dass es Spaß machte. Meine Mutter war ebenfalls anwesend, ermutigte mich und lachte, wenn man ihr die Sehschwäche ihres Sohnes vor Augen führte, der eine Brille mit dicken Gläsern tragen musste. Vielleicht spürte sie, dass ich Angst hatte, eine Operation über mich ergehen zu lassen und eine Zeit lang in der Klinik zu bleiben. Doch die größte Belohnung kam hinterher, wenn ich mit meiner Mutter zum Essen gehen durfte.

Wir besuchten immer das indische Restaurant über dem Spielzeugladen *Hobbies*, den ich liebte und der längst gemeinsam mit dem Restaurant von der Bildfläche verschwunden ist. Meine Mutter erlaubte mir meistens, Hühnchencurry zu bestellen, obwohl sie wusste, dass es viel zu scharf für mich war. Ich habe keine Ahnung, warum ich immer wieder dieses Gericht wählte, denn jedes Mal musste sie zusätzlich Wasser bestellen, weil mir der Mund brannte. Wir lachten, wenn ich schwitzte und litt, nach Luft rang und mir den Mund fächelte. Heute weiß ich, dass dieses Curry vermutlich nicht viel taugte. Doch für mich war es damals das beste Curry der Welt.

Die Erinnerungen an die Augenklinik brachen am Sterbebett meiner Mutter wie eine Sturzflut über mich herein, viele Jahre später, als ich längst erwachsen war, ein Erwachsener, der sich verloren fühlte. Sie war kaum noch bei Bewusstsein, aber sie spürte meine Anwesenheit. Sie war bereits seit annähernd zwei Monaten bettlägerig. Ihre Augen lagen in tiefen Höhlen, waren eingesunken, ihr Gesicht war fahl, gelblich. Ihre Haare waren ausgefallen, bis auf ein kleines, ergrautes und zerzaustes Büschel auf dem Kopf, das aus den Laken hervorlugte, sich darin verbarg, sich zurückzog ins Nichts, vor meinen Augen verschwand. Die ganze Szene erinnerte mich an Zeilen aus James Joyce's *Ulysses*: Sie hatte ihn »auf ihren Armen und in ihrem Herzen getragen«, sagt Stephen Dedalus dort. »Doch sie befürchtete, dass er beim Wettrennen in der Welt auf der Strecke bleiben könnte, überrannt und zerquetscht wie eine knochenlose Schnecke. Sie hatte ihn immer geliebt, samt seinem so schwachen verwässerten Blut, das von ihrem eigenen abstammte.«

Meine Mutter streckte in einer kraftlosen Bewegung ihre Hand aus und ich nahm sie in meine. Tränen liefen mir über das Gesicht. Ihre Stimme klang schwach und heiser. Sie begann, meine Hand zu streicheln, wahrscheinlich ohne sich dessen bewusst zu sein. Ich erklärte ihr, meine Tränen rührten daher, dass ich früher nicht genug geweint hätte. Sie erwiderte, ich solle mir keinen Zwang antun, und dann sagte sie, was für ein braves Baby ich gewesen sei, keine solche Heulsuse wie meine ältere Schwester. Nein, ich war von klein auf ein gutes Kind gewesen. Ich erwiderte, dass ich noch immer ein gutes Kind sei, und fragte sie, ob sie sich daran erinnerte, wie wir in die Innenstadt von Liverpool gingen, in die Augenklinik, als ich fünf oder sechs Jahre alt war. Diese Ausflüge gehörten zu meinen schönsten Kindheitserinnerungen, vielleicht zu den schönsten Erinnerungen meines ganzen Lebens. Ich werde sie immer in allen Einzelheiten vor mir sehen, selbst wenn ich erblinden sollte.

26

Als ich an jenem Schicksalsmorgen die Augen aufschlug, einem weiteren Morgen im Leben eines Studenten, der ein schäbiges Zimmer in einem College bewohnte, war alles anders, sonderbar. Wenn ich meinen Kopf nach links und rechts, nach oben und unten bewegte, wurde alles schwarz, als gingen in meinem linken Auge die Lichter aus. Unheimliche schwarze Flecken behinderten meine Sicht. Sie erschienen mir zumindest schwarz, aber sie hätten auch grün gewesen sein können, dunkelgrün. Ich war mir nicht sicher. Dann eben dunkelgrün-schwarze Flecken. Sie folgten, wenn ich den Kopf drehte: ein lebhafter psychedelischer Tanz, bei dem alles ins Wanken geriet. Ich schloss ein Auge, öffnete es abermals. Die Flecken waren immer noch da, eine zähflüssige Membran, eine Amöbe, nur für mich sichtbar.

Ich stellte mich vor einen Spiegel und blickte mir in die Augen, tief, aufmerksam, auf der Suche nach Indizien, nach einem verräterischen Zeichen. Nichts. Nichts in ihrem Innern, in diesen dunklen Augen, die nichts preisgaben, weder auf der linken noch auf der rechten Seite. Zu viele Wortreihen, zu viele schwarzweiße Räume, zu viel gelesen. Stille, von einer Lampe erhellt. Ich wünschte mir schmerzlich, zu sehen, zu wissen, zu verstehen, in dieser kleinen mit Büchern gefüllten vertrauten Nische, in der ich mich häuslich eingerichtet hatte. Ich hatte es geschafft, in Oxford zu studieren, dank eines Stipendiums, hatte bis zum Umfallen gearbeitet und mir am Ende die Augen verdorben, ein für alle Mal. Sobald ich ins Freie trat, geriet ich in Panik, zitterte, als ich in die Notaufnahme des Krankenhauses ging. Ironischerweise wohnte ich hier in unmittelbarer Nähe der Klinik, in der Walton Street. Der Doktor versetzte mir mit seiner Diagnose einen Schock: Netzhautablösung durch Netzhauteinriss und Glaskörperblutungen.

Ich würde mich einer Augenoperation unterziehen müssen, um die Netzhaut zu reparieren, sie wieder an die Stelle kleben zu lassen, wo sie hingehörte, am besten noch am gleichen Nachmittag. Das Nächste, woran ich mich erinnere, war, dass ich auf dem Bett lag, voll angezogen, in einem Einzelzimmer. Die Ärzte waren ratlos, ich war ihnen offenbar ein Rätsel. »Das Ganze«, genauer gesagt. Mein Auge wurde Objekt und Subjekt der Faszination. Ich selbst war eher Nebensache. Sie bohrten und leuchteten mir fortwährend aus jedem nur erdenklichen Winkel ins Gesicht, mit einem gleißenden Licht, erkundeten den

Augenhintergrund, spähten nach dem fragilen transparenten Häutchen, das zerrissen war, von der Augenhöhle gelöst, durch Verschleiß brüchig geworden. Meine Pupillen waren medikamentös geweitet worden. Alles, was ich sehen konnte, war dichter weißer Nebel.

Ich schlief sehr schlecht in dem fremden Bett mit den unbekannten Gerüchen und Geräuschen. Als mich der Schlaf schließlich übermannte, träumte ich grässliche Dinge, Fieberfantasien, Albträume, die an Halluzinationen grenzten. Augenklappen, Erblindung, ein weißer Stock, ein Messer, das mein Auge öffnete, mein Blut, das floss, tropfte ... Und was war, wenn der Eingriff schiefging, auf ganzer Linie? Das passierte manchmal. Oft sogar. Ich wäre allein im Alter, ein blinder Invalide, unbeweglich und verarmt, und niemand würde da sein, um mir zu helfen. Ich hatte grauenvolle Angst, schrak hoch, wachte schweißgebadet und verwirrt auf, das Herz klopfte mir bis zum Halse. Die Wand war auf der falschen Seite, das Bett stand nicht an der gewohnten Stelle. Für den Bruchteil einer Sekunde überlegte ich, wo ich mich befand. Dann fiel es mir wieder ein. Als ich das nächste Mal die Augen aufschlug, war es Morgen. Die Sonne schien ins Zimmer und meine Ängste ließen für eine Weile nach.

Also Operation. Nein, keine Operation. Doch, vermutlich schon. Dann hieß es, die Prognose sei hoffnungsvoller, aber unsicherer, möglicherweise problematischer. Es läge keine Netzhautablösung vor. Ein chirurgischer Eingriff erübrige sich, zumindest vorerst, vielleicht sogar ein für alle Mal. Es läge eine Schisis-Amotio vor, eine Aufspaltung der sensorischen Netzhaut, also nur ein Loch, ein großes, aber am Rande, zunächst noch, vielleicht für immer. Es hieß, wir können nur hoffen. Es gebe eine Grenzlinie zwischen dem noch festgewachsenen, dem sehenden Teil, und dem abgelösten, nicht sehenden Teil, der nur noch Schatten wahrnehmen wird. Das war die gute Neuigkeit. Und beide Augen waren allem Anschein nach betroffen. Noch im normalen Bereich, aber fortgeschrittener am linken Auge. Eine angeborene Erkrankung, vielleicht sogar genetisch bedingt. In der Regel seien ältere Menschen davon betroffen; eigentlich seltsam bei einem so jungen Mann – na ja, verhältnismäßig jung. Wenn die Symptome erneut auftreten, kommen Sie wieder. Es könnte Probleme geben, wenn die Netzhaut weiter einreißt. Es besteht vielleicht die Möglichkeit, sie mit Laser zu reparieren. Wir werden sehen. Auf eine Karriere als Boxer sollten Sie allerdings verzichten ...

Das sehende Auge hütet sein Fenster zur Welt einen weiteren Tag. Ich erinnere mich, dass mein Vater von Liverpool nach Oxford kam, um zu sehen, ob alles in Ordnung war. Später am Tag, nach meiner Entlassung aus der Klinik, machten wir einen langen Spaziergang. Wir redeten über alles und nichts. Manchmal schwiegen wir. Das Schweigen war angenehm, bedeutungsschwer. Es reichte aus, nur zu schauen, langsam dahinzuschlendern, einen Frühlingsnachmittag in Oxford mit allen Sinnen zu verinnerlichen. Als die Dämmerung hereinbrach, landeten wir in den Christ Church Meadows. Ich erinnere mich nicht mehr, wie oder warum. Es war ein herrlicher Abend, mit einem sternenübersäten orangefarbenen Himmel, die Luft war frisch und roch nach Holz, der Boden unter den Füßen war warm und feucht. Über dem Moor lag ein Nebelschleier. Irgendwie wurden wir eingeschlossen, verpassten das Schließen der Tore, riesiger Palisadentore, über sechs Meter hoch, mit speerförmigen Spitzen.

Wir mussten hinüberklettern; Zentimeter für Zentimeter zogen wir uns nach oben. Mein Vater schaffte es, mit hochrotem Gesicht, ächzend, aber guten Mutes. In jener Nacht hätten wir jedes Hindernis überwunden. Danach ein wohlverdientes Pint Bitter im *King's Arms*: Nektar. Ein Gebräu, das alle anderen Biersorten übertraf. Wir tranken, unterhielten uns und tauschten uns aus wie nie zuvor und vielleicht nie mehr danach. Vater und Sohn, zwei Erwachsene, Verbündete. Schon bald begann mein Vater, sein vertrautes Seemannsgarn zu spinnen, von Kollegen aus Chile zu erzählen, von Montreal in den Fünfzigerjahren, von den Gallonen Kondensmilch, die er sich dort einzuverleiben pflegte, von Bars und Rowdys. Damals hatte er eimerweise Kondensmilch getrunken, sagte er. Ich hatte die Geschichten schon unzählige Male gehört, doch in dieser Nacht freute ich mich darüber. Und er entdeckte neben uns, im *King's Arms*, einen Kanadier, der seine Stammkneipen kannte. Später trotteten wir nach Hause, Vater und Sohn, wie Bloom und Stephen, die aus Bella Cohens Freudenhaus kamen; Ersterer belegte das Einzelbett und schnarchte wenige Minuten später, dass die Wände wackelten. Letzterer nächtigte auf dem Fußboden und fiel unverzüglich in ein gesegnetes Nichts, sehenden Auges …

*

Ich bin froh, draußen an der frischen Luft zu sein, an diesem feuchten Morgen in der Auvergne, noch immer sehend, noch immer auf den Beinen, noch immer unterwegs. Ich frage mich, wie es ist, blind zu sein. Manchmal schließe ich die Augen beim Gehen, versuche mich auf das Hören und Riechen zu konzentrieren. Ich spüre Gribouilles warmes Fell, höre ihn atmen und seufzen. Er kann mich immer auf meinem Weg voranbringen, mein Führer sein, mein sehendes Auge, mein sehendes, die Welt betrachtendes Auge. Wenn ich blind wäre, könnte ich nach wie vor riechen und hören, zumindest mit einem Ohr, und meinen Esel nach Lust und Laune streicheln, denn mein Tastsinn bliebe erhalten. Das wäre doch nicht so schlecht, oder? Ich habe mein kurzes Scharmützel mit der Dunkelheit hinter mir. Doch bei dem Gedanken daran atme ich heute erleichtert auf, spüre eine lebensbejahende Frische, trotz des heißen Wetters. Ich spüre ein gewisses Glücksgefühl, das in meinem Schritt, in unserem Schritt zum Ausdruck kommt.

Ich nehme Einzelheiten, Farbe, Kontrast, Licht und Schatten, Stimmungen, Körperhaltungen und Lächeln unmittelbar wahr. Wir sind einigen Männern mit einem Hütehund begegnet, die Pilze sammeln, *cèpes*, und ich habe sie angelächelt und mit ihnen geplaudert. Einer der Pilzsammler erzählte mir, er habe auch einen Esel; er tätschelte im Vorübergehen Gribouilles Mähne, bevor er mit seinem riesigen Korb köstlicher Steinpilze, den ersten der Saison, weiterzog. Ja, heute Morgen scheine ich alles ganz klar zu sehen, ein abwechslungsreicher Morgen, ein wundervoller Morgen, so wie jeder Morgen. Wie kostbar das Leben ist und wie verwundbar wir Menschen sind, wie Esel: endliche, verwundbare Geschöpfe. Es geht mir gut, ich bin in Sicherheit für den Moment und in Begleitung. Was zählt, ist das Leben, einzig und allein das Leben.

27

Wir befinden uns im Herzen eines Dorfes, ein mittelalterliches Kleinod, auf einem Platz, der in Wirklichkeit ein großer Innenhof ist, auf allen Seiten von schmalen dreistöckigen Häusern mit Fensterläden umgeben. Alle Gebäude sind nach innen geneigt und miteinander verbunden, blicken auf den öffentlichen Platz hinaus: Sie stehen in Beziehung zueinander, bilden ein Ensemble, trotz der unterschiedlichen Architekturformen. Keines wurde ausgegrenzt, in die Kälte hinausgestoßen. Man hat den Eindruck, dass die Städteplaner des sechzenten Jahrhunderts besser als ihre modernen Nachfolger wussten, wie man eine echte Wohngemeinschaft aufbaut, ihr organisches Wachstum fördert.

Wir befinden uns neben einem Springbrunnen; wieder macht Gribouille keinerlei Anstalten zu trinken. Selbst wenn Esel durstig sind, würden sie niemals schmutziges Wasser anrühren. Das Wasser in dem alten Springbrunnen kommt mir ziemlich sauber vor. Aber für Gribouille handelt es sich um ein unbekanntes Wasserloch und deshalb reagiert er vorsichtig, was bezeichnend für ihn ist. Ich mache mir keine Sorgen, wenn er nicht trinkt; ich weiß, dass Esel weniger Wasser brauchen als jedes andere Tier, mit Ausnahme von Kamelen. Sie kommen unbeschadet drei Tage ohne Wasser aus. In heißen Klimazonen können Esel selbst dann noch arbeiten, wenn sie dem Verdursten nahe sind. Sie verkraften einen Gewichtsverlust von fünfundzwanzig Prozent infolge einer Dehydration und erholen sich rasch, sobald sie Wasser bekommen. Die täglich erforderliche Wassermenge hängt von der Umwelt (beispielsweise der Verfügbarkeit feuchtigkeitshaltiger Grünpflanzen), der Luftfeuchtigkeit, der Temperatur in der Umgebung und dem Ausmaß der Arbeit ab, die sie verrichten. Ein annehmbarer Richtwert sind zwanzig bis dreißig Liter am Tag, die mindestens einmal am Tag angeboten werden sollten, um eine gute Verdauung zu gewährleisten. Und das Wasser sollte nicht zu kalt sein, vor allem im Sommer oder wenn sie von der Arbeit erhitzt sind.

Esel besitzen ein spezielles Verdauungssystem, das in der Lage ist, selbst die unverdaulichste Nahrung aufzuspalten; aus dieser Nahrung extrahieren und speichern sie ein Maximum an Feuchtigkeit. Wenn Gribouille Grünpflanzen verspeist, trinkt er gewissermaßen gleichzeitig. Kein Wunder, dass Esel in der Wüste in ihrem Element sind und ihre evolutionäre Weiterentwicklung der Fähigkeit verdanken, lange Märsche trotz spärlicher Vegetation und Frischwasserversorgung zu bewältigen. Dieses Verdauungssystem, das ihnen ermöglicht, sich auch in einer trockenen, lebensfeindlichen Umgebung zu behaupten, entwickelte sich wiederum in Anpassung an die vorherrschenden Lebensumstände. Die extrem beweglichen Lippen und das schmale Maul gestatten es dem Esel, beim Grasen nur die beste *Qualität* zu wählen, wo die *Quantität* der Nahrung begrenzt ist. Bei wild lebenden Eseln sorgt die mühselige Suche nach Nahrung und Wasser dafür, dass sie schlank und behände, weil ständig in Bewegung bleiben. Bei domestizierten Eseln, die in der Regel Nahrung und Wasser im Überfluss und wenig Auslauf in ihren umzäunten Weiden oder Gehegen haben, besteht das große Dilemma genau wie beim Menschen darin, dass sie unter Bewegungsmangel und Übergewicht leiden, vor allem wenn sie Nahrung mit geringem Ballaststoff- und Mineralgehalt bekommen. Wir sind weit entfernt von Wüsten jeglicher Art, weit fort von Gribouilles Wurzeln, von einer Umgebung, in der Wasser mit Gold aufgewogen wird, wo noch »der kleinste Wassertropfen dem Sand einen grün schimmernden Grashalm entlockt«, wie Saint-Exupéry sagte.

Fünf oder sechs Kinder, etwa zehn Jahre alt, die gesund und munter aussehen, haben sich mit ihren Fahrrädern zu uns an den Springbrunnen gesellt. Sie möchten alles

Mögliche über Gribouille wissen, sind neugierig, was es mit meinem vierbeinigen Begleiter auf sich hat. Diese Kinder sehen aus, als würden sie die meisten Sommertage im Freien verbringen. Sie haben uns gegenüber Aufstellung genommen, in einer Reihe und im Sattel sitzend; keines kann der Versuchung widerstehen, den Esel zu streicheln. Ich habe Gribouille schon häufiger in solchen Situationen erlebt: Insgeheim genießt er die Aufmerksamkeit, nimmt die Liebkosungen ruhig und erfreut entgegen. Wie heißt er gleich wieder? Wie alt ist er? Woher kommt ihr? Ist das sehr weit? Das ist sehr weit, oder? Sie möchten alles über meinen Freund und mich erfahren. Kinder merken instinktiv, dass man nicht aus der Gegend ist; man sieht es in ihren Augen, an dem raschen Blick, mit dem sie jemanden mustern, die Fremdheit spüren, das Anderssein. Kinder können hier noch relativ sicher Fahrrad fahren, es gibt keine mehrspurigen Autobahnen oder Monsterstraßen mit Verkehrsgewühl. Das Dorf wurde für Fußgänger errichtet.

Ich würde gerne länger bleiben, denn heute Abend findet hier ein Markt statt, *un marché du soir.* Die Bauern und Händler aus der Region bieten ihre heimischen Produkte an Ständen feil, ein bescheidenes Sortiment: Obst und Gemüse, Linsen und Fleisch, Töpferwaren und Holzarbeiten, Pflanzen und Bilder. Für Unterhaltung ist gesorgt, in Form von Tanz und Musik, und auch das leibliche Wohl kommt nicht zu kurz: Es wird reichlich zu essen und zu trinken geben – immer und überall wird getrunken – und harmlosen Vergnügungen gefrönt. Eine liebenswerte Eigenschaft, die in diesem Landstrich seit dem Mittelalter vererbt wurde, ist die Fähigkeit, zu lachen, sich zu vergnügen, große Sommerfeste auszurichten. Dass diese Form der Geselligkeit eine lange Tradition hat, geht aus den klassischen Texten hervor, zum Beispiel *Gargantua und Pantagruel* von Rabelais, wo fantastische Festgelage beschrieben werden, ausgelassene Feiern voll derben, anzüglichen Humors, die das Leben und die Gaben der Natur feierten. Diese *fêtes* dienten und dienen noch heute als eine Art öffentliche Katharsis, eine Möglichkeit, im Rahmen festgefügter, Sicherheit vermittelnder Werte die alltäglichen Leidenschaften einem Reinigungsritual zu unterziehen, die Gemeinschaft zusammenzuschweißen und lebendig zu erhalten, trotz der Schwierigkeiten, der sie sich gegenübersieht. Aber ich muss weiter, muss mir für heute Nacht ein Quartier suchen, kann nicht bleiben; ich habe noch eine lange Wegstrecke vor mir.

*

Die Sonne geht unter, immer früher inzwischen, fühlt sich mit jedem Tag schwächer an. Ich halte den Führstrick und streiche Gribouille über den Kopf, über die Mähne. Wir kommen gut voran auf einem schmalen unbenutzten Pfad, beinahe knietief im Gras, umgeben von flachen Getreidefeldern. In wenigen Wochen wird das Getreide gemäht und in das Winterfutter gemischt. Der Weg ist angenehm weich für Gribouille. Oft hält er an, senkt den Kopf und frisst sich an Grünzeug satt. Wir kommen an einem verwahrlosten Haus vorbei, von einer zerbröckelnden Mauer umgeben. Auf einem verrosteten Metalltor ist ein Schild angebracht: À VENDRE – Zu verkaufen. Irgendwo sind ein Traktor und das leise Summen von Insekten zu hören, ein früher abendlicher Frieden senkt sich herab, ein tröstlicher, gewöhnlicher Frieden. Nur der Himmel ist außergewöhnlich: Scharlachrot und wellenförmig umhüllt er den Horizont, mit herbstlich grauen Windungen und einem nicht ganz vollen Mond, der zum Berühren nahe scheint.

Ich blicke zum Horizont, versuche, ihn zu verinnerlichen, ihn mir zu eigen zu machen; ich betrachte die Felder, Bäume und Berge, die endlose, sich wellende, atmende ländliche Idylle als meinen Besitz, als mein Eigentum. Ich schaue Gribouille an, den großen unergründlichen Wanderer, der den Kopf gesenkt hat, die Satteltaschen zu beiden Seiten, und sehe mich selbst, im Hier und Jetzt, in meiner Einsamkeit, meinem selbst gewählten Exil, unterwegs, auf der Flucht. Ich denke an Stevenson, dessen Präsenz noch spürbar ist, der mich verstanden hätte. Er sagte von seiner Wanderung in den Cévennen: »Ich für meinen Teil reise nicht, um irgendwohin zu gelangen, sondern um unterwegs zu sein. Das A und O ist, sich zu bewegen; die Bedürfnisse und Hindernisse unseres Lebens aus nächster Nähe wahrzunehmen, von dem Federbett der Zivilisation herabzusteigen, um die mit spitzen Kieselsteinen übersäte Erde, hart wie Granit, unter seinen Füßen zu spüren.« Ich kann ihm nur zustimmen. Ich atme den Westwind ein und greife nach dem Mond.

An diesem Abend übernachte ich bei Régis und Suzette in ihren *châmbres d'hôtes,* zusammen mit Anne und Eric und ihren drei reizenden Kindern, eine junge glückliche Familie, die ihren Urlaub in der Auvergne genießt. Sie sind weit von ihrem Zuhause in England entfernt. Gribouille hat heute Abend Gesellschaft, er befindet sich auf einer Koppel mit zwei weiteren Eseln, zwei junge Graue, die er beschnüffelt und sympathisch zu finden scheint. Régis hat ihn nach unserer Ankunft fachkundig hinübergeführt. Ich folgte ihm, um sicherzugehen, dass alles in Ordnung ist, dass er Zugang zu frischem Wasser in einem sauberen Gefäß hat. Die Weide hat ein kleines, mit einem Bolzen versehenes Holztor und ist mit Stacheldraht eingezäunt. Vielleicht nicht ideal, aber wenigstens hat er genug Auslauf.

Beim Abendessen erzählt uns Régis, dass er früher Landwirt war. Jetzt arbeitet er für eine Organisation, die sich auf künstliche Besamung spezialisiert hat, hauptsächlich bei Milchkühen. Die Insemination mit dem Sperma von Bullen wird durchgeführt, um die Milchproduktion zu erhöhen und sowohl die Qualität als auch die Quantität des Käses zu verbessern, erklärt er. Das mache man auch bei Schafen und Ziegen, ebenfalls zur qualitativen Verbesserung der Herden und der Milch- und Käseprodukte. Régis erläutert dieses Thema mit Feuereifer, während wir Schweinebraten aus der Metzgerei seines Schwagers vertilgen, von Suzette köstlich zubereitet, mit massenweise Kartoffeln, die im Bratensaft gegart wurden.

Er füllt unsere Gläser, wir trinken alle Rotwein. Er ist ein interessanter Mensch, Autodidakt und belesen. Er hat seinen Militärdienst in Algerien abgeleistet und war jahrelang Bürgermeister des Dorfes. Und so ist er ein leidenschaftlicher Redner, wenn es um Politik geht, gleich welcher Größenordnung, und redet über die »französische Krise«, die Präsidentschaftswahlen in Frankreich und den Bankrott eines jeden Kandidaten. »Die Angst geht um«, sagt er. Ich erzähle ihm, dass ich früher ebenfalls politisch aktiv war, das Geschehen hautnah verfolgt habe, doch das gehört der Vergangenheit an. Politik langweilt mich inzwischen, lenkt mich von den schöneren wichtigeren Dingen im Leben ab, wie Literatur, Kunst und die Liebe. Alle stimmen überein, dass sich die Welt in einem beklagenswerten Zustand befindet. Aber wir sind heute Abend viel zu vergnügt, um uns davon die Stimmung verderben zu lassen.

28

Der Schweif eines Esels hat etwas zutiefst Demokratisches. Es klingt verrückt, ich weiß, aber so empfinde ich es nun einmal. Ich beobachte Gribouille, wie er mit seinem Schwanz ausschlägt, um die Fliegen zu verscheuchen – das ideale Mittel, um Fliegen loszuwerden. Er hat beschlossen, sich heute einmal niederzusetzen, sich während unserer Rast am Vormittag Ruhe zu gönnen und einen einsamen kleinen Sonnenstrahl zu genießen. Hin und wieder hört man einen dumpfen Laut, wenn der Schwanz den Boden peitscht. Ich habe auf einem Baumstamm Platz genommen, der auf der Erde liegt, und blättere in *Le Monde,* der französischen Tageszeitung. Überall ringsum stehen Kiefern; wir befinden uns auf einer Lichtung, der Boden ist weich und locker. Ich habe Gribouille den Packsattel abgenommen und den elastischen Gurt, der um seine Hinterseite, *la derrière,* verläuft. Man muss den Schwanz hochheben, damit man den Gurt abstreifen kann. Der Schwanz fühlt sich an der Stelle, wo er in den Rumpf übergeht, knorpelig an, wie ein dickes Seil.

Der Schwanz eines Esels unterscheidet sich von dem eines Pferdes: Er ist weniger stolz, weniger spektakulär, eher zerzaust wie der Schwanz einer Kuh, Zen-gleich in seiner Schlichtheit mit der kurzen Behaarung, die in einem Büschel endet. Er ist einfach das, was er ist: ein viel benutztes Ruder, ein Gebrauchsgegenstand für jeden Tag. Ein Sprichwort aus Haiti weist mit erhobenem Zeigefinger auf Hochmut und Dünkel hin: »Der Esel schwitzt, damit sich das Pferd mit Borten und Tressen schmücken kann.« Das sagt auch einiges über den Unterschied zwischen dem Schweif von Pferd und Esel aus. Mit Letzterem sind viele volkstümliche Weisheiten verknüpft, er hat nichts Glamouröses, im Gegensatz zu dem eines Pferdes; das war mit demokratisch gemeint. Er kann einer politischen Aussage eine populistische Note verleihen, sie unter ein demokratisches Banner stellen. Zu dieser Strategie griff Andrew Jackson 1828 bei den US-Präsidentschaftswahlen. »Möge das Volk regieren!«, forderte er. »Dieser Esel!«, gifteten seine Gegner, auf seine unbeugsame Haltung anspielend. Doch Jackson gelang es, aus einem Schimpfnamen politisch Kapital zu schlagen; der Kraftausdruck blieb hängen und Jackson wusste ihn zu seinem Vorteil zu nutzen, kurbelte Wahlkampagnen mit Eselsplakaten an, ein schwanzwedelndes Manifest, mit dem er den aristokratischen Kandidaten John Quincy Adams besiegte.

Wenig später, als Jackson 1830 gegen eine Umstrukturierung der Nationalbank stimmte, wurde der »alte Esel« in einer Karikatur an den Pranger gestellt: Sein Kopf war mit weit aufgerissenem, wieherndem Mund auf dem Körper eines Esels mit zerrupftem Schwanz zu sehen, der auf einem Bauernhof inmitten von gackernden Hühnern (die Niederlassungen der Banken) und quakenden Fröschen (die Handelskammern) tanzt. Nach seinem Rücktritt 1837 wurde Jackson zur Zielscheibe einer weiteren Eselskarikatur: Da er sich trotz des Rückzugs ins Privatleben für den heimlichen Drahtzieher, den »Paten« der Demokratischen Partei hielt, wurde er dieses Mal als Bileam im modernen Gewand dargestellt, der versucht, seinen Esel (das amerikanische Volk) auf den richtigen Weg zu bringen, notfalls auch gegen seinen Willen. Seither gilt der Esel als unfreiwilliges Maskottchen der Demokraten (die Republikaner werden mit dem Elefanten assoziiert). Doch aufgeklärte Menschen in aller Welt wissen, dass Bileams Esel in seinem eigenen Rhythmus mit dem Schwanz hin und her pendelt, immer abseits der politischen Arena und über den politischen Machenschaften stehen wird.

Wenn man lange genug zuschaut, wie der Schwanz eines Esels hin und her pendelt, erkennt man darin nicht nur ein erdnahes, sondern auch ein erhabenes Element, einen Hauch Beethoven: der Schweif bewegt sich wie der Taktstock eines großen Maestro, der eine Symphonie dirigiert, in der Luft tanzt, seine eigenen Melodien orchestriert. Oft scheint sich der Schwanz in Einklang mit den Ohren, den Antennen, zu bewegen: Esel können ihre Ohren in alle Himmelsrichtungen drehen und so die Fliegen im Kopfbereich verscheuchen, während sie sich gleichzeitig mit ihrem Schwanz die Quälgeister hinten vom Leib halten. Doch abgesehen davon habe ich noch nie erlebt, dass ein Eselsschweif auch nur einer einzigen Fliege den Garaus gemacht hätte. Der Schwanz dient eher als Abschreckungsmittel, als eine behaarte, Frieden stiftende Kraft.

In *Zum Beispiel Balthasar* setzt Gérard Balthasars Schwanz in Brand, um es dem Esel heimzuzahlen, ihn zu bestrafen. Er fährt mit dem Moped neben ihm her, eine Kette in der Hand, die am Halfter des Esels befestigt ist. Plötzlich bleibt Balthasar stehen; er trägt auf jeder Seite einen großen Tragekorb mit Baguettes. Er kann bei Gérards motorisiertem Tempo nicht mehr mithalten. Gérard steigt ab und versetzt Balthasar einen Stoß, damit er weitergeht. Balthasar rührt sich nicht von der Stelle, wie ein Fels in der Brandung. Gérard versetzt ihm einen Tritt gegen das Hinterteil. Vergebens. Die Kamera schwenkt auf Balthasar, während Gérard ihn nun mit den Fäusten traktiert, ihm mörderische Prügel verabreicht. Der Esel lässt nicht die geringste Gefühlsregung erkennen. Auf seinem Rücken wurden schon so viele Stöcke zerbrochen, dass die Schläge an ihm abprallen. Doch dann reißt Gérard eine Seite aus der Zeitung heraus, die er bei sich hat, rollte sie zusammen, bindet sie mit einer Schnur an Balthasars Schwanz und zündet sie an. Balthasar rennt davon, tritt mit den Hinterläufen aus und schlägt wild mit dem Schwanz hin und her, an dem die Flammen hochzüngeln. Gérard fängt Balthasar auf einem Feld ein, wo er reglos dasteht, das Gesicht den Büschen zugekehrt. Im Hintergrund setzt Schuberts Klavierkonzert ein, unterstreicht Gérards absurdes, zerstörerisches Verhalten und das Mitleid in Balthasars Augen – kein Selbstmitleid, sondern Mitleid mit Gérard, mit uns Menschen.

*

Ich frage mich, Gribouille, ob du dem alten Benjamin in *Farm der Tiere* zustimmen würdest, der sagte, Gott habe ihm zwar einen Schwanz gegeben, um die Fliegen zu verscheuchen, aber er hätte lieber keinen Schwanz und keine Fliegen. Gribouille ist aufgestanden, hat sein Maul ins Gras gesteckt, aber stöbert mehr herum, als dass er frisst. Sein Schwanz schwingt hin und her, schnelle, zuversichtliche Bewegungen, wie der schwungvolle Pinselstrich eines Impressionisten auf einer imaginären Leinwand. Vielleicht hast du schon einmal von dem berühmten Eselmaler Lolo alias Boronali gehört, Gribouille, und der Geschichte vom Eselsschwanz? Sie wurde zum Stadtgespräch und der Esel zum gefeierten Star der Pariser Kunstszene des Fin de Siècle und des Künstlertreffs der Pariser Boheme auf dem Montmartre, dem *Lapin Agile* (»Zum flinken Kaninchen«). Manche glauben, das Maskottchen dieses berühmten Lokals sei das namengebende flinke Kaninchen gewesen, das dem kupfernen Schmortopf dank seiner

Findigkeit entging. Das Porträt besagten Kaninchens schmückt noch heute die Außenmauer des *Lapin Agile*, ein Wandgemälde, das bereits an der Kreuzung Rue des Saules und Rue Saint-Vincent auf dem Hügel des Montmartre, der *Butte Montmartre,* sichtbar ist, nicht weit von Sacré-Coeur entfernt.

Doch der heimliche Star war Lolo, ein schokoladenbrauner Esel, kaum größer als der berühmte Maler Toulouse-Lautrec, der ebenfalls zu den Stammgästen des *Lapin Agile* zählte. Viele Jahre hatte Lolo seinen Stammplatz unter einem Gemälde, Picassos *Au Lapin Agile,* das ungerahmt an einer Wand der Gaststube hing. Picasso hatte es 1905 Frédérick Gérard geschenkt, dem *patron* des Lokals und Lolos Besitzer: Es zeigt »Frédé«, der Gitarre spielt, und Picasso im Harlekin-Kostüm, der dasitzt und Wein trinkt. Frédé verkaufte das Bild 1912 für einen Apfel und ein Ei – *une bouchée de pain;* 1989 erzielte es bei einer Auktion des Kunsthauses Sotheby's sage und schreibe einundvierzig Million Dollar und hängt heute in den heiligen Hallen des Metropolitan Museum of Art in New York. Eseln ist hier der Zutritt verboten.

Die hochkarätige Klientel des *Lapin* kannte Lolo: hier verkehrten außer Picasso viele bekannte Maler wie Modigliani und Maurice Utrillo, Max Jacob und Georges Braques; Schriftsteller und Dichter wie Alfred Jarry und Guillaume Apollinaire, Francis Carco und Pierre Mac Orlan. Frédé selbst war ein Unikum, eine poetisch anmutende Gestalt: mit seinem langem weißen Rauschebart, dem rotem Kopftuch und Holzpantinen klapperte er mit Lolo im Schlepptau über das Kopfsteinpflaster des Montmartre, spielte Gitarre oder Flöte und war stets über die Neuigkeiten im Viertel auf dem Laufenden. Zeitgenossen beschrieben ihn als eine Kreuzung aus kanadischem Fallensteller und Robinson Crusoe – viele, viele Jahre nach seinem Schiffbruch. Er besserte sein Einkommen aus dem *Lapin* häufig auf, indem er auf den Straßen Fisch aus Lolos Tragekörben verkaufte. Frédé war ein wortkarger Geselle, doch wenn er redete, gab er geradezu homerische Weisheiten zum Besten, wie zum Beispiel: »Ich liebe Esel, weil sie gescheiterte Pferde sind.« Lolo wich nie von seiner Seite und sein Schrei war den *Montmartrois* ebenso vertraut wie das Glockenläuten von Notre Dame.

Eines Abends, im März 1910, schuf Lolo mit ein paar »Pinselstrichen« ein Meisterwerk. Das Ganze sollte eigentlich ein Scherz sein, ein bissiger Seitenhieb, inszeniert von einem weiteren Stammgast, dem Journalisten und Schriftsteller Roland Dorgelès. Dorgelès schildert Lolos »künstlerischen Durchbruch« in seinen Erinnerungen *Bouquet de Bohème* (1947). Dorgelès war damals verzweifelt über die Entwicklung der Malerei, über die Scharlatane, die sich eingeschlichen hatten, und den Zustand der sogenannten modernen Kunst. Dem Kubismus konnte er ebenso wenig abgewinnen. Jeder behauptete, ein Künstler zu sein, doch nur wenige hatten diesen Titel seiner Ansicht nach verdient. Deshalb kam ihm die Idee, den Zeitgeist des »-ismus« ad absurdum zu führen: Er prägte den Begriff »Exzessivismus« und ernannte Lolo zum *chef d'école,* zum Begründer dieser neuen »futuristischen« Schule. »Exzess ist ein kraftvoller Impuls in der Kunst«, spottete Dorgelès. »Die Sonne kann nie zu glühend, das Gras nie zu grün, das Meer nie zu rot sein. Die Aufgabe eines Genies besteht darin, zu blenden!«

Doch Lolo konnte nicht der schlichte alte Esel bleiben: Er brauchte einen Künstlernamen, musste Italiener sein wie alle anderen »Futuristen« und so wurde Boronali aus der Taufe gehoben! Boronali war ein Anagramm von Aliboron und Aliboron hieß wiederum der Esel in einer Fabel von Jean de la Fontaine. Der berühmte Dichter aus dem siebzehnten Jahrhundert war eine Art französischer Äsop, der jedoch mehr für Esel übrighatte als sein Vorbild. Er hat Aliboron 1668 mit der Fabel *Die Diebe und der Esel* ein unsterbliches Denkmal gesetzt:

Zwei Diebe prügelten um einen Esel sich,
den sie geraubt; behalten wollte ihn der eine,
verkaufen gleich der andre. Jämmerlich
zerbläut das edle Paar sich drum in blut'gem Raufen.
Ein dritter Spitzbub kommt zum Ort –
und führt den Meister Langohr fort.

Manch armes Land ist wohl dem Esel zu vergleichen
und mancher Fürst aus fernen Reichen,
wie aus Sibirien, Ungarn und der Türkei,
den Dieben. Statt der zwei sind's manchmal drei –
nur allzu häufig ist die Sorte heute!
Doch von dem Kleeblatt fällt oft keinem zu die Beute:
ein vierter Räuber kommt daher und – schnapp,
jagt er den Esel ihnen ab.

An besagtem Märzabend stellte man im Beisein von Frédé eine Staffelei im *Lapin* auf und brachte »Joachim-Raphael Boronali« dazu, sich der weißen Leinwand rückwärts zu nähern. Dorgelès und sein Kumpan André Warnod befestigten sodann einen in Ölfarbe getauchten Pinsel am Schwanz des Esels, der kreuz und quer über die Leinwand fegte. Von Zeit zu Zeit wurden Pinsel und Farbe ausgetauscht und so entstand eine Komposition in Blau, Rot und Grün. Für das leibliche Wohl des Malers war reichlich gesorgt. »Ich musste ihm nur eine Karotte unter die

Nase halten und schon nahm er die Malerei mit dem Schwanz hocherfreut wieder auf«, schrieb Dorgelès. In wenig mehr als einer Stunde, unter den Augen einer großen Zuschauermenge, die sich inzwischen im *Lapin* eingefunden hatte, verdrückte Lolo »einen Kohlkopf, mehrere Endiviensalate, einen Kopfsalat, Radieschen, Spinat, Sellerie …«. Das Ergebnis war ein impressionistisches Gemälde, *Coucher de soleil sur l'Adriatique* (Sonnenuntergang über der Adria), eine Farbkomposition aus fließenden Rosa- und strahlenden Blautönen, ein atemberaubendes Debüt.

Sechs Tage später öffnete der *Salon des Indépendants* seine Pforten, wo Künstler ihre Werke ausstellten, in hautnahen Kontakt mit der Öffentlichkeit kamen und entdeckt zu werden versuchten. *Coucher de soleil sur l'Adriatique* entpuppte sich als Publikumsmagnet; die Kunstbeflissenen pilgerten in Scharen dorthin, um einen Blick auf das Meisterwerk des Begründers des Exzessionismus zu werfen. »Wo soll da das Meer sein?«, fragte eine Frau ihren Mann. »Da unten natürlich.« – »Aber das ist ja rot!« – »Na und? Der ist mit Sicherheit Futurist!« … Schon bald griff die Presse den Fall Boronali auf. Ein Kunstjournalist erklärte, das Gemälde offenbare einen »Exzess der Persönlichkeit«; ein anderer meinte darin das »Temperament eines geistig verwirrten Koloristen« zu erkennen und wieder andere sprachen von einem »frühen Meisterwerk«. Die Meinungen waren offensichtlich geteilt. Dann redete Dorgelès Klartext mit der Tageszeitung *Le Matin* und die Katze war aus dem Sack: Boronali war ein Esel! *Coucher* war mit dem Schwanz eines Esels gemalt worden!

Was dem Bekanntheitsgrad des Bildes und des Künstlers Lolo keinen Abbruch tat. Ganz im Gegenteil: Nun herrschte ein noch größerer Andrang im *Lapin*, alle wollten einen Blick auf Frédés Esel erhaschen, brachten Blumen, schrieben Grußkarten. So manche Maler beneideten Lolo, weil er berühmter war, als sie jemals sein würden. Journalisten veröffentlichten Künstlerporträts über ihn, aber er blieb bodenständig und »bescheiden«, typisch Esel. »Wenn alle unsere Gefährten so wenig Aufhebens von sich machten wie er«, beobachtete Frédé, »hätten wir hier unsere Ruhe.« Schließlich wurde das Bild für vierhundert Francs verkauft, ein sagenhafter Preis zu einer Zeit, in der ein Bild von Raoul Dufy im Durchschnitt für ein paar Sous den Besitzer wechselte. Im Laufe der Jahre wuchs Lolos Ruhm zunehmend, nicht nur als kluges Tier, sondern auch als legendärer Künstler. Und so findet sich in dem einflussreichen *Dictionnaire de paintres* von Bénézit der Eintrag: »Boronali, J.R., Maler, geboren in Genua, 19. Jahrhundert (Italienische Schule).«

29

Doch die Geschichte hat ein trauriges Ende. Während des Ersten Weltkriegs wurde Lolo in das Dorf Saint-Cyr-sur-Morin evakuiert, heute eine Zugstunde vom Pariser Gare de l'Est entfernt. Dort konnte er in Frieden mit den benachbarten Eisvögeln auf saftigen Weiden grasen, an dem von Weidenbäumen gesäumten Ufer des Flusses Petit Morin, unweit des Hauses, in dem Frédés Schwiegersohn lebte, Pierre Mac Orlan, einer der größten französischen Schriftsteller des zwanzigsten Jahrhunderts. Frédé liebte die Stille von Saint-Cyr und besaß ein kleines Häuschen in Armenats, einem der umliegenden Dörfer. Saint-Cyr wurde bald für viele *Montmartrois,* die dem von Menschenmassen und Preisinflation heimgesuchten Paris entfliehen wollten, zur

Zufluchtstätte, einem zweiten Montmartre am Fluss. Die eingeschworene Gemeinschaft traf sich fünf Gehminuten von Mac Orlans Domizil entfernt auf der anderen Seite einer Steinbogenbrücke, im *L'Oeuf Dur* (»Zum hartgekochten Ei«). Für die Bohème aus dem *Lapin Agile* wurde es zur zweiten Heimat, fern von zu Hause.

Nach den stillen Tagen in Saint-Cyr sehnte sich Lolo jedes Mal danach, Frédé wieder nach Paris zurückzubegleiten. Er vermisste den Trubel: die Bewohner der Butte, die von Flöhen wimmelnden Cabarets, die Sentimentalität des Alltags, die Spaziergänge mit Frédé durch die schmutzigen Gassen des Viertels. Vielleicht vermisste er auch seine ruhmreiche Zeit als Boronali vor der Staffelei? Es ist bekannt, dass Esel nicht gerne alleine sind, dass sie betrauern, was sie verloren haben, geliebte Menschen, vertraute Anblicke und Geräusche. Lolo schien sich nie an die Landluft zu gewöhnen und seinen unfreiwilligen Kuraufenthalt dort zu akzeptieren. Eines Tages dann fand man den armen alten Esel leblos im Fluss treiben.

War er ertrunken? Oder hatte er sich, wie einige mutmaßten, mit Bedacht in die Fluten gestürzt? Ein Selbstmord bei einem Esel? Ist das möglich, denkbar? Die Legende besagt, dass sich Mohammeds Esel Ya'foor in seiner Trauer über den Tod des Propheten in einen tiefen Brunnen gestürzt und sich somit seines Eintritts in das muslimische Paradies beraubt habe. Möglich wäre es also. Dorgelès jedenfalls war überzeugt, dass sich Lolo das Leben genommen hatte – so wie etliche verzweifelte Künstler. Bis zu einem gewissen Grad gab er sich selbst die Schuld daran: Schließlich war er es, der den Esel aus seinem unbeschwerten Leben herausgerissen und zu einer Berühmtheit gemacht hatte, geplagt von den üblichen Problemen der Prominenz. War Lolo der Vermenschlichung und somit dem allzu menschlichen Laster der Eitelkeit zum Opfer gefallen?

*

Es war ein eisiger Tag, als ich auf der Steinbogenbrücke von Saint-Cyr stand. Ich sah weder Eisvögel noch Esel. Aber ich konnte mir Lolo vorstellen, der im Sommer unter den Weiden graste. Das ganze Département Seine-et-Marne war in gleißende Helligkeit getaucht, nachdem es am Vortag geschneit hatte. Keine Menschenseele weit und breit. Ich stapfte durch den Schnee, hörte, wie der Wind zwischen den Bäumen pfiff, spürte, wie es eisig vom Petit-Morin-Fluss herüberwehte.

Bald darauf erreichte ich eine Ansammlung von fünf oder sechs Häusern, zweistöckig und anheimelnd, alle mit dem typischen rosafarbenen Putz aus Gips und hellblauen Türen und Fensterläden. Sie blickten auf ein offenes Geviert hinaus, einen weitläufigen öffentlichen Rasen. Man konnte sich gut vorstellen, wie die alten Gefährten auf diesem Platz *boules* spielten. Links in der Ecke, neben einem großen Scheunentor, befand sich die alte Jugendstil-Wandmalerei des *Oeuf Dur*, verblasst, aber immer noch erkennbar: Das »hart gekochte Ei« springt einem mit seinen übertriebenen Dimensionen geradezu ins Auge. Es wird von einer jungen Nymphe hochgehalten, deren Fröhlichkeit und Flamboyance die Zeiten überdauert hat, genau wie das Lokal, das trotz des fortgeschrittenen Alters und des Ruhestands, in dem es sich befindet, im Herzen jung geblieben ist.

Ich wollte die Welt des Pierre Mac Orlan mit eigenen Augen sehen und erleben, wollte sein vergilbtes, in die Jahre gekommenes Universum riechen und berühren, das in meinen Augen wichtige Lektionen enthielt. Er wohnte so nahe am *Oeuf Dur*, dass er von seiner Hintertür aus in Hausschuhen hinübergehen konnte, um sich dort mit seinem Schwiegervater Frédé und den Gefährten vom Montmartre zu treffen. Dort konnte er Pfeife rauchen und Lolo dabei zusehen, wie er seinen berühmten Schweif hin und her schwingen ließ. Ich erinnere mich, Gribouille, wie ich von einem Fuß auf den anderen trat, um mich warm zu halten, als ich im kalten Licht nach herzerwärmenden Erinnerungen an diese längst vergangene Zeit suchte, nach gefühlvollen Lektionen, die man in den heutigen Lehrplänen nicht mehr findet.

Um Hinweise zu erhalten, besuchte ich das nicht weit entfernte Musée des Pays de Seine-et-Marne, das dem Andenken Pierre Mac Orlans gewidmet ist. Dort waren alle möglichen persönlichen Besitztümer aufbewahrt, Dokumente, Originalmanuskripte, Erstausgaben seiner Bücher, Schätze, die an bestimmten wichtigen Seiten aufgeschlagen waren, Aufzeichnungen und Videos, Fotos aus dem *Lapin Agile*. Auf einem ist Frédé neben Lolo abgelichtet: Die beiden sehen aus, als wären sie auf der Flucht, lugen zur Tür hinaus, misstrauisch, nach Ungemach Ausschau haltend. Frédé füttert Lolo mit einem Leckerbissen, vielleicht einer Karotte. Das Bild hat mich tief berührt: ein letztes Zeugnis einer unschuldigen Generation.

Ein beinahe unscheinbares Buch in der Vitrine beeindruckte mich sehr, alle sechzig Seiten: das *Petit Manuel du Parfait Aventurier* (1920), das kleine Handbuch des perfekten Abenteurers. »Man kann mit Fug und Recht behaupten, dass es keine Abenteuer gibt«, sagte Mac Orlan. »Sie existieren nur in der Vorstellung derer, die sie suchen, und verflüchtigen sich, wenn man sie gefunden zu haben glaubt. Und falls es dennoch gelingt, ihrer habhaft zu werden, stellt man fest, dass es sich nicht lohnt, sie genauer in Augenschein zu nehmen.« Mac Orlan unterstrich die Bedeutung geistiger Abenteuer, Abenteuer, die wir in unseren Träumen, im meditativen Denken, in scheinbar nutzlosen Tagträumereien erleben. Er hält nichts von Hightechabenteuern. Zu explosiv, sagt er, zu chemisch, zu laut; sie können das Interesse der Menschen nicht lange fesseln. Diejenigen, die sich darauf einlassen, sind unentwegt auf der Suche nach immer lauteren Geräuschen, immer riskanteren Sprüngen aus immer größerer Höhe, immer gefährlicheren Expeditionen auf Berggipfel, durch Wüsten, heimtückische Dschungel und unberührte Landstriche oder was auch immer. Sie suchen die Ablenkung, das Freizeitvergnügen, die Erfahrung, sich von allem zu lösen, zu *vergessen*, zumindest für einen Tag, für eine Woche. Oder einen Urlaub lang, wenn man Glück hat.

Doch es gibt Abenteuer und Abenteurer anderer Art: Menschen, die weniger zum Aktivismus neigen, sondern zum nachdenklichen, reflektierenden Typus gehören, die Abenteuer in den stillen Nischen einer Bibliothek, in Seitenstraßen, auf einem Barhocker, vor dem offenen Kamin, in ihrem Innenleben suchen, entdecken, erfinden. Vielleicht sind sie mit einem Esel unterwegs, auf freier Flur in gemächlichem Tempo, den Blick auf einen hin und her pendelnden Schweif gerichtet, Gribouille. In der Grauzone zwischen Realität und Fantasie finden wir das wahre Abenteuer, das, was Mac Orlan als *passives Abenteuer* bezeichnete.

Vielleicht sind auch wir passive Abenteurer, Gribouille, Forscher in einsamer Mission, in hautnahem Kontakt mit der Vergangenheit, die sich auf Wanderschaft begeben haben und zum Tagträumen neigen. In unseren Abenteuern gibt es nur Bäume, unter denen wir rasten, Linsen zum Fressen, Wege, die zum Erkunden einladen, streunende Pferde, die wir in die richtige Richtung führen, Zeit, uns selbst zu begegnen, zu entdecken, aus welchem Stoff wir wirklich gemacht sind. Landkarte und Kompass sind überflüssig. Eine solche Reise ist weniger spektakulär, weniger riskant und dennoch bereichernd und genauso faszinierend. Wir bestimmen selbst, wie vielen Gefahren wir ins Auge sehen wollen. Doch vergiss nicht, mein Freund: Hier gibt es nichts zu erobern, niemanden zu besiegen – außer vielleicht uns selbst.

An jenem Abend, nach dem Besuch des Museums, aß ich auf Empfehlung der Kuratorin Madame Baron im *Plat d'Étain*. Monsieur Legrand, der *patron*, ist ein untersetzter, jovialer älterer Herr mit Fliege und gepflegtem weißem Schnauzbart, der seine Gäste stets an der Tür empfängt. Der »Zinnteller«, dem das Lokal seinen Namen verdankt, hängt an der Wand des *salle à manger*; der kleine Speisesaal ist, wie in Frankreich üblich, ruhig und hell beleuchtet. Das Beef Bourguignon schmeckte umso besser angesichts der Tatsache, dass ich in Mac Orlans Stammlokal saß. »O ja, er war hier Stammgast«, erzählte mir Monsieur Legrand begeistert. »Er saß immer dort drüben mit seinen Freunden, trug eine Baskenmütze, rauchte seine Pfeife und erzählte Geschichten.« Monsieur Legrand war hocherfreut, dass sich noch jemand für den verstorbenen Mac Orlan, Frédé, Lolo und die verruchten Künstler interessierte, deren Erinnerung in dieser Gegend hochgehalten wird. Mich freute es, Monsieur Legrand eine Freude gemacht zu haben.

Draußen, im kalten Halbdunkel einer einzigen trüben Straßenlaterne, fiel mir plötzlich wieder ein, was Mac Orlan in einem seiner mehr als hundert Bücher geschrieben hatte: »Es gehört zu den größten Vorzügen der Franzosen, dass sie sich darauf verstehen, ein paar Häusern und Bauerngehöften, zwei oder drei Straßenlaternen und einem traurigen Café, in dem man Domino spielt und vor Langeweile stirbt, eine anheimelnde Atmosphäre zu verleihen. Nicht, dass die Franzosen liebenswerter wären als alle anderen Menschen auf unserem weitläufigen Planeten Erde, aber sie wissen, wie sie eine gewisse Behaglichkeit in ihr bescheidenes Dasein bringen.«

*

Ich habe einige dieser traurigen Cafés mit eigenen Augen gesehen, gewöhnlich morgens, wenn wir uns zum Aufbruch rüsten. Ich versuche, Gribouille irgendwo anzubinden und auf die Schnelle einen Kaffee zu trinken, der oft auf sich warten lässt, weil die Besitzer keinen Grund haben, sich zu beeilen. Ich bestelle und trete wieder zur Tür hinaus, auf der Suche nach einem Platz im Freien, damit ich meinen Gefährten im Auge behalten kann. Meistens sitzt schon jemand in der Gaststube, ein alter treuer Stammkunde, der alleine an einem Tisch sitzt, zu gleich welcher Stunde ein Glas *eau de vie* in der Hand hält und ins Halbdunkel, ins Leere starrt. Die Atmosphäre hat etwas Melancholisches, es riecht nach Staub, Moder und Verfall, charakteristische Eigenschaften eines französischen Dorfcafés. Einige *bars* fahren zweigleisig, verkaufen als Kiosk im Miniaturformat Tageszeitungen, Zeitschriften und Zigaretten. Gelegentlich fungieren sie auch als *dépôts de pain* und bieten Brot oder ein kleines Sortiment der wichtigsten Lebensmittel feil. Zuerst kamen sie mir trist und überholt vor, beim Eintreten schauderte mich bereits; doch nach und nach begann ich sie zu schätzen, die kleinen Freuden des einfachen, bescheidenen Lebens, und erkannte den Wert dieser organisch gewachsenen Oasen der Ruhe in einer hektischen, von künstlichem Licht überfluteten Welt. Es sind Refugien, in denen man dösen, Abenteuer erfinden und vielleicht Domino mit einem Esel spielen kann.

Was für ein Kontrast zu New York! Ich habe in Manhattan keinen einzigen Ort gefunden, an dem ich im melancholischen Halbdunkel in Ruhe beim Morgenkaffee sitzen konnte, bei einer Tasse tröstlich dampfenden Friedens – einer richtigen Tasse mit Untertasse! –, um mich für einen weiteren Tag in meinem Erdenleben zu rüsten. Stattdessen war ich gefangen in einer Endlosschleife aus Reden und Geschäftigkeit, Schlangestehen und Hektik, Stress und Pappbechern. Das alles verlieh meinem Leben einen vermeintlichen Anstrich von Normalität, den ich nach einer Weile geradezu suchte. Ich fand es aufregend und stimulierend, Kraft spendend und befreiend, in einer anonymen Menschenmenge zu sitzen, ohne dass jemand Notiz von mir nahm.

Gribouille befindet sich ganz in der Nähe. Ich habe ihn an das Gitter gebunden, mit dem das Ehrenmal auf der Dorfkreuzung von Céaux d'Allègre umgeben ist. Dort gibt es ein Fleckchen Gras. Eine Weile scheint er damit zufrieden zu sein. Ich kann ihn von der Stelle aus sehen, an der ich sitze, auf der »Terrasse« eines Cafés – eigentlich nur ein paar Tische unter einer verblichenen Markise, die für Fanta wirbt. Der Innenraum des Cafés ist leer, bis auf den Wirt, der Gläser spült. Sein Hund, eine Promenadenmischung, döst unter einem Barhocker. Es ist später Nachmittag und der Himmel ist bedeckt, bleiern, ein Wetterumschwung offenbar, es ist kalt für die Jahreszeit. Hier scheint die Welt stillzustehen. Samstagnachmittag. Zumindest glaube ich, dass Samstagnachmittag ist. Ein paar Halbwüchsige fahren auf ihren Rädern vorüber, murmeln etwas über den Esel und lachen. Ich kann nicht verstehen, worum es ging.

Ich trinke eine große Schale Kaffee, stark, ohne Milch oder Zucker, und sinne darüber nach, was bleibt, wenn die beständige Reizüberflutung aufhört, die Dynamik im Leben auf Zeitlupentempo gedrosselt wird. Wenn auch die Menschenmassen der Vergangenheit angehören. Wenn ich alleine dasitze wie jetzt, in der Stille, lenken mich *die anderen* nicht mehr ab; ich bin ihnen nicht mehr ausgeliefert, muss nicht teilhaben an ihren Handy-Gesprächen oder lauten Diskussionen. Ich kann es nicht, selbst wenn ich wollte. Es gibt hier keine derartigen Störungen oder Ablenkungen. Es ist verblüffend, wie schwierig das zuerst für mich war. Anfangs stellte sich ein Gefühl der Leere bei mir ein, ich kam mir vor, als sei ich auf Entzug, so sehr vermisste ich den Trubel, die Ablenkungen. Zudem fiel ich auf wie ein bunter Hund, wie ich alleine bei meinem *petit* Kaffee saß, mit meinem komischen Akzent sprach und niemanden kannte. Das machte mich befangen. Nicht immer eine gute Sache! Das Gefühl, dazuzugehören, irgendwo anders ein Zuhause zu haben, war mir abhandengekommen. Ich verspürte eine seltsame Leere, war nicht mehr *dort*, aber auch noch nicht *hier*. Ich war nirgendwo, bin nirgendwo. Und dennoch, mit der Zeit machte ich mehr und mehr interessante Erfahrungen; die Leerstellen füllten sich zusehends und ein bescheidener innerer Reichtum fiel mir zu im bewussten Erleben jedes Augenblicks.

Das Gefühl, wahrgenommen zu werden, ist ohnehin nicht so schlecht. Die Schutzhülle der Anonymität zu verlieren zwingt mich dazu, Farbe zu bekennen, etwas von mir preiszugeben. Mich zu fragen: Wer ist dieser Mann mit dem Esel? Eine gute Frage, die sich jeder hin und wieder stellen sollte! In der Stille erkannte ich auch, dass dieser Strudel des Lebens, dieser schillernde Aktionismus, den ich als Lebensform gewählt hatte, in Wirklichkeit die Realitätsflucht eines Erwachsenen ist, ein billiges Abenteuer mit wenig Tiefe. Und es bedarf dafür auch nur wenig Fantasie. Unser Leben gleicht dem Schicksal einer Schaufensterpuppe: Die Mode wechselt, die Kleidung wechselt, alles geschieht nur noch an der Oberfläche. Und manchmal, in einem Moment der Erkenntnis, erblickt man das eigene Spiegelbild im Schaufenster – eine weitere Schaufensterpuppe auf dem Sprung, die den Bürgersteig entlangeilt.

Hier gibt es nur wenige Schaufenster und keinerlei glanzvolle Fassaden, keine Knüller, keinen Klamauk. Die Kapelle spielt nur wenige Male im Jahr an Feiertagen oder am 14. Juli, dem Jahrestag der Erstürmung der Bastille, und sie spielt meistens falsch. Und erst die endlosen Reden, die von den Bürgermeistern der Dörfer gehalten werden! Doch wenn man lange genug dasitzt und es schafft, wach zu bleiben, spürt man eine Textur des Lebens, eine Kultur und Tradition, die unbemerkt erhalten wird, eingebettet in ein Baguette, eingearbeitet in ein Stück Käse, eingebracht in eine kleine Schale Kaffee, die man in der Ecke eines traurigen Cafés trinkt. Es ist ein leiser, stiller Zauber, der unangekündigt durch die Hintertür kommt. Die Gedanken eines passiven Abenteurers …

30

ALLEZ-HOP! Wir sind auf dem Weg nach Süden, in Richtung Allier Gorge, zu den tiefer liegenden Ebenen milderen Klimas. Zum ersten Mal habe ich das Gefühl, zu wissen, wohin ich gehe, habe einen klaren Plan vor mir, welchen Zielort wir ansteuern. Ich werde noch darüber berichten, an späterer Stelle. Vorher müssen wir noch ein Stück näher an die Windmühlen heran. *Les éoliennes* werden sie von den Einheimischen genannt, nach Aeolus, dem griechischen Gott des Windes; moderne Elektrizität produzierende Monster, die Don Quijote in Angst und Schrecken versetzen würden: »Dort stehen sie und schwenken ihre gewaltigen Arme, manche davon bis zu zwei Meilen lang!« In mehreren Reihen ragen sie am Horizont auf, mit mächtigen Flügeln, die sich im Wind drehen. Sobald wir sie sichten, werden wir wissen, dass wir auf dem richtigen Weg sind und unser Vorhaben unter einem guten Stern steht; wir wissen, dass sie wirklich zu den Riesen zählen.

Wir werden den Wald von Livradois bald hinter uns lassen und uns einen Weg nach Westen bahnen müssen, in Richtung Jax, immer der untergehenden Sonne folgend. Vor uns liegen gewundene Trampelpfade und schmale asphaltierte Straßen, die steil bergab verlaufen, zu beiden Seiten von Bäumen gesäumt. Sobald wir den Wald verlassen haben, öffnet sich die Landschaft, breitet sich vor uns aus. Wir werden meilenweit sehen können, ein Panoramablick von mehr als hundertachtzig Grad, ein gigantisches Amphitheater unter freiem Himmel mit fantastischen Ausblicken auf sanfte Hügel und imposante Vulkane, die zuletzt vor achttausend Jahren ausgebrochen sind, den Puy du Sancy und den Puy-de-Dôme, deren Gebirgszüge sich bis Clermont-Ferrand erstrecken. Das

Auge muss sich auf ein immenses Repertoire von Grüntönen einstellen.

Der Weg ist staubig und mit rotem Geröll bedeckt. Ich spüre, dass mit Gribouille etwas nicht stimmt; er hält immer wieder an, bleibt stehen, weigert sich weiterzugehen. Das ist seltsam, weil es langsam und sanft bergab geht. Also runter mit dem Packsattel und die Füße überprüfen, schauen, ob es ein Problem gibt. Ich habe einen kleinen Stoffbeutel mit Dingen dabei, die man unterwegs gut gebrauchen kann: Striegel, ein kleiner Tiegel mit einer Kräutersalbe, einer weißen Paste für die Wunde an Gribouilles linkem Auge, wo sich die Fliegen zu sammeln pflegen, etwas Schnur und ein Hufkratzer. Ich tippe ihn unter dem Knie an, am Sprungbein des Hinterlaufs. Er hebt gehorsam den Fuß. Nichts zu sehen, außer festgetretenem Schlamm; ich kratze den Huf sorgfältig aus, mich von der Ferse zu den Zehen vorarbeitend. Auch unter dem Fuß des anderen Hinterlaufs hat sich nichts verfangen. Doch am linken Vorderlauf stecken große harte Kiesel in der Gabel des Hufs. Ich muss einiges an Kraft aufwenden, um sie zu entfernen, und das so rasch wie möglich, weil Gribouille Mühe hat, das Gleichgewicht zu halten. Na also: Ich nehme an, die Ursache seiner Unwilligkeit weiterzugehen gefunden zu haben.

*

Ich wische mir die Hände an den Shorts ab, die immer schmutziger werden; ich sehe inzwischen ziemlich verwahrlost aus, wie ein bärtiger Landstreicher, der dringend ein Bad und frische Kleidung gebrauchen könnte. Wenn wir so weitermachen, werden wir bald Frédé und Lolo gleichen, ein Robinson Crusoe aus der Auvergne, der mit

Freitag auf Achse ist und vergebens den vorbeifahrenden Schiffen zuwinkt. Die Leute werden bald einen großen Bogen um uns machen, uns meiden, sobald wir näher kommen, mit Klippklapp die Stadt betreten. Ich sehne mich danach, in meinem eigenen Bett zu schlafen, doch das muss warten. Weiter geht's.

Eselshufe sind faszinierend, wenn man darüber nachdenkt, wenn man sie einmal genauer betrachtet. Sie unterscheiden sich von Pferdehufen: sie sind kleiner, zarter und schräger, wie Babyfüße. Doch diese Babyfüße sind härter und biegsamer als die eines jeden Pferdes. Aus diesem Grund gehen Esel im Grunde barfuß: Sie müssen keine Hufeisen tragen, sie brauchen sie nicht. Worauf sie gehen, ist Natur pur, Haut, Knochen und organisches Gewebe wie Horn, spiralförmige Hornröhrchen, die wie menschliche Zehennägel immer weiterwachsen und lang werden, wenn man sie nicht regelmäßig schneidet.

Die Fußpflege ist ungeheuer wichtig bei einem Esel und Pilzinfektionen oder eingewachsene Zehennägel sind für sie genauso unerfreulich wie für uns Menschen. Aus diesem Grund sind Esel nicht besonders erpicht darauf, auf harten Oberflächen oder Wegen mit Schotter und Geröll zu gehen. Fußprobleme kommen deshalb auch ziemlich häufig vor. Denn um ein gesundes Hufwachstum zu gewährleisten, sind eine gute Durchblutung und regelmäßige Dehnung unerlässlich. Das bedeutet, mobil bleiben, ausreichende Bewegung. Experten sagen, um auf lange Sicht ein gesundes Hufwachstum zu erhalten, sollten Esel täglich rund fünfzehn Kilometer auf verhältnismäßig festem Untergrund zurücklegen. Die Hufe sind der Bewegung angepasst, der Aktivität. Die Gesundheit von Eseln mit »sitzender Lebensweise«, also Bewegungsmangel, lässt genau wie beim Menschen zu wünschen übrig.

Wild lebende Esel, die sich tagein, tagaus auf die Suche nach Futter und Wasser begeben und dabei weite Strecken zurücklegen, brauchen vermutlich keine Fußpflege. Bei ihnen machen sich wahrscheinlich andere Gesundheitsprobleme bemerkbar. Wenn ein Hufschmied nicht alle zehn Wochen die Hufe eines domestizierten Esels trimmt, wachsen sie unablässig. Er entfernt Fremdkörper – Erde, Schlamm und Steine – und balanciert die Hufe aus, ähnlich wie beim Auswuchten von Autoreifen, damit sie rund laufen und gleichmäßig abgenutzt werden. Das Ausbalancieren von Eselshufen verlagert die Gewichtsverteilung des Tieres in die Mitte, gewährleistet einen symmetrischen Gang und ermöglicht das Abfedern von Erschütterungen.

Einen geschundenen Esel erkennt man immer am Zustand der Füße. Saubere und gesunde Füße haben muntere, tänzelnde Schritte und einen zufriedenen Esel zur Folge, auch wenn er es nicht zeigt. Meine Mutter pflegte zu sagen, man könne einen Menschen nach dem Zustand seiner Schuhe beurteilen. Gott weiß, was sie sagen würde, wenn sie jetzt meine Stiefel sähe, alles andere als wohlriechend, abgewetzt und abgetragen, als wäre ich heimlich in die Bauernstiefel geschlüpft, die van Gogh malte. Ein Herumtreiber, von zweifelhaftem Charakter? Jemand, den man nie als Schwiegersohn akzeptieren würde?

*

In *Zum Beispiel Balthasar* gibt es eine unvergessliche Szene, in der Eselshufe eine Rolle spielen. Balthasar ist Eigentum eines versoffenen Vagabunden namens Arnold geworden, ein finsterer Mann mit einem schwarzen Bart. Arnold haust in einer Holzbaracke im Wald und trägt wie ein Veteran aus dem Ersten Weltkrieg einen zerknitterten wetterfesten Grabenmantel mit Gummiüberzug. Manchmal hat es den Anschein, als würde er unter einer Schützengrabenneurose leiden. Es wird nicht genau klar, wie, aber eines Tages wendet sich sein Glück: Arnold erbt ein Vermögen und bei Gérards Party, am Abend des Feuerwerks, schlägt er über die Stränge. Gedrängt von Gérard, schüttet er einen Whiskey nach dem anderen in sich hinein. Doch statt ausgelassen zu feiern, wird Arnold im Verlauf des Abends immer trauriger; er trinkt, um sein Unglück zu vergessen. Vielleicht betrachtet er es als Unglück, eine Erbschaft gemacht zu haben, als Pech, reich zu sein. Das Fest ufert aus, Arnold ist betrunkener denn je und neigt mehr noch als sonst zu selbstzerstörerischem Verhalten. In den frühen Morgenstunden verabschieden sich Gérard und seine Freunde von ihm und setzen ihn ohne Sattel auf Balthasar. Vielleicht ahnen sie schon, was kommen wird. Mit dem schwankenden Arnold auf dem Rücken trottet Balthasar in die unheilschwangere Nachtluft hinaus.

Außerhalb der Stadt, auf der pechschwarzen, stillen Landstraße lässt Arnold den Esel anhalten. Er schaut zu einem Hochspannungsmast empor; die Kameraeinstellung verweilt einen Moment an der Spitze. Dann verabschiedet sich Arnold schuldbewusst von der Welt und ihren Grausamkeiten, seine eigenen eingeschlossen. Zum Schluss nimmt er Abschied von Balthasar, der aufmerksam lauscht: »Lebewohl, mein treuer Freund, dazu verdammt, hierzubleiben und zuzuschauen, wie die immer gleichen Torheiten kommen und gehen!« Dann klettert Arnold den Mast hinauf und stürzt sich in die Tiefe. Der Fall wird im Zeitlupentempo gezeigt, was den dramatischen Effekt verlängert und verstärkt. Arnolds Kopf prallt auf den Asphalt, den Belag moderner, viel befahrener Straßen. Dann folgt eine erstaunlich lange Nahaufnahme von Arnolds zertrümmertem Schädel neben Balthasars Hufen. Die Hufe muten an wie Relikte aus einer anderen Zeit, wie die Überbringer einer uralten Wahrheit. Sie stehen absolut reglos da. Man sieht nie Balthasars Gesicht, aber man kann sich den unbewegten, in weite Ferne gerichteten Blick vorstellen. Niemals haben die Hufe eines Esels eine solche Bedeutungsschwere erhalten und so viel über das menschliche Schicksal offenbart.

31

Ich kann praktisch mit einer Hand die Beine eines Esels umfassen, kann um Schienbein, Fesseln und Fußgelenk herumgreifen. So dünn sind sie. Der Rücken eines Esels ist dagegen unglaublich kraftvoll und robust – stark wie ein Fels. Doch es sind die kleinen schlanken Beine, die den Rücken stützen, die Last tragen und trittsicher gehen. Es war in Marokko, Gribouille, wo ich das erste Mal Esel mit einer unglaublich schweren Last auf dem Rücken sah. Ein nachhaltiger, ein unauslöschlicher Eindruck. Ich befand mich in Marrakesch, saß auf einer Holzbank unweit des Souk in der alten Medina in der Novembersonne und beobachtete das Großstadttreiben, ein Chaos, auf das ich verzichten konnte, und wünschte mich weit fort. Ich hatte kein Interesse an marokkanischen Teppichen, schmuckvollen Lampen, Ledertaschen und Kaftanen. Ich interessierte mich für nichts, was hier feilgeboten wurde, was man mir im Basar aufzudrängen versuchte. Ich war mir nicht sicher, warum ich überhaupt hergekommen war, warum ich hier saß, warum ich mich in das Gewimmel gestürzt hatte, mich von den Menschenmassen mitreißen ließ.

Doch die Esel weckten mein Interesse. Ein Interesse, von dem ich nicht gewusst hatte, dass ich es besaß. Ich entdeckte eine neue Seite an mir, etwas, das bisher tief in mir verborgen gewesen war; ich fühlte mich tief berührt. Ich brauchte einige Zeit, bis ich ihn verarbeitet hatte, diesen Augenblick der Erkenntnis. Sie waren überall, ich hatte noch nie so viele Esel im Herzen einer Großstadt gesehen, im Zentrum des ökonomischen Lebens dieser quirligen Metropole, trotz der vorbeischwirrenden Mercedes-Edelkarossen, der imposanten Banken und staunenden Touristen. Die meisten Geschäfte in Marrakesch, die offiziellen wie inoffiziellen, wurden nach wie vor per Eselskarren abgewickelt, die Holz und Waren aller Art, Automotoren und Gemüse transportierten. Es lässt sich schwer beschreiben, aber als ich dort auf der Bank saß wie ein Fremder von einem anderen Stern, fühlte ich mich völlig losgelöst vom Getümmel ringsum, abgeschottet von den Touristen und »Schleppern«, von einer Energie, die alle so »ansteckend« fanden, die mir »ganz sicher gefallen würde«, wie es hieß.

Der einzige Bezug, den ich zu Marokko herstellen konnte, war der zu den Eseln. Wir befanden uns auf einer Wellenlänge. Sie bewegten mich, rührten etwas in meinem tiefsten Innern an: ihre Gemütsruhe, ihre heitere Gelassenheit und ihre Kraft waren erstaunlich, bewundernswert. Menschen sind Leichtgewichte verglichen mit Eseln, schwächer, weniger tiefgründig. In der Innenstadt herrschte ein ohrenbetäubender Lärm. Smog, Schmutz, Ruß und Tabaksqualm bildeten eine Dunstglocke, die alles einhüllte. Doch die Esel standen ungerührt da, die Köpfe gesenkt, ein wenig traurig über das Ganze und über das Ganze hinaus. Ihre Miene blieb ausdruckslos, unbeirrbar, sie schienen friedvoll in sich zu ruhen, wirkten beinahe unbesiegbar. Ich wäre am liebsten durch die Stadt gelaufen und hätte jeden gestreichelt, umarmt und ihnen wie Samuel Taylor Coleridge meine Loyalität bekundet, meine unsterbliche Zuneigung: »I love the languid patience of thy face / And oft with gentle hand I give thee bread / And clap thy ragged coat, and pat thy head … I hail thee *Brother!*« (Ich liebe sie, die träge Langmut deiner Miene / Und oft mit sanfter Hand reich ich dir Brot / Ich klopfe dein zerzaustes Fell und streiche über deinen Kopf … Ich grüße dich, mein *Bruder*!) Ich sah viele Esel, haarlos und mit blutigen Striemen, die oft von ihren Besitzern geprügelt wurden, Stockhiebe erhielten, immer auf die gleiche Stelle. Die Wunden waren aufgerieben, offen und von Fliegen übersät. Wenn ich die Hand hob, um ihnen über den Kopf zu streichen, wichen viele zurück und zuckten zusammen, als erwarteten sie einen Schlag. Sie waren nicht an Zuneigung gewöhnt. Niemand streichelte sie jemals. Ich musste sie erst überzeugen, meine Liebkosungen anzunehmen.

Marokkanische Esel hinterließen auch bei dem an Schwindsucht erkrankten George Orwell einen bleibenden Eindruck, der 1939 seiner angeschlagenen Gesundheit wegen den Winter in Marrakesch verbrachte. Das war vier Jahre, bevor er *Farm der Tiere* schrieb. Vielleicht hat Orwell dort, in Marrakesch, die Figur des alten Benjamin erdacht, zum ersten Mal von einem Esel geträumt, der die Welt mit philosophischer Gelassenheit betrachtet: »Ich befand mich noch keine fünf Minuten auf marokkanischem Boden, als ich auch schon das Überladen der Esel bemerkte und in Zorn geriet. Zweifelsohne werden die Esel hier auf das Verwerflichste behandelt. Der marokkanische Esel ist kaum größer als ein Bernhardiner; er trägt eine Last, die in der britischen Armee für ein Maultier mit einem Stockmaß von knapp eineinhalb Metern als zu viel erachtet würde, und oft bleibt der Packsattel wochenlang ununterbrochen auf seinem Rücken. Besonders beklagenswert ist, dass es sich um das gutmütigste Geschöpf der Welt handelt, das seinem Herrn wie ein Hund folgt und weder Zügel noch Halfter braucht. Nach einem Dutzend Jahren unermüdlicher Arbeit fällt der Esel plötzlich tot um, worauf sein Herr ihn in den nächsten Graben wirft und die Dorfhunde ihm die Gedärme herausreißen, noch bevor er erkaltet ist.«

In den afrikanischen Legenden heißt es, dass jeder Mensch eine tierische Entsprechung hat, ein Pendant, einen Doppelgänger. Hatte ich meinen in Nordafrika gefunden, in Marokko, meinen Bernhardiner, als ich auf der Bank saß, auf der Sonnenseite des Lebens? Es war das erste Mal seit Tagen, dass mir warm war. Ich ließ meine Gedanken schweifen in der goldenen Herbstwärme. Ein neues Projekt begann Gestalt anzunehmen, ein Buch über Esel und ihre menschlichen Doppelgänger, anders als alles, was ich zuvor geschrieben hatte, persönlicher, anschaulicher und ehrlicher. Die Wärme war angenehm, zumal ich in letzter Zeit ständig gefroren hatte in den Bergen, im Atlasgebirge unweit von Ouirgane, etwa sechzig Kilometer von Marrakesch entfernt. Dort war ich einige Tage zuvor gewesen, in einer Herberge namens *Le Sanglier qui Fume* (»Zum rauchenden Wildschwein«) früher ein Außenposten der französischen Fremdenlegion, dann ein Quartier für Wildschweinjäger und heute eine Auffangstation für Trekker und Touristen. Schneebedeckte Gipfel und vorgelagerte Hügel mit orangefarbener Erde umgaben das *Sanglier*. Der Himmel war türkisblau und wolkenlos.

Ich folgte einem Esel, der mit einem riesigen Stapel Feuerholz beladen war, beobachtete ihn bei der Arbeit, den Kopf gesenkt, der Inbegriff von Konzentration. Auf seinem Rücken trug er einen Berg in Miniaturformat; ein Esel, der nur halb so groß war wie du, Gribouille. Er bahnte sich seinen Weg auf einem Bergpfad, der wenig mehr als einen halben Meter breit war und auf einem Grat, genauer gesagt an einem gähnenden Abgrund entlangführte. Er bemaß jeden Schritt, setzte jeden Huf präzise auf. Seine dürren Beine zitterten unter der Belastung, doch er setzte einen Fuß vor den anderen, ausdauernd, beharrlich. Überall waren Esel mit Feuerholz unterwegs, mit ganzen Türmen von blassen, knochentrockenen Ästen. Leider steuerten nur wenige das *Sanglier* an. Es gab keine andere Heizmöglichkeit in meinem Zimmer als einen großen, prunkvollen offenen Kamin. Er sah aus wie ein gemauerter Ofen, in dem man Brot backen kann. Auf den ersten Blick wirkte alles luxuriös: rote hochherrschaftliche Sofas, elegante Couchtische aus dunklem Holz, üppige Vorhänge, weiche Bettwäsche. Doch offensichtlich fehlte es an Feuerholz, mit Ausnahme von ein paar armseligen Scheiten. Und sobald sie zu brennen begannen, füllte sich der Raum mit weißem Qualm. Sie spendeten nur wenig Wärme. Frostbeulen und Bronchitis erwarteten mich. Mir wurde einfach nicht warm. Ich hustete ununterbrochen. Ich hoffte, dass ich den nächsten Morgen erleben würde.

Früher am Tag war ich Omar gefolgt, meinem Fremdenführer, der flott unterwegs war, obwohl er hinkte. In den ersten Stunden, vom späten Vormittag bis drei Uhr nachmittags, war die Luft im Freien der reinste Balsam. Ich war rundum zufrieden, mit Omar auf Wanderschaft zu gehen, dem Sonnenuntergang zu folgen. Ein Auto hatte Omar vor geraumer Zeit angefahren, die Wunde am Bein war noch nicht verheilt und schmerzte. Er hob das Hosenbein und zeigte mir eine klaffende Wunde, die aussah, als befände sich eine Metallplatte darin. Er drückte auf die

Ränder und roter Eiter spritzte heraus. Esel kamen uns entgegen, mit Holz beladen, und nach ihnen andere, die Weizen trugen. Sie gingen bergauf und bergab, Tag für Tag, immerzu, ein Transportsystem mit großen Ohren, das Waren und ihre Besitzer trug, von denen manche im Seitsitz ritten.

Eine Stunde nach dem Aufbruch vom *Sanglier* erreichten wir die ersten entlegenen Berberdörfer. Sie hatten dort einige wenige primitive Generatoren für die Stromerzeugung und provisorische Leitungen, die von den Decken hingen; niemand besaß eine Heizung. Die Dorfbewohner trocknen ihre Kleidung auf den Südflanken der Berge. Beim Näherkommen entdeckte ich die bunten Farbkleckse: rot und gelb, orange und blau. Eine Weile folgten wir demselben Pfad wie zwei Berberkinder, hübsche kleine Mädchen, die den Berg erklommen, sich auf dem Heimweg von der Schule befanden, in Kopftücher gehüllt. Gelegentlich warfen sie einen Blick über die Schulter, musterten mich verstohlen und kicherten. Vor ihrem Haus fragten sie schüchtern, in gebrochenem Französisch, ob ich *un stylo*, einen Kugelschreiber, für sie hätte. Ich schenkte ihnen einen meiner blauen Filzstifte, die ich immer in großer Menge bei mir habe.

Die Mutter der Mädchen lud Omar und mich in das einfache Steinhaus ein. Wir saßen im Schneidersitz auf einer Matte in einem eckigen Raum ohne jegliches Mobiliar. Man brachte uns ein Tablett mit einer ziselierten Kanne, kleinen Tassen und Untertassen und wir tranken süßen Pfefferminztee. Dann bereitete uns eine alte Frau, die Großmutter der Kinder, ein köstliches Omelett zu und dazu gab es selbst gebackenes Brot. Draußen vor dem Haus waren die beiden Esel der Familie angebunden, ihre Lebensader, Silbergraue mit strahlend weißen Beinen, magische Tiere. Ich hatte sie schon vorher bemerkt, bei der Feldarbeit unweit der Olivenhaine, eine Plackerei ohnegleichen: sie zogen mit schierer Körperkraft einen Holzpflug hinter sich her, wie in England in der Zeit vor der Industrialisierung. Esel ersetzen hier die modernen Landmaschinen, die Bauern sich nicht leisten können und nie haben werden. In ehrfürchtigem Staunen tätschelte ich die beiden, als wir uns verabschiedeten. Sie standen da, wirkten wieder zart und kindlich, waren keine unbezwingbaren Lasttiere mehr. Ich betrachtete die schlanken weißen Beine, die kleinen eleganten Hufe, acht an der Zahl, acht Füße, die Wunder vollbrachten und im Sonnenlicht einen Stepptanz vollführten.

Und so erlebte ich auf besagter Bank in Marrakesch eine seltsame Offenbarung, Gribouille, als ich über den Alltag der dort heimischen Esel, die Kälte, *Le Sanglier* und den Raum voller Qualm nachsann. Sie trug letztlich dazu bei, dass wir beide uns begegneten. Ich weiß nicht genau, wie, aber der Weg führte hierher, zu dir. Ich hatte zum ersten Mal einen Blick auf deine schwer arbeitenden Verwandten geworfen. Danach wollte ich mehr wissen, wollte Einzelheiten erfahren. Und so fand ich einen Weg, nach Ägypten zu reisen, Gribouille, wo die Wiege der Esel steht.

32

Gizeh war faszinierend, eine exotische und surreale Landschaft. Die atemberaubenden Pyramiden von Cheops, Chefren und Menkaure (Mykerinos) leuchteten in der Ferne, zwischen Palmen und erstaunlich grünem, flachem, urbarem Land und der Wüste mit ihren wogenden Sanddünen, magische Bodenerhebungen aus geriffeltem Gold. Ringsum standen überall Gebäude, niedrige Wohnblocks, oftmals Bauruinen, deren oberstes Stockwerk ein gähnendes Loch war. Es sah aus, als hätte den Leuten die Zeit oder das Geld gefehlt, sie fertigzustellen, sie mit einem Dach zu versehen, Fenster einzusetzen, Wände zu mauern. Und überall sieht man riesige knochige Büffel, die unter Dattelpalmen auf provisorischen Koppeln neben Schafen und Ziegen grasen. Ägypter essen das Fleisch der männlichen Tiere und trinken die Milch der Büffelkühe oder verarbeiten sie zu Butter. Die Büffel überragen die knochigen kleinen Esel beträchtlich.

Manch einer hält Kamele für das traditionelle Lasttier in Ägypten. Doch Kamele wurden erst um 525 v. Chr. eingeführt, als die Perser die Herrschaft über das Land ergriffen, während Eselsknochen schon in einer Grabstätte der Maadi gefunden wurden. Die Maadi siedelten sich in prädynastischen Zeiten in Kairo an, um 4000 bis 3500 v. Chr., Tausende von Jahren vor der Ankunft der Kamele und der Perser. Seit ca. 3000 v. Chr., in der dynastischen Ära, waren die Esel die wichtigsten Lastenträger. Eine nie abreißende Prozession von Eseln, beladen mit Wasser und Getreide, versorgte die alte ägyptische Zivilisation, die Hochkultur, die uns die Pyramiden hinterließ. Für den Erhalt der Wirtschaftsbeziehungen zu fernen Ländern, auf Routen, die durch die unwirtlichen ägyptischen Wüsten führten, waren Esel unverzichtbar: Eselskarawanen zogen vom Niltal zum Wadi Hammamat und weiter zum Roten Meer, wo die Ägypter Handel mit Arabien trieben. Nach Europa gelangten die Esel schließlich 2000 v. Chr.: Sie begleiteten die Einführung des Weinanbaus, trugen die Traubenernten auf ihrem Rücken. Es waren die Griechen, die sowohl die Esel als auch die Weinstöcke in die Regionen der nördlichen Mittelmeerküste brachten, nach Italien, Spanien und Südfrankreich. Die Römer setzten Esel beim Bau ihrer Straßen ein; Straßen, die später wiederum von Eseln benutzt würden, sodass sie ihre eigene Verbreitung in Europa vorantrieben, indem sie den Römern halfen, ihr Imperium auszuweiten.

Im alten Ägypten wurden Esel eingesetzt, um zu pflügen und den unfruchtbaren Wüstenboden urbar zu machen, oder sie halfen beim Bierbrauen, indem sie die Gerste für den Fermentierungsprozess herbeischleppten. Sie trugen außerdem ein kunterbuntes Sammelsurium von Herrschern und Herrscherinnen auf ihrem Rücken, beispielsweise Königin Hetepheres: Sie reiste auf maßgefertigten hölzernen Tragstühlen, einem Vorläufer des Sattels, die auf den Rücken der Esel geschnallt wurden; einige Exemplare davon befinden sich heute im Museum of Fine Arts in Boston. Obwohl die Ägypter ihre kleinen Esel rücksichtslos behandelten, glaubten sie diese in Besitz einer heiligen Gabe: Eselsmilch galt als kostbares Getränk, als Geheimnis ewiger Jugend. Cleopatra hielt dreihundert Esel in ihren Stallungen und badete bekanntermaßen jeden Tag in Eselsmilch. Sie war überzeugt, das sei der Schlüssel zu einem zarten Teint und ein Rezept, um dem Alterungsprozess vorzubeugen. Sie hatte recht: Eselsmilch ist reich an Fettsäuren und Vitamin A, E und F, hat natürliche dermatologische Eigenschaften und eine verjüngende, regenerative Wirkung bei trockener Haut und Falten.

Endlich fuhren wir aus Kairo hinaus, ließen die verpestete Luft und das Verkehrsgewühl hinter uns. Ich saß auf dem Rücksitz eines Autos, dessen Fahrer bei jedem Lastwagen, dem wir begegneten, auf die Hupe drückte und ständig in die endlose Prozession von Eseln ein- und ausscherte. Es waren Hunderte von Eseln, die ganze Wagenladungen Obst und Gemüse, Säcke mit Getreide und Düngemittel, den ganzen Krimskrams des entbehrungsreichen Alltags auf dem Lande trugen. Ohne Esel käme die Wirtschaft hier zum Erliegen: Ohne ihre belastbaren Beine und Hufe, ohne ihren felsenfesten Rücken gäbe es in Ägypten keinen ländlichen Alltag, keine Händler, die ihre Produkte auf Märkten verkaufen, keine Bauern, die ihre Felder bestellen, keine Getreideernte, keinen Warentransport. Manchmal sieht man sie losgaloppieren, vor einen schweren Karren mit einem Berg grünem Salat gespannt, richtig loslaufen, um zu beschleunigen. Das schwere Gewicht hält sich selbst in Bewegung und ist leichter zu ziehen, sobald der Esel Fahrt aufgenommen hat – eine geschickte Taktik für ein langsames Lasttier. Doch meist sieht man sie in ihrem typischen trippelnden Gang vorbeitraben, mit ihren kleinen Beinchen, die unermüdlich ausschreiten, auf ihrem Rücken ihre Besitzer oder ganze Berge von Waren; Berge, so hoch wie die Pyramiden.

Die Pyramiden haben mir aus der Ferne besser gefallen. Ich war am Vortag dort, hatte an dem Touristenspektakel teilgenommen. Aus der Nähe wirkten sie unecht, wie eine Attrappe, als wäre ich plötzlich nach Las Vegas »gebeamt« worden. Albtraum oder Traum? Bestand zwischen beiden ein Unterschied? Wer konnte das Original von der Fälschung unterscheiden? Das Ganze fühlte sich irgendwie unecht an, *de*-naturalisiert und schäbig. Reisebusse trafen ein, die Menschen strömten scharenweise herbei, Straßenhändler priesen ihre Plastikpyramiden an, ihre billigen Miniatursphinxen und erboten sich als Fotografen. Alle waren sie auf das Geld der Touristen versessen. Der geheiligte Boden war mit Zigarettenstummeln übersät. Sollte ich lachen oder weinen? Wie konnte eine uralte Hochkultur so erbärmlich kitschige Züge annehmen?

Doch das war gestern. Heute war Montagmorgen, ein weiterer Montag in der Wüste, in Aoseem. Ich befand mich auf einem staubigen Dorfplatz, umgeben von Palmen, die sich unter der Last der Datteln bogen. Der Platz war übersät von herrenlosem Plunder, von Plastiksäcken und Getreideähren. Es gab keine richtigen Straßen im Dorf, nur holprige Schotterwege und die Bewohner lebten in unfertigen Betongebäuden. Hunde wühlten in den Abfällen. Brackige Flüsse, die letztlich wohl in den Nil münden, flossen in der Nähe vorbei. Auf dem Marktplatz gab es lange Tische, auf denen sich frisches Obst stapelte, und Cafés, vor denen Männer im Freien saßen, rauchten und Tee tranken. Der staubige Platz war voller alter Männer, kleiner Jungen und Esel, vieler, vieler Esel; überall hallten Eselsschreie, laute seelenvolle Rufe.

Heute hielt nämlich die Society for the Protection and Welfare of Donkeys and Mules in Egypt (SPWDME), die sich dem Schutz der Esel und Maultiere verschrieben hat, Sprechstunde unter freiem Himmel ab. Jede Woche besucht eine voll ausgerüstete mobile Einheit elf Dörfer rund um Gizeh und Kalubia und bietet kostenlose medizinische Versorgung von verletzten, misshandelten und überarbeiteten Eseln an. Die Organisation hat alle Hände voll zu tun. An jenem Morgen standen ungefähr siebzig geschundene Esel, entmutigt und vom Leben gebeutelt, böse zugerichtet und erschöpft vom Kampf, trotz der wunderbaren Herbstsonne mit gesenktem Kopf in Reih und Glied und warteten auf den Tierarzt Dr. Mohsen Hassan, der sie untersuchen, eine Diagnose stellen und eine Behandlung anordnen würde. Er ist einer der ruhigsten und geduldigsten jungen Männer, die ich kenne, Anfang dreißig, mit T-Shirt und Baseball-Kappe des größten Förderers der mobilen Klinik: dem Sidmouth Donkey Sanctuary.

Die alten Bauern und Händler, sonnenverbrannte und teilweise zahnlose Veteranen in langen Baumwollgewändern und zerschlissenen Sandalen, sind von den Eseln abhängig, um ihren Lebensunterhalt zu bestreiten. Hin und wieder trat ein vereinzeltes weibliches Wesen mit einem Esel vor, vielleicht die Frau eines Bauern oder eine Witwe. Alle lassen ihre Tiere hart arbeiten und verletzte oder kranke Esel zum Tierarzt zu bringen bedeutet einen Arbeitsausfall von einem ganzen Vormittag, eine schwerwiegende Einbuße für einen armen Bauern. Deshalb erhalten Arbeitsesel häufig keine regelmäßige ärztliche Versorgung. Vielleicht übernehmen auch deshalb viele Ehefrauen die Aufgabe, bei solchen Aktionen Schlange zu stehen.

Dr. Hassan glaubt, dass die schlechte Behandlung der Tiere eher auf Unwissenheit als auf Grausamkeit zurückzuführen ist. Die Leute verstehen nicht, dass auch ein Esel Schmerzen empfindet, sagte er. Die einheimischen Kinder seien dabei oft die Schlimmsten; sie behandeln Esel wie Fahrräder, sofern sie Fahrräder haben: wie seelenlose, gefühllose Maschinen und nicht wie Lebewesen. Sie behandeln die Esel sogar schlechter als ein Fahrrad, erklärte Dr. Hassan, schlagen sie mit Ruten, stoßen und treten sie, manchmal nur zum Spaß, einfach so. Was für ein Unterschied zu ihren Altersgenossen in der westlichen Welt! Vielleicht ein kultureller Unterschied, ein Unterschied in der Wahrnehmung: ein Arbeitsgerät verglichen mit einer flauschigen Attraktion in einem Streichelzoo. Das ist einer der Gründe, warum Dr. Hassan seine Sprechstunde stets mit einem Vortrag über das Wohlergehen der Esel beginnt. Und deshalb führt die SPWDME auch regelmäßig Besuche an Schulen durch, um das Bewusstsein der Kinder und Jugendlichen für die Achtung zu wecken, die allen Lebewesen gebührt – auch dem Esel.

Die Dorfbewohner standen vor einem Schaubild, das an einem Baum hing, und hörten sich Dr. Hassans Ausführungen an. Sogar die Esel wirkten interessiert oder zumindest neugierig. Inmitten der kleinen Menschenmenge hatte ich meinen Arm um einen kleinen Grauen gelegt, der seine Ohren aufmerksam aufgestellt hatte; ich spürte die Wärme des kleinen Esels, der fürchterlich hinkte, weil man ihm eine Schnur in das Fleisch des Oberschenkels genäht hatte, wie ich später erfahren sollte. Dr. Hassan erklärte mithilfe der bunten, leicht verständlichen Bilder, wie man einen Eselskarren gleichmäßig belädt, richtig auf einem Esel sitzt, wie man merkt, dass er lahmt, wie man Satteldruck vermeidet, Anzeichen von Krankheiten und Verletzungen erkennt, wann und wie viel Wasser ein Esel im Sommer braucht, wie man ihn einschirrt usw. Aufgrund des präventiven Aspekts ist dieser Aufklärungsunterricht vor Ort ein wichtiger Bestandteil der mobilen Klinik. Viele Probleme ließen sich durch einfühlsamen Umgang, Wissen und Sorgfalt vermeiden, klagte Dr. Hassan mir später sein Leid. Er war enttäuscht, wenn die Besitzer der Esel zu spät kamen und seine Lektionen verpassten.

Bei seinen Sprechstunden galt »Wer zuerst kommt, mahlt zuerst«, doch mir fiel auf, dass Frauen bevorzugt wurden und oft gleich an die Reihe kamen. Vor Beginn der Behandlung trugen sich die Besitzer in ein Patientenverzeichnis ein, Analphabeten mit einem Daumenabdruck. Die mobile Klinik blieb so lange vor Ort, bis jeder Esel behandelt war, was sich manchmal bis in den Nachmittag hinzog und Drama nonstop bedeutete. Dr. Hassan erzählte mir, dass er 2002, in der ersten mobilen Klinik, über zweihundert Esel behandelt hatte. Wie sich herausstellte, hatte der Esel, den ich gerade umarmt hatte, etliche Probleme. Ich beugte mich über seinen Huf, nachdem

Dr. Hassan ihn angehoben hatte und auszukratzen begann. Unter dem Schmutz verbarg sich ein großer Abszess. Der arme Esel lahmte, war arbeitsunfähig und seine Hufe mussten getrimmt werden. Ihm konnte geholfen werden. Dr. Hassan erkundigte sich bei dem Besitzer, ob er noch einen weiteren Esel als Ersatz habe. Er hatte. »Ihr Esel braucht eine Schonfrist von mindestens zwei Wochen«, erklärte Dr. Hassan. »Keine Arbeit, verstanden?« Der alte Bauer nickte.

Dann öffnete und säuberte der Tierarzt mit der blauen Baseballkappe den Abszess mit einem Skalpell. Einer seiner beiden Gehilfen hielt den armen Esel fest, um zu verhindern, dass er, einem natürlichen Drang folgend, die Flucht ergriff. Er legte den Arm um den Kopf des Esels, zeigte seinem Besitzer, wie man ein Tier auf sanfte Weise festhält. Viele Eselbesitzer hatten die Angewohnheit, die Esel an den Ohren zu packen, um sie festzuhalten, und diese dann umzudrehen, als würde man nasse Wäsche auswringen. Der Arztgehilfe schimpfte laut über diese Methode. Dr. Hassan wusch die Wunde mit Jod aus, dann trug er eine dicke teerähnliche Salbe auf. Ich konnte das Weiße in den Augen des hilflosen Esels sehen, Augen, die Schmerzen erkennen ließen, herzzerreißende unschuldige Augen. Eine Unschuld, die ihm nicht wohl bekommen ist in dieser Welt. Ich war erschüttert und empfand unendliches Mitleid. Nie zuvor hatte ich das Weiße in den Augen eines Esels gesehen.

Anschließend wurde eine Gaze-Kompresse aufgelegt und ein riesiger Verband um den verletzten Huf gewickelt. Danach wandte Dr. Hassan seine Aufmerksamkeit der Schnur zu, die in den Oberschenkel desselben Beins eingenäht worden war, ein effektives Mittel gegen Lahmheit, wie der Nachbar des Eselbesitzers behauptet hatte. Sie hatte eine Sepsis hervorgerufen und musste umgehend entfernt werden, dann wurde eine Drainage gelegt, damit das Wundsekret abfließen konnte. Dr. Hassan verabreichte dem Esel eine Tetanusspritze und eine weitere Spritze mit einem entzündungshemmenden Mittel. Solchen Hokuspokus habe er schon oft zu Gesicht bekommen, sagte er und deutete auf einen weiteren lahmen Esel mit zahlreichen vorsätzlich beigebrachten Schnittwunden, die sich entzündet hatten. Die Besitzer halten solche Schnitte, Aderlass oder Schnüre, die man unter die Haut näht, tatsächlich für medizinische Wundermittel.

»Was ist denn mit ihm passiert?«, fragte ich und deutete mit zusammengekniffenen Augen auf einen klapperdürren Grauen, dessen Ohren nur noch aus zwei hohlen Stümpfen bestanden. Dr. Hassan ließ eine Schimpftirade auf Arabisch los. Der Besitzer antwortete statt seiner und erzählte, dass sein Esel einmal ausgebrochen sei und sich auf dem Feld eines anderen Bauern Getreide einverleibt habe. Der Bauer sei angerannt gekommen, fuchsteufelswild, habe seine Machete gezückt und dem Esel zur Strafe mit einem Hieb einen Großteil der Ohren abgetrennt. Der Esel habe panisch die Flucht ergriffen, blutüberströmt und vor Schmerzen heulend …

Das alles lag bereits Jahre zurück, die Wunden waren inzwischen verheilt. Doch die Stümpfe sahen trotzdem merkwürdig aus, ein erbarmungswürdiger Anblick. Heute war der Besitzer gekommen, weil der Esel mit den halben Ohren ständig Gewicht verlor. »Würmer«, diagnostizierte Dr. Hassan. »Er hat Würmer. Kommt hier sehr oft vor.« Er gab ihm eine Spritze, dann flößte er ihm mit einer Plastikkanüle eine Flüssigkeit ein und gab dem Besitzer eine kleine Tüte mit einem weißen Pulver, das er dem Esel jeden Tag verabreichen sollte. Der Bauer ging mit seinem zerrupften, knochigen Esel mit den beiden Ohrstümpfen davon. Ich sah ihnen nach, bis sie außer Sicht waren, und fragte mich, ob die Eselbesitzer Dr. Hassans Anweisungen befolgen würden, ob sie es sich überhaupt leisten konnten, sich an seine Anweisungen zu halten.

*

Viele Bauern in den ärmeren Regionen der Welt wissen, dass Esel nicht nur so stark sind wie ein Ochse, sondern in vieler Hinsicht sogar um einiges stärker sind. Es ist möglich, einen Acker mit einem einzigen Esel zu pflügen. Sie sind gelehriger als Ochsen, abgehärtet und besser gerüstet, Dürre zu ertragen, und in Trockenperioden weniger anfällig für Krankheiten. Esel lassen sich vielseitig einsetzen: Sie können pflügen, Wasser und Feuerholz tragen, Mühlsteine drehen, Mais transportieren und als Reittier dienen. Und sie sind billiger im Unterhalt als ein Ochse.

Aufgrund ihres friedfertigen, sanftmütigen Charakters und ihres »niederen« Status gehören Esel oft zur weiblichen Domäne. In vielen Entwicklungsländern obliegt Frauen die Aufsicht über die Esel, nicht aber das Recht, sie ohne Erlaubnis des Ehemannes zu verkaufen. Diese geschlechtsspezifischen Unterschiede haben auch Vorteile, weil Esel die Frauen bei vielen beschwerlichen Arbeiten entlasten, in Äthiopien zum Beispiel beim meilenweiten Schleppen schwerer Wasserkrüge durch unwegsames Gebirge. In Sambia, wo Viehzucht als Männersache gilt, helfen die Esel den Frauen, ein eigenes kleines Feld zu bestellen. In Kenia sparen Massai-Frauen mit Eseln, die Wasser herbeischaffen, bis zu fünfundzwanzig Arbeitsstunden in der Woche, die sie für andere Aktivitäten im Haushalt und in der Gemeinde nutzen können.

Die durchschnittliche Lebenserwartung eines Esels in Äthiopien liegt bei etwa neun Jahren, in Ägypten bei elf und in Kenia, Mexiko und China bei ca. vierzehn Jahren. Ein domestizierter Esel in Europa und Nordamerika kann annähernd fünfunddreißig, gelegentlich sogar vierzig Jahre alt werden und hin und wieder kommt es vor, dass einer mit viel Glück die fünfzig knackt. (Im Sidmouth Donkey Sanctuary habe ich einen blinden, grauen Methusalem gesehen, der auf die sechzig zuging!) In Südafrika wird die Langlebigkeit der Esel in lokalen Bräuchen gefeiert: Es heißt, wenn ein Esel bei einer Hochzeit auftaucht, werden ihn noch die Enkel des Paares zu Gesicht bekommen.

In den armen Entwicklungsländern ist die Stärke eines Esels für die Mehrheit der Bevölkerung allgegenwärtiger und wichtiger als die PS-Zahl, die Pferdestärke eines Motors. Wenn ein Esel krank oder arbeitsunfähig wird, ist sein Besitzer oft am Ende; seine Existenzgrundlage ist vernichtet und er geht gemeinsam mit seinem Esel unter. Folglich ist der Esel die Lebensversicherung der Familie, Versorger und Transportmittel zugleich. Esel werden dieser Aufgabe klaglos gerecht, ohne Ruhepausen und oft ohne ausreichend Futter. Du frisst üppiges Gras, Gribouille, hast ein schönes glänzendes Fell und auch ich fühle mich wohl in meiner Haut; wir beide haben es gut getroffen. Doch die Esel in anderen Regionen der Welt, in den Entwicklungsländern, in der Subsahara Afrikas sind spindeldürr und fressen Abfall, den sie am Straßenrand finden, haben ein armseliges, zerzaustes, räudiges Aussehen, genau wie ihre Besitzer. Das globale Ungleichgewicht im Reich der Esel ist ein Spiegelbild des Ungleichgewichts in der Welt der Menschen.

*

Weitere überlastete Esel tauchten auf und Dr. Hassans Patientenschlange wurde immer länger. Wenn gesunde Esel vorbeikamen, die beladene Karren zogen, schrien sie laut, begrüßten ihre alten Bekannten, bekundeten ihren kranken Verwandten ihr Mitleid. Vielleicht schrien sie aber auch, weil sie fürchteten, die Nächsten zu sein, die es treffen könnte. Dr. Hassan behandelte jeden Esel sachkundig und liebevoll, arbeitete mit behutsamer Fürsorglichkeit statt selbstgefälliger Eile. Er lief ständig zu dem Medikamentenkasten, der an der geöffneten Hintertür eines weißen Pick-up stand. Das am weitesten verbreitete Problem, erklärte er, wären die schlecht sitzenden Geschirre sowie Sättel, die zu schwer beladen werden. Wenn man einen Blick unter die Satteldecke wirft, sieht man, was für schlimme Hautentzündungen und Schürfwunden zu schwere Lasten verursachen können. Oft ist die Haut aufgescheuert und eine offene, schwärende Wunde entstanden.

Um solche Wunden zu säubern, entfernte Dr. Hassan die Haare ringsum mit einer chirurgischen Schere und trug eine antiseptische Lotion auf. Ein weißer Esel, den er behandelte, sah aus, als sei er in einem Kriegsgebiet an vorderster Front gewesen. *Le pauvre*! Er hatte massiv entzündete Stellen am ganzen Körper; Fell und Fleisch waren buchstäblich weggerieben, abgezogen, sodass blutende Wundflächen zutage traten. Und der Besitzer hatte auch noch Dung auf die Wunden gestrichen, weil er glaubte, dass er eine heilende Wirkung habe. Der Schmerz, den die Wunden verursachten, ganz zu schweigen von der Dungbehandlung, muss höllisch gewesen sein. Doch diese Wunden hatte sich der Esel ausnahmsweise selbst zugefügt, denn die eigentliche Ursache des Problems waren Koliken: akute Leibschmerzen und Magen-Darm-Beschwerden. Der Esel könne keinen Kot absetzen, sagte Dr. Hassan. Und um die

Krämpfe zu lindern, habe er sich mit aller Kraft auf dem harten staubigen Wüstenboden hin und her gewälzt, sich dabei diese Schürfwunden zugezogen und die Tortur noch verschlimmert. Bald darauf war das Tier mit Jod bedeckt und das weiße Fell hatte plötzlich eine dunkelorangene Färbung angenommen. Zum Schluss bekam er noch eine Spritze und eine farblose Flüssigkeit eingeflößt. Es war unglaublich, wie ruhig und lammfromm dieses geschundene Tier während der ganzen Behandlung blieb. Als wüsste es, dass es dieser »Rosskur« bedurfte, um die Koliken zu beenden, sodass auch das Wälzen auf dem Boden aufhören würde und die Wunden heilen konnten.

»Wir müssen das Geschirr austauschen«, sagte Dr. Hassan, als er den nächsten verwundeten Frontkämpfer inspizierte. Durch Reibung entstandene Schürfwunden waren an der Tagesordnung, weil die Besitzer mit Vorbedacht Ketten benutzten, die um das Maul der Esel geschlungen waren. Wenn sie den Willen ihrer Tiere brechen wollten, zogen sie am Führstrick, der am Geschirr befestigt war. Die Kette schnitt dann tief in das Fleisch des Esels, ließ ihn wissen, dass er stehen bleiben musste. Es tat weh. Es war der Schmerz, der den Esel zum Stehenbleiben veranlasste, der ihm keine Wahl ließ. Dr. Hassan verbrachte viel Zeit damit, die von den Ketten hervorgerufenen infizierten Wunden zu behandeln. Um die Reibung zu verhindern, verteilte die SPWDME kostenlos eselfreundliche Baumwollgeschirre. Ich war überrascht, dass Dr. Hassan vielen Bauern zeigen musste, wie man einem Esel ein Geschirr anlegt.

In der Nähe träufelte ein Gehilfe antibiotische Tropfen in die Augen eines Esels. Die Besitzer säuberten nur selten, falls überhaupt, die Augen ihrer Esel. Dieser Esel litt an einer von Fliegen verursachten Parasiteninfektion, die sich nach und nach auf seinem Gesicht ausbreitete. Ungewaschene Augen sind anfällig für Entzündungen; Fliegen legen ihre Eier in und um die Augen ab und wenn niemand darauf achtet, verbreiten sich die Larven in Windeseile. An einem Auge befand sich ein schmaler Riss, eine blutrote Schramme, die ziemlich unangenehm aussah. Man muss die Augen säubern, die Wunde behandeln und die Fliegen fernhalten. Hier leistet eine Fliegenmaske gute Dienste, eine Haube aus hauchdünnem, feinmaschigem Netzgewebe mit elastischen Bändern, die sich an das Gesicht des infizierten Esels anschmiegt. Ein Esel mit Fliegenmaske ist ein rührender Anblick. Er betont die kindliche Verwundbarkeit von Geschöpfen, die unfähig und nicht willens sind, auch nur einer Fliege etwas zuleide zu tun, diese alljährlich wiederkehrenden Quälgeister zu zerquetschen.

*

»Rund um Kairo sind die Preise für Esel in den letzten Jahren beträchtlich gestiegen«, sagte Dr. Hassan zu mir, als wir auf dem Rückweg nach Gizeh, in das SPWDME-Büro im Stadtteil Faisal, gemeinsam im Auto saßen. Wir krochen im Schneckentempo vorwärts, Stoßstange an Stoßstange; der Verkehr drohte zu erliegen. »Heutzutage werden weniger Esel gezüchtet«, fuhr Dr. Hassan fort. »Das bedeutet, die zum Verkauf stehenden Esel erzielen hohe Preise. Das ist für die Bauern im Umland von Gizeh eine große Investition. Einen Esel zu ersetzen oder einen weiteren hinzuzukaufen können sich nur wenige leisten. Deshalb sind Esel noch kostbarer geworden und noch stärker überlastet.«

Aus dem Autofenster beobachtete ich, wie ein Teil der sechzehn Millionen Bewohner der Metropole Kairo ihrem

Tagwerk nachging. Einige der Passanten starrten zurück. Einen Moment lang trafen sich unsere Blicke, manchmal aus Augen, die hinter zwei Schlitzen verborgen waren und durch den Schleier spähten. Wer waren diese Männer und Frauen, die ihr Dasein in diesem Menschengewimmel fristeten, *en masse*? Und wer war dieser Fremde, schienen ihre Augen zurückzufragen. Esel zogen Karren durch die Stadt, mitten durch das Verkehrsgewühl, in einer Luft, die nach Abgasen stank. In den Seitengassen der Wohnblocks, in denen zahllose Menschen hausten, sah man kleine Esel, die an Pfosten angebunden waren und ihr Quartier mit den Hunden aus der Nachbarschaft teilen mussten. Ich fragte Dr. Hassan, ob ihm seine Arbeit als »Eselarzt« Spaß mache. »Ich liebe meine Arbeit«, erwiderte er lächelnd, schlicht und ohne zu zögern. »Ich bin glücklich, diesen Tieren helfen zu können.« Er schwieg einen Moment, als würde er über die Frage nachsinnen, und fügte hinzu: »Ja, sie zu heilen macht mich glücklich.«

Und er ist nicht der Einzige, den es glücklich macht: Dadurch, dass er die verletzten Lasttiere ärztlich behandelt, die Lebensader der Armen rettet, trägt er zu ihrem Überleben bei, ermöglicht ihnen, sich ihren Lebensunterhalt zu verdienen. Deshalb freut es auch die armen Bauern, dass Dr. Hassan in seinem Heilberuf glücklich ist, obwohl sie es ihm nie sagen oder auch nur einen Gedanken daran verschwenden würden, selbst wenn sie die Ursache des Problems sind. Ihre Einstellung ist oft eine zwiespältige: Sie behandeln ihre Esel sehr schlecht, manchmal mit roher Gewalt oder gewöhnlicher menschlicher Ungeduld und dennoch wissen sie die Arbeit zu schätzen, die ihre Tiere leisten. Indem er Esel rettet, rettet Dr. Hassan menschliche Existenzen. Er trägt dazu bei, dass es weitergeht, dass alle weitermachen können. Das ist effektive Entwicklungshilfe, eine wichtige Aufgabe, die echte Hingabe verlangt. Ich war ein wenig neidisch; eine Sekunde lang, auf dem Rücksitz des Wagens, malte ich mir ein anderes Leben aus, als Retter der Esel, ein Leben, von dem ich wusste, dass es mir nie beschieden sein würde. »Glück durch das Wissen, zu heilen und zu helfen«, wiederholte ich leise. »Das ist schön ... sehr schön.«

*

Am nächsten Morgen, kurz nach Sonnenaufgang, war ich mit dem Taxi zum Flughafen unterwegs, einem klapprigen alten Lada, der schon einige Hunderttausend Kilometer auf dem Buckel hatte. Trotz Wärme und Sonnenschein hatte es zu regnen begonnen. Der Taxifahrer hatte Schwierigkeiten mit den Scheibenwischern. Sie waren ziemlich nutzlos. Je mehr sie wischten, desto mehr verschmierte die Windschutzscheibe. Das Ergebnis war ein undurchdringlicher Schleier auf den Scheiben eines Fahrzeugs, dem vermutlich seit 1959 keine Inspektion oder fachgerechte Wartung mehr zuteil geworden war. Als die Sonne auf das Glas schien, sah man nichts als Nebel. Doch der Taxifahrer weigerte sich, langsamer zu fahren, und bahnte sich blind den Weg durch die Innenstadt von Kairo. Bald befanden wir uns über der Stadt, auf einer Schnellstraße, die eine Schneise durch eine öde Betonlandschaft geschlagen hatte, ähnlich wie in der South Bronx. Wir flogen buchstäblich die Straße entlang, ohne zu sehen, was sich vor uns befand. Diese Fahrgewohnheiten grenzten an Wahnsinn und ich fühlte mich elend, wünschte mir sehnlichst, endlich über den Wolken zu schweben, alles hinter mir zu lassen.

Plötzlich wurde der Wagen langsamer und hielt an. Wieder ein Verkehrsstau; der Fahrer hatte gerade noch genug sehen können, um rechtzeitig zu bremsen. Es war sechs Uhr morgens und die dreispurige Straße war bereits mit Autos verstopft. Inzwischen goss es auch noch in Strömen. Doch zumindest bewirkten die niederprasselnden Sturmfluten, dass die Windschutzscheibe wieder sauber wurde, wir konnten endlich wieder hinausschauen. Ich wurde immer nervöser: Die Zeit wurde langsam knapp und ich musste mein Flugzeug erwischen. Ich wünschte mir nichts sehnlicher, als diesem kollektiven Irrsinn zu entfliehen.

Es dauerte nicht lange, bis ich merkte, dass ein Unfall der Grund für den Stau war; es hatte mich ohnehin überrascht, wie wenig hier im Straßenverkehr passierte. Alle möglichen Früchte rollten die Straße entlang; offenbar war ein mit Orangen beladener Karren umgekippt, von einem zu schnell fahrenden Wagen gestreift. Als wir näher kamen, sah ich einen alten Eselskarren auf einer Spur der Fahrbahn liegen; die Autos mussten den Unfallort weiträumig umfahren. Und dann entdeckte ich den armen Esel. Er stand verloren am Straßenrand mit nachdenklichem, friedfertigem Blick und blutigen Knien. Ich hatte keine Ahnung, ob er nur leicht oder schwer verletzt war oder wie es zu dem Unfall gekommen sein mochte. Ich sehe ihn noch heute vor mir, Gribouille, vor meinem inneren Auge, wie er ruhig und gelassen dasteht zwischen Hunderten von hupenden, frustrierten Pendlern in ihren schnellen, zum Stillstand verurteilten Autos, in strömendem Regen, um sechs Uhr morgens auf einer Autobahn. Vergiss die Pyramiden, die Vergangenheit. Irgendwas scheint hier falsch gelaufen zu sein, in diesem Leben, das wir führen. Der Esel wusste es. Wir alle wissen es.

33

Der Pfad ist wieder schmal und unwegsam geworden, mit Geröll übersät und von Baumwurzeln überwuchert, die sich vom Wald bis hierher erstreckt haben. Sie streben aus der unterirdischen Dunkelheit dem Licht entgegen. Der Boden ist uneben, es geht steil bergab und man gerät leicht ins Stolpern. Nachdem wir unsere gemeinsame Morgenandacht absolviert haben, verlassen wir Varennes-Saint-Honorat mit dem kleinen Glockenturm und gehen in Richtung Jax. Unmittelbar vor uns befindet sich eine verfallene Scheune.

Als wir die Scheune erreichen, taucht ein vereinzelter Esel auf. Er springt geradezu aus einer Seitentür heraus, als wüsste er, dass sich ein Artgenosse nähert. Er ist so groß wie ein Pferd, hat ein graues Fell, das bläulich schimmert, und kräftige, steil aufgerichtete Ohren. Er erinnert mich an die seltenen andalusischen Großesel, die ich in Sidmouth gesehen hatte, mit einem Stockmaß bis zu einem Meter siebzig. Dann stößt er einen Schrei aus, einen der lautesten, die ich jemals gehört habe, wie ein Trompetenstoß, der die morsche Scheune erzittern lässt. Das halbe Département Haute-Loire wird ihn vernehmen!

Gleich darauf reiben er und Gribouille die Nasen aneinander, beschnüffeln sich gegenseitig und ich schaue mir die Scheune an, die innen ziemlich düster und voller Eselmist ist, ein elendes Loch. Die Koppel ist viel zu klein, von Brennnesseln überwuchert und ebenfalls voller Dung. Doch der Esel wirkt gesund mit seinen gut getrimmten Hufen und dem glänzenden, gepflegten Fell in dieser auffälligen Farbe. Die beiden Esel sind voneinander fasziniert; es sieht ganz so aus, als würde unser großer blauer Freund sich freuen, aus seinen vier Wänden herauszukommen, ein wenig Gesellschaft zu haben. Als ich schließlich weitergehe und Gribouille mitziehe, stößt sein neuer Freund einen weiteren schallenden Schrei aus.

»Schreit denn der Wildesel, wenn er Gras hat?«, fragte Hiob. Es stimmt mich traurig, dass wir weitermüssen, dass ich die beiden trennen muss. Als der heisere Schrei in der Einöde verhallt, antwortet Gribouille mit einem kurzen Schrei, dem Markenzeichen seiner Spezies, Inbegriff der Tonmalerei: *Ia! Ia! Ia!* Wenn man sich in der Nähe eines schreienden Esels befindet, kann man dabei sein Ein- und Ausatmen hören, das Einziehen und Ausstoßen der Luft. Man hört die tiefe innere Quelle dieser mächtigen, gutturalen Lautäußerung. Doch kaum ist sie wie ein Vulkan aus ihm herausgebrochen, verstummt Gribouille. Stille kehrt wieder ein. Wir gehen weiter, zufrieden, als wäre es ihm ein inneres Bedürfnis gewesen, diesen Schrei loszulassen, sich von ihm zu befreien.

*

Bei den alten Griechen galt der Eselsschrei als Unheil verkündendes Omen dämonischen Ausmaßes. Äsop sah darin ein Zeichen für Dummheit, das Stigma eines Narren. Als der Esel in seiner Fabel *Der Esel in der Löwenhaut* in die Haut eines Löwen schlüpft und durch den Wald schleicht, um andere Tiere zu erschrecken, ist es der Fuchs, der die Tarnung durchschaut, weil er die Stimme eines Esels erkennt. Die Moral: Kleider machen Leute, aber ein Narr verrät sich unweigerlich durch sein Geplapper.

Jahrhunderte später sah Dostojewski den Eselsschrei in einem anderen Licht. Sein Fürst Myschkin, der »Idiot«, hört den Schrei »mit anderen Ohren«. Für ihn leitet er einen Prozess der Erkenntnis ein, ist heilsam und voller

Weisheit, ein Mittel, um seine Dämonen auszutreiben. Dieser verstörte junge Mann verblüfft seine Zuhörer, als er im Haus der Generalin Epanchin ihren drei Töchtern von seiner Europareise erzählt, bei der ihn am meisten der Schrei eines Esels auf dem Marktplatz in Basel beeindruckt hat. Sie beginnen, sich über ihn lustig zu machen: Er hat ganz Europa bereist und alles, wovon er erzählt, ist ein Esel! »Erzählen Sie uns von der Schweiz«, hatten sie ihn gebeten, »erzählen Sie uns von Ihren Eindrücken!« Und so schildert er seine Erlebnisse. Er erzählt, wie der Eselsschrei bewirkte, dass er einen klaren Kopf bekam, wie er wieder begann, sich für seine Umgebung zu interessieren, sodass seine melancholischen Anwandlungen vorübergingen. Die Mädchen lachen.

»Was haben Sie denn sonst noch in der Fremde gesehen, abgesehen von dem Esel?«, drängen sie ihn ungeduldig. Nur eine der Töchter erkennt, dass es sich bei der Begegnung mit dem Esel um ein Gleichnis handelt, eine »idiotische« Parabel mit therapeutischer Wirkung, die den Fürsten auf einen Schlag von seiner Schwermut heilte. »Das war ein kluger Zug mit dem Esel«, beobachtet sie. »Was für eine interessante Geschichte der Fürst uns da erzählt hat, über sein langes Gemütsleiden und die plötzliche Genesung durch einen äußeren Schock. Es hat mich schon immer interessiert zu erfahren, wie Menschen den Verstand verlieren und ihn dann unvermutet wiederfinden. Vor allen Dingen, wenn es so plötzlich geschieht.«

Dostojewskis epileptischer Fürst ist ein naiver Mensch, der im Licht der »normalen« Realität lächerlich erscheint. Er hat sich auf die Suche nach der übergeordneten menschlichen Wahrheit begeben, auf eine leidenschaftliche Mission. Kein Wunder, dass er eine tragische Gestalt ist, unverstanden und belächelt. Und es ist auch kein Wunder, dass der Schrei eines Esels verschüttete Gefühle bei ihm wachrüttelt und einen Schock auslöst, einen Schock, der heilsame Erkenntnisse mit sich bringt, die Welt wieder ins rechte Lot rückt. Er erkennt, dass der Esel sein Ebenbild, sein Bruder im Geiste ist: *Mon semblable, mon frère*. Die Unschuld und Naivität des Fürsten spiegeln sich wider in seinem Gegenpart, diesem unermüdlich arbeitsamen, geduldigen, leidensfähigen Esel. Der Fürst hatte Schuberts »Eselsklänge« gehört, auf einem Marktplatz in der Schweiz, eine alltagstaugliche Therapie, bei der es ihm »urplötzlich« wie Schuppen von den Augen fiel.

*

Der Schrei, den ich gerade gehört habe, hallt auch in meinem Kopf wider, wühlt meine Gedanken auf. Mir fällt ein interessantes Buch aus den Siebzigerjahren ein, *Der Urschrei* von Arthur Janov. Janov, ein Psychologe aus Kalifornien, schien den gleichen psychischen Schock zu beschreiben, den Dostojewskis Fürst Myschkin auf dem Marktplatz in der Schweiz erlitt. Einer seiner Patienten, ein junger Mann, lag während einer Therapiesitzung auf dem Fußboden und stieß einen gellenden Schrei aus, der wie ein Todesschrei klang und die Wände von Janovs Praxis erzittern ließ. Als der junge Mann sich beruhigt hatte, brach mit einem Mal eine Flut von Erkenntnissen über ihn herein: Alle Bausteine seines Lebens schienen sich in ein übergeordnetes Bild einzufügen. Der Schrei hatte Ähnlichkeit mit dem eines Esels, löste wie bei Myschkin den Schock der Erkenntnis aus, eine psychische Übertragung, bei der ein Eselsschrei zum Urschrei wird, ein Schrei, der menschlicher ist, als wir vielleicht wahrhaben wollen.

Der Urschrei ist unverkennbar. Er besitzt seine eigene Qualität, ist »tief, erschütternd und unwillkürlich, auf der Instinktebene verwurzelt«. Er wird nur dann freigesetzt, wenn die Abwehrmechanismen außer Kraft gesetzt sind, wenn wir bereit sind, uns zu öffnen, uns der unverhohlenen Wahrheit zu stellen. Alles, was dieses mentale Abwehrsystem verstärkt, verschlimmert die Neurose, ruft Spannungen hervor und kapselt sie wie in einem Panzer ein. Janovs sogenannte Primärtherapie ist auf den Abbau der Spannungsursachen, Abwehrsysteme und Neurosen gerichtet. Sie geht davon aus, dass ein psychisch gesunder Mensch frei von Abwehrmechanismen ist. Wir werden ohne Neurosen oder Psychosen geboren, schreibt Janov. Die Abwehrmechanismen, die wir entwickeln, richten sich gegen die Gefühle, sie entspringen der Angst, Gefühle zu empfinden und sich zu öffnen.

Janov beschrieb die unkontrollierbaren Phasen, die dem Urschrei vorangehen: Ringen nach Luft und infernalische Laute; hyperventilierende Atmung (schneller und angestrengter), die sich teilweise verselbstständigt, ein Eigenleben annimmt, bevor sie langsamer und tiefer wird; ein flaues Gefühl im Magen; hektisches Heben und Senken des Brustkorbs; ruckhaftes Anziehen und Strecken der Beine; Hin- und Herwerfen des Kopfes. Dann windet sich der Körper in Zuckungen und ein gellender explosionsartiger Schrei erfolgt, der Urschrei. Die Ähnlichkeit mit den Phasen des Eselsschreis, der eine Skala von sieben Tönen umfasst, bevor er seinen Höhepunkt erreicht, ist geradezu unheimlich. Könnte hier ein Übertragungsprozess stattfinden? Ist es das, was Fürst Myschkin auf dem Marktplatz in der Schweiz spürte? Hörte er einen Schrei, der die menschlichen Abwehrmechanismen niederreißt, wenn wir uns ihm voll öffnen, der einen inneren Widerhall erzeugt und damit den Kern unseres psychischen Selbst erschüttert, der uns läutert und einen Reinigungsprozess bewirkt? Bringt die Primärtherapie den Menschen dazu, einen schreienden Esel nachzuahmen, zu kindlicher Reinheit zurückzufinden, zu unserer ursprünglichen Unschuld?

Der Primärschrei ist laut Janov ein heilsamer Prozess, mehr als ein zeitweiliges Entladen von Spannungen. Er hilft vielmehr, sie ein für alle Mal loszulassen. Spannungen sind die Hauptursache neurotischen Verhaltens, der Unfähigkeit, abzuschalten, zur Ruhe zu kommen, sich auf Gefühle und Tagträume einzulassen, einfach nur zu *sein*. Janov legt den Finger in die Wunde des modernen Menschen, auf die allgegenwärtigen Neurosen. Er lenkt den Blick auf Menschen, die in einem Strudel der Ablenkungen gefangen sind, den Kopf angefüllt mit geplanten Aktivitäten, die nicht stillsitzen können, sogar im Schlaf keine Ruhe finden, von dem Gedanken an unerledigte Dinge besessen; Menschen, die den ganzen Tag leeres Geschwätz von sich geben, geplagt von Sorgen, wie sie vor anderen wirken, wie sie wahrgenommen werden von ihrer Umwelt. »Wenn sich jemand ständig von seinem wahren Selbst entfernt«, sagt Janov, »neigt er zu Fluchtreaktionen, körperlich oder mental. Augen und Gedanken irren hin und her, unfähig, sich länger auf eine Sache zu konzentrieren.«

Die Primärtherapie mit ihrem Urschrei geht von scheinbar widersprüchlichen Voraussetzungen aus: Sie geht davon aus, dass wir reifen, indem wir unsere kindlichen Bedürfnisse wiederfinden; dass wir an Wärme gewinnen, wenn wir Kälte zu spüren bekommen; dass wir erstarken, wenn wir das Gefühl der Schwäche zulassen, die Abwehrmechanismen abbauen, die Masken ablegen; dass wir die Gegenwart entdecken, wenn wir uns der Vergangenheit stellen, und ins Leben zurückfinden, wenn wir dem Tod der künstlichen

Ordnung, die unser Dasein bestimmt, ins Auge schauen. All das ist das Gegenteil einer Neurose, bei der man ein komplexes Abwehrsystem aufbaut und Unwahrheiten lebt: bei der man Angst hat, aber Unerschrockenheit mimt; bei der man sich klein fühlt, aber großspurig handelt, um die eigene Schwäche zu vertuschen. Der Urschrei ermöglicht dem Menschen, echte, ehrliche Gefühle, die verleugnet und unterdrückt wurden, wieder zu empfinden. Das Heilmittel besteht laut Janov darin, wieder zu fühlen und zu wissen, worum es bei Gefühlen wirklich geht, wie es sich *anfühlt*, Gefühle zuzulassen, Gefühle zu haben.

34

Ich wüsste gerne, ob Janov bei seinen Therapiesitzungen jemals in Betracht gezogen hat, einen Esel zu umarmen. Das ist ein guter Weg, Gefühle wieder mit aller Kraft zu empfinden, die kindliche Wärme zurückzuholen, indem man sich dabei zuschaut, wie man an einem Regentag aus dem Fenster blickt, oder indem man ein Geschöpf umarmt, das einfach *da* ist, ganzheitlich, mit jeder Faser seines Seins. Ich wüsste gerne, ob man Myschkins Urschrei als »Flucht auf einem Esel« bezeichnen könnte. Das Wort Flucht hat für mich in diesem Zusammenhang keine negative oder abwehrende Bedeutung, steht nicht mit Davonlaufen oder Vermeiden in Zusammenhang. Ich sehe darin die Möglichkeit einer Konfrontation, eines aktiven Ausbruchs aus den von uns konstruierten Unwirklichkeiten, von denen Janov spricht: eine Möglichkeit, sein wahres Selbst wiederzuentdecken, hinter der Fassade, die man für die Umwelt errichtet hat. Mit Flucht meine ich, sich innerlich zu sagen: *Schluss jetzt! Es reicht!* Es ist an der Zeit, mir zu gestatten, der Mensch zu sein, der ich wirklich bin. Vielleicht wollte die amerikanische Dichterin Anne Sexton deshalb auf einem Esel fliehen (»Flee on a Donkey«). Vielleicht sehnte sie sich nach einer läuternden, heilenden Erfahrung, die ihr ein Leben ohne die psychiatrische Klinik ermöglicht hätte, in der sie eingesperrt war, ohne »das traurige Hotel«, das für sie zum Sinnbild der Krise des modernen Lebens wurde. Sexton schaffte es weder, auf einem realen Esel zu fliehen und sich auf den Weg in die Freiheit zu begeben, noch hatte sie einen rettenden Eselsschrei gehört, wie einst Fürst Myschkin auf dem Marktplatz. Schade. Wie ihre Zeitgenossin Sylvia Plath war Sexton eine hochbegabte Lyrikerin, gehörte zu den sogenannten *confessional poets*, den bekennenden Dichtern, die Werke von gewaltiger Kraft und beeindruckender emotionaler Aufrichtigkeit schufen. Das Gedicht *Flieh auf deinem Esel,* bestehend aus zweihundert Zeilen, entstand 1962 während eines Aufenthalts »in der Klapsmühle, und ich schrieb sie bis zum Frühjahr [1966] 98765432 Mal um … Brauchte all die Jahre, um sie zu konzipieren … Man sollte nichts übereilen. Eile tut nicht not. Das ist ja schließlich kein Pferderennen.«

Viele Leute fragen sich, warum Sexton ihr Gedicht *Flieh auf deinem Esel* nannte, in dem es überhaupt nicht um Esel geht. Ihnen entgeht, dass Sexton an die gleiche psychologische Tür wie Dostojewskis Fürst Myschkin klopfte. Während es ihm gelang, sie zu öffnen, tastete sie nur blind nach dem Schlüssel, dem Schloss; doch es gelang ihr nicht, sie zu finden und die Schwelle zu überschreiten. Ihre Hände zitterten, als sie den Hunger nach Wärme zu stillen versuchte, auf der Suche nach der verlorenen Unschuld und nach dem unbewussten Fühlen von Gefühlen, die jeden bewussten Gedanken ausklammern. Ihr Gedicht

Flieh auf deinem Esel stellte eine neue poetische Signatur für Sexton dar, eine neue Form, über »das Unbewusste zu schreiben«, einen Wendepunkt in ihrem literarischen Schaffen. Mit Sicherheit war es kein Zufall, dass sie einen Esel als metaphorisches Reittier wählte, als das von ihr auserwählte heilige Tier, das sie forttragen und ihr helfen sollte auf der Flucht vor ihrem neurotischen Selbst.

Sie sagte, sie hätte eine Botschaft von einer anderen gequälten Seele erhalten, Arthur Rimbaud, einem französischen Dichter aus dem neunzehnten Jahrhundert. Es war eine kinetische Verbindung, die den Abgrund zwischen den Generationen ebenso wie den sturmgepeitschten Ozean zu überwinden vermochte, ein verzweifelter Appell, geprägt von einem eindringlichen Rhythmus, der in einer deutschen Übersetzung verloren ginge: »*Ma faim, Anne, Anne / Fuis sur ton âne.*« – »Mein Hunger, Anne, Anne / flieh auf deinem Esel.« (*Âne*, das französische Wort für Esel, sowie der englische Frauenname *Anne* und französisch *faim,* Hunger, klingen ähnlich und reimen sich.)

Sexton konnte sich zeitlebens weder von ihrer fragilen psychologischen Veranlagung noch von ihren Suizidgedanken befreien. Ein Kritiker sagte einmal, ihr einziges Talent bestünde darin, sich zu prostituieren, ihr Innerstes der Öffentlichkeit preiszugeben. Ihre Poesie spiegelte eine komplexe Psyche und ein verzerrtes Selbstbild wider. Sie diente ihr vorwiegend als Mittel, um ihre tiefsten Gedanken und psychische Impulse nach außen zu tragen, sie zu kanalisieren und in neue Bahnen zu lenken. Jahrelang war sie in psychotherapeutischer Behandlung. Während einer ihrer tränenreichen Therapiesitzungen soll sie nach einem Taschentuch gesucht und einen Zettel mit Rimbauds Zeilen darauf gefunden haben. »Mein Verleger hat mir Rimbaud daraufhin geschickt«, erklärte sie, »in einer

Prosa-Übersetzung. Ich spreche und lese zwar kein Französisch, aber plötzlich sah ich meinen Namen – und der Rest des Gedichts handelt von Hunger.«

Rimbauds Gedicht aus dem Jahr 1872 trägt den Titel *Fêtes de la Faim – Feste des Hungers* und ist fast durchgängig aus der Sicht eines Esels, in der ersten Person, geschrieben: »Dreh dich Hunger, Hunger kreise / In dem Klang aus Wiesengründen / ... Erdwärts fällt nun Blatt auf Blatt / Reifes Fruchtfleisch soll mir munden / Eifrig schreit ich Furchen ab / Pflücke Veilchen und Rapunzeln.« In Anlehnung an Rimbaud bezeichnete Sexton ihre psychische Störung als »eine Art Hunger«, ein Hunger, der sie letztlich umbrachte. 1974, im Alter von sechsundvierzig Jahren, setzte sie ihrem Leben ein Ende, mit Wodka und einer Kohlendioxidvergiftung. Sie saß bei laufendem Motor in ihrem roten Mustang, Baujahr 1976, in ihrer Garage, hörte Radio und trug dabei den alten Pelzmantel ihrer Mutter. Für sie war es der Ausweg einer Frau, ein »Dornröschenschlaf«, wie sie es nannte.

Da es keinen anderen Ort gab,
zu dem ich fliehen konnte,
kam ich zurück zum Schauplatz der gestörten Sinne,
kam zurück gestern Nacht um Mitternacht,
traf ein in der nebligen Juninacht
ohne Gepäck oder Schutz,
gab meine Autoschlüssel und mein Bargeld ab,
behielt nur eine Packung Zigaretten,
wie ein Kind an einem Spielzeug festhält.
Ich trug mich ein, wo ein Fremder
die geschwärzten X'e setzt –
denn dies ist eine Nervenklinik,
kein Kinderspiel.

Sechs Jahre solch kleiner Beschäftigungen!
Sechs Jahre pendeln zu und von diesem Ort!
O mein Hunger! Mein Hunger!
Ich könnte die Welt zwei Mal umrundet
oder weitere Kinder – nur Jungen – gehabt haben.
Es war eine lange Reise mit belanglosen Tagen darin
und keinen neuen Orten.

Hier drin,
die gleiche alte Truppe,
die gleiche verheerte Szenerie.
Der Alkoholiker trifft ein mit seinen Golfschlägern.
Die Selbstmörderin trifft ein mit einem Extravorrat
Pillen, eingenäht
in das Futter ihres Kleids.
Die Dauergäste haben nichts Neues gemacht.
Ihre Gesichter sind immer noch winzig,
wie Babies mit Gelbsucht.

Dies ist Wahnsinn,
aber eine Art Hunger.
Was taugen meine Fragen
in dieser Hierarchie des Todes,
da die Erde und die Steine tönen
Bim! Bim! Bim!
Es ist kaum ein Fest.
Es ist der Magen, der mich leiden lässt.

Dreht euch, meine Hunger!
Trefft einmal eine bewusste Entscheidung!
Hier ist das Hirn, das verrottet
wie schwarze Bananen.
Herzen sind flach geworden wie Rosenteller.

Anne, Anne,
flieh auf deinem Esel,
flieh aus diesem traurigen Hotel,
zieh aus auf einem haarigen Vieh,
galoppier rückwärts, presse
das Gesäß an seine Flanken,
pass irgendwie dich seinem plumpen Gang an.
Zieh aus
auf welche alte Art du magst!
An diesem Ort spricht jedermann zu seinem
eigenen Mund.
Das bedeutet es, verrückt zu sein.

Den Urschrei wahrnehmen, sich auf seine schwerfällige Gangart einstellen, alle Abwehr fallen lassen, sich befreien von den Unwahrheiten, dem »unrealen System«, wie Janov es nennt – das ist ein riskantes Unterfangen: Heutzutage ohne Abwehr zu sein bedeutet, dass man Gefahr läuft, als »Idiot« zu gelten, als notorischer Verlierer und Witzfigur – als Esel, als Gribouille. Vielleicht können wir versuchen, gemeinsam darüber zu lachen, uns mit einem Schrei befreien, guten Mutes sein, wie Fürst Myschkin. Ich schreie jetzt, auf meine eigene Weise. Ich weiß, was mit mir geschieht, weiß, was der Fürst erkannte und Anne Sexton beinahe erkannt hätte: Wenn wir einen Esel umarmen und uns in ihn hineinversetzen, können wir aufhören, schlau und gerissen zu sein, können aufhören, uns für den Nabel der Welt zu halten, können wir selbst sein und die Rollen vergessen, die uns die Welt aufzwingt. Wir können unseren Hunger stillen, die Wärme eines Esels spüren, die Hand nach seiner Unschuld ausstrecken, zuschauen, wie unsere Abwehr ins Wanken gerät und unser wahres Ich preisgibt. Doch auf einem Esel fliehen bedeutet mehr, als eine Auszeit zu nehmen und auf Wanderung zu gehen. Es bedeutet, zu schreien, um das Leben wieder zu spüren, und sich diesen Schrei zu bewahren. Es bedeutet, diesen Schrei mit nach Hause zu nehmen und ihn im Alltag zu leben, dort, wo es am meisten zählt.

35

Der Schrei des großen blauen Esels und Gribouilles Antwort darauf haben mich überzeugt, dass ich auf dem richtigen Weg bin, meinen Platz finden werde. Ja, ich werde meinen Platz finden, mein Zuhause, werde Gribouille in meinen Alltag mitnehmen, zumindest für eine Weile, bis ich ihn zurückgeben, ihn zurückbringen muss. Wir sind nicht mehr weit von unserem Heimathafen entfernt, dem Ithaka unserer Gedanken, vom Dörfchen Le Pouget. Wir erreichen Jax, gehen eine schmale Teerstraße entlang. Wir kommen an einem Feld mit einer großen Herde brauner Ziegen vorüber, mit echtem Spitzbart, glänzendem Fell und klingelnden Glöckchen um den Hals. Und drüben am Horizont, schau, Gribouille, sind die Windmühlen, schon von Weitem zu erkennen. Sie ziehen uns an wie ein Magnet, führen uns an unseren Bestimmungsort. Es sind Leitsterne, geflügelte Wegmarken, die sich im Westwind drehen. Dort hinten ist unsere Welt, mein Freund, in Reichweite, wir brauchen nur nach ihr zu greifen. Die Dorfkirche von Jax erkennt man an ihrem grauen, konisch zulaufenden Glockenturm; daneben befindet sich ein Wildschwein, ja, ein Wildschwein, eine Holzfigur in Lebensgröße, diesmal ein Nichtraucher, in Lebensgröße, ein gesundes, wenngleich unbewegliches Tier, das am Straßenrand steht und uns bei der Ankunft begrüßt. Wir gehen an ihm vorbei und den Hügel hinunter ins Tal hinab.

Seltsam, aber alles erscheint mit einem Mal klarer, weniger verschwommen, unsere Schritte werden schneller, richtig schnell. Wir machen gute Fortschritte. Gribouille und ich eilen den Hügel hinab, mühelos, als würden Beine und Hufe nicht länger den Boden berühren. Wir bewegen uns beschwingt und schwerelos, beobachten, wie uns die Landschaft umfängt, die Ferne schwindet, sich in Nähe verwandelt. Wir driften dahin, ein Gleitschirmflieger mit einem Esel – oder lasse ich mich von einem Esel im Gleitflug ein Stück mitnehmen? Wir schweben durch die Wolken, hoch am Himmel, wie zwei riesige Vögel, zwei Albatrosse, die darauf warten, unsanft auf den Boden zurückgeholt zu werden. Ich sehe die flauschigen Umrisse eines Esels und die eines einsamen Wanderers. Vielleicht ist es Gribouille und der Eremit bin ich. Wir sind Gefährten, wie der Tao-Mystiker Chang Kuo aus der Tang-Dynastie und sein weißer Esel, ein magischer Esel, mit dem er jeden Tag Tausende von Meilen zurücklegt. Kuo und sein großer Weißer sind dort drüben, irgendwo in der Brise, oder hier, in uns.

Einer chinesischen Legende zufolge war Kuo in der Kunst bewandert, das Leben zu verlängern, wobei er sich eines alten Geheimwissens bediente. Oft saß er mit einem Bambus-Musikinstrument, das er Fischtrommel nannte, rücklings auf seinem Esel. Wenn er rastete, verwandelte sich sein Esel in Papier und Kuo konnte ihn zusammenfalten und in einer Hutschachtel verstauen. Sobald er weiterreiten wollte, feuchtete er seinen Origami-Esel an, der sogleich zu neuem Leben erwachte. Wie so manches Doppelgespann aus Mensch und Esel waren die beiden unzertrennlich: auf Abbildungen, die Kuo ohne sein Reittier zeigen, ist immer ein schemenhafter Umriss des Esels in den Nebelschwaden zu sehen, die dem geöffneten Ende von Kuos Fischtrommelsack entströmen: sein Lebenshauch, die Quelle allen Lebens.

Gribouilles Lebenshauch driftet neben mir einher. Ich spüre seine tröstliche Wärme, seine vitale Lebensenergie. Wir nähern uns unserem Ziel. Ich kann die Priorei von Lavoûte-Chilhac sehen, 1045 erbaut und zum Teil verfallen, ein gotisches Gemäuer, das früher ein Kloster beherbergte. Gleich daneben befindet sich ein Fluss, der Allier, der eine Schleife macht und dann »stromaufwärts« in die gleiche Richtung zurückfließt, aus der er gekommen ist. Früher gab es darin Lachse in Hülle und Fülle. Dort unten liegen sie, das Dorf, die Priorei und der Allier-Fluss, inzwischen ohne Lachse. Plötzlich haben wir wieder Bodenhaftung, spüren unsere gottgewollte irdische Bestimmung, schlendern über eine schmale mittelalterliche Bogenbrücke auf der anderen Seite der Priorei. Sie führt zuerst hinauf und dann hinunter und wir folgen ihrer Spanne über den Allier-Fluss. Ich habe wie so oft die Hand auf Gribouilles Kopf gelegt und er scheint zu wissen, wohin der Weg führt, wohin wir gehen. Einige Passanten erkennen mich, winken und rufen *Bonjour. Bonjour,* grüße ich zurück. *Bon retour,* denke ich. Der verlorene Sohn kehrt nach langer Abwesenheit zurück. Es kommt mir so vor, als seien Jahre vergangen.

Wir kommen am Café de la Tour, dem Hotel und Restaurant *Le Prieuré*, der Bar *Le Pêcheur* und am Postamt vorbei, dann wandern wir am Ufer des Allier entlang, auf der rechten Seite, in der Nähe des Bouleplatzes. Hohe schmale Gebäude säumen die gegenüberliegende Straßenseite. Wir biegen in eine Seitengasse ein und gehen an der Rückseite weiter, durch eine enge mittelalterliche Passage zwischen dicht aneinandergereihten Häusern. Einige stehen leer, viele sind zu verkaufen, eine Handvoll wirkt frisch gestrichen und gepflegt, mit üppig bepflanzten Blumenkästen vor den Fenstern und Briefkästen, die noch in Betrieb sind. Wir verlassen Lavoûte-Chilhac und gelangen auf eine schmale gewundene Landstraße, die eine lange Anhöhe mit Feldern zu beiden Seiten hinaufführt, eine sanfte Hügellandschaft, und wir verlangsamen unseren Schritt erneut. Mit Klippklapp geht es vorwärts, auf zum Stepptanz unserer letzten Etappe, dem Allier-Fluss westwärts folgend. Ich strebe heimwärts mit der Aussicht, für kurze Zeit einen Esel zu beherbergen. Plötzlich denke ich daran, was es bedeutet, einen Esel mit nach Hause zu bringen, mit in den eigenen Haushalt. Dann erspähe ich auch schon eine eng zusammengedrängte Gruppe von Steinhäusern unmittelbar vor mir, die den Berggipfel krönt; und ein kleines Gehöft, *chez moi*. Ich weiß, dass ich am Ziel meiner Reise angekommen bin.

36

Ich habe viel über den therapeutischen Nutzen eines Esels im Haushalt gehört. Er kann Quelle bedingungsloser Liebe sein, eine Möglichkeit, um Zuneigung zum Ausdruck zu bringen, vor allem bei Kindern, die weder das eine noch das andere je erfahren haben. Sie können langohrige Lehrer sein, die beruhigend und entspannend wirken, hyperaktiven Jugendlichen helfen und die Harmonie in Familien wiederherstellen, die entzweit sind. Ich habe mit meinen eigenen Augen die bemerkenswerten Auswirkungen gesehen, die ein Esel *daheim* haben kann, und zwar im wahrsten Sinne des Wortes, in einem Senioren-

heim, wo er alten Menschen seinen Dienst erweist. Es war eine Erfahrung, die mich zutiefst berührt hat. Ich sehe sie noch heute vor mir, eine kleine Eselin namens Lulu, silbrig schimmernd wie der Mond und mit der inneren Ruhe eines Buddha; sie steht dort in der Haltung einer Schutzpatronin der Esel, Inbegriff der Gelassenheit und Unerschütterlichkeit, mit adrettem, kurz geschorenem Fell, auf besondere Weise geschoren, damit sie keine Haare auf dem Teppich hinterlässt. Nur die Vorderseite bleibt flauschig, genau die richtige Haarlänge zum Streicheln. Mit ihrem schwarzen Lederhalfter, das Getreideähren ziert, gehört Lulu zu den elegantesten Eseln, die ich jemals gesehen habe. Es ist unmöglich, sie nicht zu streicheln: Sie ist der Inbegriff der Fühlbarkeit, eine Kuschelecke voller Wärme und Geduld.

Sie zieht viel Aufmerksamkeit auf sich in einem Raum voller Menschen, alter Menschen. Manche überrascht es nicht besonders, einen Esel im Haus zu sehen, im blitzsauberen Lebensraum des Menschen; für andere ist es ein befremdlicher Anblick, ein Schock. Wieder andere lächeln verwirrt, trauen ihren Augen nicht, lachen und brechen dann plötzlich in Tränen aus, Freudentränen, die über ihre Wangen laufen. Die Atmosphäre ist emotional aufgeladen. Alle sind tief bewegt, wegen eines Esels, ein Anblick, den man nicht so leicht vergisst. Lulu nimmt die Aufmerksamkeit gelassen und mit der für Esel typischen Bescheidenheit hin. Wir umringen sie im Swallowcliffe Seniorenheim in Seaton, im Rahmen des monatlichen Besuchs der Schul- und Therapieinitiative des Sidmouth Donkey Sanctuary unter dem wachsamen Blick von Jan Aherne, der Projektmanagerin. Sie hat einen biegsamen Plastikeimer unter Lulus Hinterteil gestellt, für alle Fälle. Das Seniorenheim, das inmitten tropischer Palmen liegt, bietet einen spektakulären Ausblick auf die Klippen. Kein schlechter Ort, um den Lebensabend zu beschließen.

Jan erzählt mir lachend, was es mit dem Plastikeimer auf sich hat. Es ist eine Vorsichtsmaßnahme, von der sie jedoch noch nie Gebrauch machen musste: »Lulu ist wohlerzogen. Sie weiß, dass es sich nicht gehört, ihr Geschäft in einem Wohnzimmer zu verrichten! Sie lässt uns wissen, wann es so weit ist. Sie wird unruhig, schlägt heftig mit ihrem Schweif hin und her. Dann weiß man, was sie damit sagen will.« Lulu ist nicht nur ruhig, sondern auch außerordentlich intelligent und absolut stubenrein, mit Sinn für Etikette und gutes Benehmen. »Sie ist hübsch«, sagt Ria, eine Bewohnerin von Swallowcliffe, die über achtzig ist, Lulus Stirn tätschelt und mit ihr spricht, als hätte sie ihre Enkelin vor sich. »Ist sie nicht hübsch?«

Ich frage Ria, was ihr an Lulu am besten gefällt. Ria denkt kurz nach und erwidert: »Sie ist so friedlich … so friedlich.« Lulu wird durch einen Gemeinschaftsraum mit mehreren Hundertjährigen geführt. Alle erhalten Gelegenheit, den vierbeinigen Star zu streicheln und ihm in die dunklen friedvollen Augen zu blicken, die wirksamer sind als jedes Beruhigungsmittel. Im Raum wird es lebendig, und für eine Weile vergessen die Heimbewohner den Fernseher. »Lulu ist für sie ein Lichtblick«, vertraut Jan mir augenzwinkernd an. »Es ist überall dasselbe. Sie bringt die Leute zum Reden, bringt Sonnenschein in ihr Leben.«

*

Die Therapieeinheit des Donkey Sanctuary, ausgestattet mit einem speziell auf Lulu zugeschnittenen Reisetransporter (einschließlich einer Überwachungskamera, um sie unterwegs im Auge behalten zu können), besucht zwei bis drei Mal am Tag, fünf Tage die Woche, Schulen und Seniorenheime, Hospize und Rehabilitationszentren in der gesamten Grafschaft Devon. »Bettlägerige Kinder mit Verhaltensstörungen, Kinder, die sich seit Jahren von ihrer Umwelt zurückgezogen haben, fangen in Gegenwart eines Esels plötzlich wieder an zu sprechen, werden aus der Lethargie gerüttelt und zeigen Zuneigung«, erzählt Jan. »Ältere Heimbewohner, die freiwillige keinen Schritt mehr gemacht haben, stehen aus ihren Sesseln auf oder verlassen ihr Zimmer, um Lulu zu begrüßen. Solche Szenen bekomme ich oft zu Gesicht und das ist eine sehr erfüllende Erfahrung. Es ist wunderbar, Menschen lächeln zu sehen, und Lulu macht es auch Spaß, sie findet es herrlich, im Mittelpunkt zu stehen. Ein Esel kann erstaunliche Auswirkungen auf Menschen haben. Die Belegschaftsmitglieder in den Seniorenheimen freuen sich dabei genauso über den Besuch des Esels wie die Bewohner.«

Wir können uns selbst ein Bild davon machen, als wir die nächste Station erreichen, das Dove Court Seniorenheim, fünf Minuten entfernt, an der gleichen Straße gelegen. Lulu versetzt mit ihrem Eintritt alle in helle Aufregung. Sie wird in ein Einzelzimmer geführt, wo der achtzigjährige Tony im Bett sitzt und den Esel zu sich lockt. »Na so etwas, so eine Hübsche.« Tony öffnet eine Packung After Eight und streckt Lulu ein Schokominttäfelchen entgegen. »Komm her, meine Kleine, nimm …« Lulu lässt sich nicht lange bitten und nimmt den Leckerbissen sanft aus Tonys Händen, ganz behutsam. Jan erklärt, bei einem anderen Esel müsse man aufpassen, dass er einem nicht versehentlich in die Hand beißt. Tony reicht Lulu das nächste After Eight; sie schlingt es unzerkaut herunter und noch eins und noch eins … Lulu ist ganz offensichtlich in ihrem Element. Spitzbübisch genießt sie die Leckerbissen und die Aufmerksamkeit, die man ihr schenkt, wedelt mit den Ohren und entblößt die Zähne, als würde sie Werbung für Zahnpasta mit Pfefferminzgeschmack machen. Man riecht die Schokolade in ihrem Atem, wenn man in ihre Nähe kommt. Sie leckt sich buchstäblich die Lippen, mit aufgeblähten Nüstern.

Dann lässt Tony seinen Erinnerungen an Esel und den Zweiten Weltkrieg ihren Lauf, als er in Italien war ... Jan flüstert mir zu, dass Esel oft als »Eselsbrücke« dienen und bewirken, dass man sich an längst Vergangenes zurückerinnert. Sie sind immer Auslöser der einen oder anderen Anekdote. Es ist faszinierend zu beobachten, wie sie so das Gedächtnis im gleichen Maß stimulieren wie den Tastsinn. »Der therapeutische Nutzen eines Esels ist unglaublich und nachgewiesen«, erklärt Jan. Esel erleichtern die Kommunikation – ob mit Worten oder durch körperliche Berührung. Sie urteilen nicht und dienen als Ventil für Gefühle. Auf alte Menschen wirken Esel wie Lulu mit ihrer liebenswerten, sanften Art belebend. »Esel sind jedes Mal Gesprächsthema Nummer eins, das die Leute noch lange beschäftigt, selbst dann noch, wenn wir längst wieder weg sind«, sagt Jan. »Und sie helfen Kindern, etwas aus eigener Anschauung über Lebewesen zu lernen, verleihen dem naturwissenschaftlichen und naturgeschichtlichen Unterricht den zusätzlichen Aspekt des Anfassens, des hautnahen Erlebens. Die Schulbesuche mit dem Esel werden von Schülern und Lehrern gleichermaßen begeistert angenommen.«

*

Später am selben Nachmittag war ich in Jans Büro im Donkey Sanctuary und unterhielt mich mit ihr über die sogenannte tiergestützte Therapie, die ich gerade in der

Praxis erlebt hatte. Sie ist inzwischen ein offiziell anerkannter Zweig der Alternativmedizin, die auf den positiven Einfluss von Tieren auf die Gesundheit des Menschen im sozialen und psychologischen Bereich setzt. Schon 1929 machte man die Entdeckung, dass der Blutdruck eines Hundes sinkt, wenn er gestreichelt wird; doch erst fünfzig Jahre später stellte man fest, dass dabei der Blutdruck des Menschen, der ihn streichelt, ebenfalls fällt. Durch den bloßen Kontakt mit Tieren werden Blutdruck und Cholesterinspiegel, Angst- und Stressniveau positiv beeinflusst: sie sinken. In einer Studie aus dem Jahr 1991, veröffentlicht im *Journal of Nervous and Mental Disease,* heißt es: »Tiere können Ängste und Reizzustände des vegetativen Nervensystems reduzieren, indem sie einen angenehmen äußeren Fokus für die Aufmerksamkeit liefern, ein Gefühl der Sicherheit hervorrufen und eine Quelle des sogenannten ›Kontaktbehagens‹ schaffen.«

Das Konzept des »Kontaktbehagens« erklärt zumindest teilweise die Freude an der Interaktion mit einem Esel, das Wohlbehagen und das Tröstliche, das die Menschen beim Kraulen der flauschigen, warmen Stirn eines Tieres verspüren, das so unendlich friedfertig, weich, sanft und vertrauensvoll ist. Wenn wir ein Tier liebkosen und streicheln, findet tief in unserem Innern eine Veränderung statt; diese Geste sagt einiges über uns selbst aus, sie bringt unser Bedürfnis nach Zärtlichkeit und Berührung zum Ausdruck, ein fundamentales Grundbedürfnis, um uns als fühlende Wesen zu erfahren. Diese Sehnsucht nach Nähe, dieser Hunger nach »hautnaher Berührung« ist medizinisch anerkannt und wissenschaftlich messbar. Die Berührung eines weichen Tieres, seine stille Präsenz, wirken sich auf unsere Neurotransmitter aus, erhöhen die Reaktionsfähigkeit der Rezeptoren in unserem Gehirn und haben somit einen positiven Einfluss auf unser Gefühlsleben. Sie erhöhen das Wohlbefinden, vermitteln das Gefühl, dass eine Lücke, ein seelisches Vakuum gefüllt wird.

Eine andere Studie aus dem Jahr 1998, die im *Journal of the American Psychiatric Association* erschien, untersuchte die »Auswirkungen der tiergestützten Therapie auf das Angstniveau von stationären Psychiatrie-Patienten«. In dem Artikel hieß es: »Bei Patienten, die unter Psychosen, Persönlichkeitsstörungen und anderen Störungen litten, wurde nach tiergestützten Therapiesitzungen eine statistisch signifikante Senkung des Angstniveaus festgestellt.« In den Gruppensitzungen der Studie standen Interaktionen mit einem Hund, der sich frei im Raum bewegte, im Mittelpunkt, wobei der Therapeut das Gespräch auf die Haustiere der Patienten und ihre Beziehungen zu Hunden und anderen Tieren lenkte. Psychiatrie-Patienten, die bis dahin Rückzugssymptome erkennen ließen, zeigten dabei plötzlich wieder Reaktionen in Form eines Lächelns, einer Umarmung und aktiver Gesprächsteilnahme. Die Minderung der Angstzustände bei Patienten mit psychotischen Störungen war bei der tiergestützten Therapie allem Anschein nach doppelt so effektiv wie bei anderen therapeutischen Verfahren, die auf Entspannung abzielen. »Die tiergestützte Therapie kann Patienten mit psychotischen Störungen eine Interaktionsplattform bieten, die im Vergleich zu traditionellen Therapieformen weniger Anforderungen stellt«, lautete die Schlussfolgerung der Studie. »Vielleicht vermittelt der Therapiehund ein Gefühl der Sicherheit und des Wohlbefindens, das bei den herkömmlichen Therapien für stationäre Patienten fehlt. Alternativ könnte der Hund in Angst auslösenden, als bedrohlich empfundenen Situationen eine Ablenkung darstellen. Oder es ist das physische Berühren des Hundes, das die Angstgefühle der Patienten verringert.«

*

Die Studie über die tiergestützte Therapie geht zurück auf den Beginn der Sechzigerjahre und den New Yorker Kinder-Psychotherapeuten Boris Levinson. Er schrieb einen faszinierenden, auch für Laien verständlichen Artikel über seinen Hund Jingles, der in der Zeitschrift *Mental Hygiene* erschien: »Der Hund als Therapiehelfer«. Levinson wusste, dass er mit seiner Veröffentlichung die Vertreter der konventionellen Therapieformen provozieren würde. Und das tat er auch. Seine darin vorgestellte bahnbrechende, unorthodoxe Behandlungsmethode blieb nicht ohne Auswirkungen und sollte den Weg bereiten für neue, unkonventionelle Therapieansätze mit Tieren. Beim Lesen überlegte ich ständig, ob Esel wie Lulu, Gribouille, Dapple, Platero oder der Zauberer Balthasar nicht nur Gefährten, sondern auch »Therapiehelfer« bei der Reise sein könnten, auf die ich mich begeben habe, um Heilung zu finden.

Levinsons Hund Jingles war ein treuer und anhänglicher Bursche, ein ziemlich unbedarfter Therapeut, ohne jede teure medizinische Ausbildung. Eines Tages, zirka 1960, lag er in Levinsons Praxis, zusammengerollt zu Füßen seines Herrn, der damit beschäftigt war, Berichte zu schreiben, bis der nächste Patient erschien: ein achtjähriger Junge mit Rückzugssymptomatik, seit Langem ein Problemfall. Als der Patient und seine Eltern eintrafen, etwa eine Stunde vor dem Termin, lief Jingles zu dem Jungen hinüber und schleckte ihn ab. Levinson war erstaunt: »Zu meiner großen Überraschung zeigte der Junge keine

Angst, sondern schmiegte sich an den Hund und begann, ihn zu streicheln.«

Die Eltern wollten die zwei trennen, doch Levinson bedeutete ihnen, sie gewähren zu lassen. Nach einer Weile stellte der Junge Fragen über den Hund und brachte seinen Wunsch zum Ausdruck, mit ihm zu spielen. Während der nachfolgenden Therapiesitzungen blieb Jingles im Raum und die beiden spielten miteinander. Nach und nach ging ein Teil der Zuneigung, die der Hund hervorgerufen hatte, auch auf den Therapeuten über, er wurde in das Spiel mit einbezogen. Schrittweise entwickelte sich eine gute Arbeitsbeziehung, die schließlich zur Genesung des Jungen führte. »Wir werden wohl nie wissen, wie das Kind reagiert hätte, wenn der Hund an jenem Morgen nicht da gewesen wäre!«, sagte Levinson.

Von dem Zeitpunkt an wurde Jingles bei bestimmten Kindern eingesetzt und eine neue Therapiemethode begann, sich zu etablieren. Ein Hund kann, so Levinson, in der Beziehung zu einem Kind verschiedene Rollen spielen: er kann Gefährte, Freund, Diener, Bewunderer, Vertrauter, Sündenbock, Spiegelbild und Beschützer sein. Wenn ein Kind in einer Beziehung das Gefühl der Sicherheit braucht, ohne Angst vor dem Verlust der geliebten Menschen oder davor, sein Gesicht zu verlieren, vermag der Hund dieses Bedürfnis zu erfüllen. Wenn sich ein Kind nach einer Beziehung sehnt, die Nähe und Geborgenheit vermittelt, liebevoll und urteilsfrei ist, kann der Hund sie bieten. Hunde geben keine Widerworte. Und kein menschliches Wesen kann einem Kind mehr Akzeptanz auf allen Ebenen entgegenbringen als ein Hund, der seinem Herrn treu ergeben ist und ihn für unfehlbar hält. Levinson schließt: »Meiner Meinung nach würde mehr Verständnis für die Bedürfnisse eines Kindes nach Zärtlichkeit, Liebe und Zuwendung, gleich ob durch Mensch oder Tier, bei vielen Kindern eine schnellere Genesung bewirken.«

Was zu der Frage führt, ob das Bedürfnis nach Zärtlichkeit und Nähe ausschließlich bei Kindern besteht. Möglicherweise ist es auch in uns vorhanden, tief vergraben und unterdrückt und durch weniger friedvolle Aktivitäten, durch neurotische Verhaltensweisen zum Ausdruck kommend? Vielleicht ist ein Tier wie der Esel, der liebkost werden kann und zuhört, der Geheimnisse bewahrt und einen Menschen akzeptiert, wie er ist, ohne ein Urteil zu fällen, auch für das emotionale Wohlbefinden von Erwachsenen von zentraler Bedeutung? »Vielleicht machen wir in unserem Verständnis der Tiere eines Tages so große Fortschritte, dass wir in der Lage sind, den Umgang mit Haustieren bestimmter Art für verschiedene emotionale Störungen zu verschreiben«, sagt Levinson. »Die Wahl des Haustieres ist oftmals ein Spiegelbild der Persönlichkeit.« Man fragt sich auch, ob Anne Sexton vom Besuch eines Esels wie Lulu oder einer Reise mit Gribouille profitiert hätte, von einer Gribouille-gestützten Therapie. Vielleicht hätte der haarige Gefährte, nach dem sie sich sehnte und über den sie Gedichte schrieb, als Therapiehelfer gute Dienste geleistet. Vielleicht wäre sie geheilt worden und, das Gesäß gegen die Flanken eines Esels gepresst, der »Klapsmühle« in Neuengland entflohen, in der sie eingesperrt war.

Im Gegensatz zu Sexton stolperte Fürst Myschkin auf einem Marktplatz in der Schweiz über den Auslöser seiner emotionalen Befreiung in Gestalt eines Esels, seinen Urschrei, seine tiergestützte Therapie, und ging eine Weile den steinigen Weg, der zum eigenen Reifeprozess führte. Auch die geerdete Weisheit von Dapple, einem weiteren erfolgreichen Therapiehelfer, lehrte Sancho Pansa mindestens genauso viel über die Bedeutung des Lebens und die menschlichen Torheiten, die aus einem wild gewordenen Ego erwuchsen, wie Don Quijote es tat. Es sind Torheiten, auf denen das Kartenhaus unserer Gesellschaft errichtet ist; Torheiten, die uns als Lockmittel vor die Nase gehalten werden und uns zur Teilhabe nötigen. Und wie Sancho Pansa lassen sich die meisten von uns ködern, in Torheiten hineinziehen und auf einen Weg bringen, auf dem der Irrsinn lauert. Wer hat nicht den Ehrgeiz, Ruhm und Ehre zu erwerben, zu Wohlstand und Reichtum zu gelangen, Statthalter der einen oder anderen Insel zu werden?

37

Es geht immer noch bergauf. Wir sind fast zu Hause. Bei der letzten Biegung wird die Straße unvermittelt steiler, bevor sich eine weitere gerade Strecke anschließt. Die Häuser rücken näher, Gribouille. Gleich wird das kleine blau-weiße Schild auftauchen und uns zeigen, dass wir angekommen sind, ein altes Schild am Wegrand neben einem wuchernden Brennnesselgebüsch. Ich sehe eine massive Scheune zu meiner Rechten, mit Heuballen gefüllt, und daneben die Ruine eines alten Hauses, mit durchhängendem Dach und eingestürzter Rückwand. Im Innern befindet sich ein morsches Bett, schutzlos den Elementen preisgegeben, sowie Schränke, Tische und eine Nähmaschine: der schwache müde Abklatsch einer Puppenstube, nur in Lebensgröße. Der Anblick erinnert mich daran, falls es jemals einer Erinnerung bedürfte, dass dieser Landstrich arm ist, unwirtlich. Hier ist das gewohnte Lebensgefüge der Menschen zusammengebrochen und die Umgebung bei aller Lebendigkeit dem Untergang geweiht, kein Schaukasten, in den man bei einem Schaufensterbummel hineinblickt, in dem nur der schöne Schein zählt ...

*

Die Torheiten der Reichen gelten in unserer Welt als gutes Urteilsvermögen, sagt Sancho in seinem vielleicht bedeutendsten Ausspruch, kurz bevor er mit der Welt der Reichen in Konflikt gerät. »In wenigen Tagen reise ich ab, um die Statthalterschaft anzutreten«, schreibt er seiner Frau Teresa, »und ich begebe mich mit dem Wunsch dorthin, ein Vermögen zu erwerben, weil es heißt, dass alle Statthalter diesen Wunsch verspüren.« Dass fahrende Ritter ihren Schildknappen versprechen, sie als Statthalter eines kleinen Königreichs einzusetzen, hat eine lange Tradition. Doch Sancho wird tatsächlich im Schnellverfahren zum Statthalter einer Insel befördert, ein Spaß, der von der Herzogin inszeniert wird und auf Don Quijotes Kosten geht. Was die Fähigkeit zu regieren betrifft, vertraut Sancho der Herzogin im Rahmen eines Gesprächs an, bei dem sie seine Tauglichkeit auf Herz und Nieren prüft, so sei er mildtätig von Natur aus und voller Mitgefühl für die Armen. »Doch lasst Euch nicht von meinem äußeren Erscheinungsbild täuschen«, fügte er hinzu, »denn unter dem Mäntelchen der Armut findet Ihr einen standfesten Trinker.«

Die Herzogin lacht über Sanchos schlichtes Gemüt, über seine naiven Weisheiten, die in der zynischen Arena von Politik und Wirtschaft zum Scheitern verurteilt sind, wie sie weiß. Sie gewährt Sancho die ersehnte Statthalterschaft über die Insel; er küsst ihr die Hand und bittet sie, so freundlich zu sein, recht gut für seinen Grauen zu sorgen, seinen Augapfel. Die Herzogin erlaubt ihm, den Esel mit auf die Insel zu nehmen. »Dort könnt ihr ihn pflegen lassen nach Herzenslust, denn arbeiten braucht er dort nicht«, erklärt sie. Sancho erinnert die Herzogin lakonisch daran, dass das letztlich auch nichts Außergewöhnliches sei – schließlich habe er schon so manchen Esel gesehen, der es zu einer Statthalterschaft gebracht hat, und so wird es nichts Neues sein, wenn er Dapple dorthin mitnimmt.

Kaum hat er sein Amt angetreten, wird Sancho das Leben durch Tricks und Intrigen verleidet. Ein Quacksalber im Dienste der Herzogin hindert ihn daran, auch nur einen Bissen zu sich zu nehmen, unter dem Vorwand, es könnte seinem Magen schaden. Die würzigen Speisen werden wieder hinausgetragen, denn sie machen durstig und wenn man zu viel trinkt, kann man nicht mehr vernünftig denken, befindet der Leibarzt. Sancho läuft beim Anblick der saftigen geschmorten Rebhühner das Wasser im Mund zusammen, doch der Leibarzt winkt ab. »Ein voller Magen ist schlecht, ein mit Rebhuhn gefüllter ist sehr schlecht.« Auch der Kaninchenbraten ist nichts für ihn, weil es sich um ein langhaariges Tier handelt, das sauer eingelegte Kalbfleisch bleibt ihm ebenfalls verwehrt und das deftige Schmorgericht mit Schinken und Huhn ist Bauernhochzeiten und Schulmeistern vorbehalten, für die Tafel eines Statthalters nicht gut genug.

Mittlerweile muss der hungrige Sancho am laufenden Band zweifelhafte Bittsteller in seinem Audienzsaal empfangen und Recht sprechen: Mal geht es um Geld, dann wieder darum, Ehestreitigkeiten und häusliche Querelen zu schlichten. Auch diese »Fälle« wurden von der Herzogin inszeniert, um den armen Sancho in Verlegenheit zu bringen und seine Weltfremdheit zu demonstrieren. Doch statt sich zum Gespött zu machen, fällt Sancho kluge, mutige Entscheidungen, die ihm Achtung eintragen; die

Vasallen und der Haushofmeister sind beeindruckt von der Rechtsprechung des Statthalters Sancho Pansa, genau wie Don Quijote, sein ehemaliger Herr. Dennoch geht das Spiel weiter und Sancho wird gewarnt, dass sich Spione, Mörder und Hexenmeister in ihrer Mitte befinden, Menschen, die ihn vergiften wollen und einen Umsturz auf seiner Insel planen. In der siebten Nacht seiner Amtszeit, hungrig und nach einem harten Arbeitstag, an dem er nichts als Recht gesprochen, Empfehlungen geäußert, Statuten und Verordnungen erlassen hat, naht das Ende seiner Statthalterschaft oder vielmehr der Moment der Wahrheit.

Mitten in der Nacht, während die Glocken Sturm läuten und Trompeten erschallen, wecken ihn seine Vasallen mit der Nachricht, dass Feinde die Insel überfallen haben. »Zu den Waffen, zu den Waffen, Herr Statthalter, zu den Waffen!« Auch das ist Lug und Trug, gehört zu dem Schabernack, den sich die Herzogin mit ihm erlaubt und von dem außer Sancho alle wissen. Er wird in eine Rüstung gesteckt, die so eng ist, dass er keinen Schritt machen kann, er verliert das Gleichgewicht und stürzt rücklings zu Boden, unfähig aufzustehen. Die Hofschranzen des Herzogs trampeln über ihn hinweg wie eine wild gewordene Meute über eine Riesenschildkröte. Da liegt er nun, gedemütigt von den Schwindlern im Dienste der Herzogin. Er fleht zu Gott, er möge die Insel retten und ihn aus seiner Not erlösen, dann werde er frohen Herzens auf die Statthalterschaft verzichten.

Plötzlich ruft jemand: »Sieg! Sieg! Der Feind zieht sich zurück! Herr Statthalter, steht auf und feiert diesen Triumph!« Mit Beulen und blauen Flecken übersät, lässt Sancho sich auf die Füße helfen, einen Schluck Wein einflößen, den Schweiß abwischen und aus der Rüstung befreien. Dann fällt er in Ohnmacht, eine Folge des ausgestandenen Schreckens und der Aufregungen. Diejenigen, die sich den Spaß mit ihm erlaubt haben, fürchten, zu weit gegangen zu sein. Doch Sancho kommt wieder zu sich. Er erinnert sich an sein Versprechen und zieht sich schweigend und mit ernster Miene an, während ihn die anderen gespannt beobachten, neugierig, was all das zu bedeuten habe. Dann begibt er sich langsam, weil ihm die Verletzungen das Gehen erschweren, zu Dapples Stall, seine Vasallen im Schlepptau. Nun folgt eine der beeindruckendsten Szenen in *Don Quijote,* ein Höhepunkt, der selten als solcher erkannt wird. Sancho umarmt seinen alten treuen Gefährten, den er zeitweilig vernachlässigt hat, liebevoll, küsst ihn auf die Stirn, bricht in Tränen aus und sagt: »Mein lieber Gefährte, mein Freund, der Kummer und Leid mit mir teilte! Als wir noch alleine waren und ich von keinem anderen Gedanken geplagt wurde, als dein Zaumzeug in Ordnung zu halten und für dein leibliches Wohl zu sorgen, erlebte ich glückliche Stunden, Tage und Jahre! Doch seit ich dich verlassen habe und in meinem Stolz und Ehrgeiz hochmütig geworden bin, ist meine Seele von tausend Leiden, Mühseligkeiten und Kümmernissen durchdrungen.«

*

Diese »Friedenskuss-Szene«, wie ich sie gerne nenne, zeigt eine Geste, die in unserem kriegerischen Zeitalter beinahe anachronistisch erscheint. Sie erlangte 1863 durch den französischen Illustrator Gustave Doré Unsterblichkeit. Doré fertigte eine Serie von Lithografien für Cervantes' Meisterwerk an, die sich ausnahmslos um Don Quijote drehten, minimalistisch im Stil und in Schwarz-Weiß gehalten. Doch in dem Stich, der den »Friedenskuss« darstellt, wird dem Bauer Sancho und seinem Esel Dapple eine Starbehandlung zuteil. Eine Träne rinnt über Sanchos Gesicht, ein schmerzverzerrtes Gesicht, von leidenschaftlichen Gefühlen gezeichnet, zerfurcht und so ledrig, dass es einer sonnengetrockneten Tomate mit Knollnase gleicht. Sanchos lockiges Haar ist pechschwarz und er trägt einen zerknitterten Bauernkittel. Seine Hände sind groß und schwielig und doch behutsam, als er Dapples Maul umfasst und sein Gesicht an die Stirn des Esels presst. Stroh hängt aus Dapples Maul, das zu lächeln scheint, und sein Speichel tropft auf Sanchos Brust. Seine Ohren ruhen auf Sanchos Kopf und er schaut, ganz nach Eselsart, ruhig, zufrieden und melancholisch in die Welt hinaus. Doré ist es gelungen, die Weisheit der Esel einzufangen; er zeichnete das vollkommenste Bild einer tiergestützten Therapie, von einem Esel als Therapiehelfer, ein Bild, das in seinem Ausdruck bis heute unübertroffen ist.

Dapple holte Sancho in die Wirklichkeit zurück und wurde zum Symbol einer Unverfälschtheit, die sein Herr zeitweilig aus den Augen verlor in seiner Eitelkeit und Gier, seinem Hunger nach Wohlstand, seinen ehrgeizigen Bestrebungen in einer selbstgefälligen, dünkelhaften Welt, in der alle höheren Werte bedeutungslos waren, als naiv galten und belächelt wurden. (Die Herzogin hatte sich seit jeher über Sancho und seinen Esel lustig gemacht.) Mit Dapple oder vielmehr durch Dapple erlebte Sancho den Schock der Erkenntnis, den Urschrei, ähnlich wie Bileam, der geraume Zeit brauchte, um den Engel zu entdecken, den sein Esel längst gesehen hatte. Durch Dapple erkannte er Kafkas »Wahrheit über Sancho Pansa«, die Wahrheit über sich selbst: Dass er ein einfacher Mann war, ein aufrichtiger Mann mit einem einfachen Esel, eine ehrliche

Haut und ein friedfertiger Geselle. Sancho war in seinem tiefsten Innern weder ehrgeizig noch ein Zyniker. »Platz da, meine Herren«, ruft er, nachdem er Dapple umarmt und ihm den Packsattel aufgeschnallt hat. »Lasst mich in die Freiheit, lasst mich meiner Wege ziehen, auf der Suche nach meinem früheren Leben, damit ich die Auferstehung von meinem jetzigen Tod genießen kann.«

Beim Abschied erklärt er noch einmal, dass er sich besser auf das Bestellen der Felder und den Anbau von Wein versteht als auf den Erlass von Gesetzen und die Verteidigung von Provinzen und Königreichen. Er möchte seinen Bauch lieber mit einer gewöhnlichen Suppe füllen, als sich in die Hände eines anmaßenden Arztes zu begeben, der ihn verhungern lässt. Er möchte im Sommer Frieden im Schatten einer Eiche finden und sich im Winter in eine Jacke aus Schaffell hüllen, aber sein eigener Herr sein, statt unter der Fuchtel eines Regierungsauftrags in feiner Leinenbettwäsche zu schlafen und Roben mit Zobelbesatz zu tragen. Und so lernt Sancho auf dem harten Weg, was die meisten auf dem harten Weg lernen: Dass die Zusicherung von Ruhm und Reichtum eine List ist, ein Trick, mit dem ehrliche, einfache Menschen geködert werden, ein Trick, den die Herzöge und Herzoginnen unserer Zeit festschreiben, den sie immer wieder aus dem Ärmel schütteln, verbreiten und uns mittels Fernsehen oder Hochglanzbroschüren im Briefkasten schmackhaft machen wollen. Die List wird dargestellt als unverzichtbares Element der Erwachsenenwelt, als reale Realität, als die *einzige* Realität. Der Unbedarfte durchschaut sie oft erst dann, wenn es zu spät ist, wenn er sich schon zu weit aufs Eis hinausgewagt hat, wenn es keinen Friedenskuss mehr geben kann und er, was besonders traurig ist, sein kindliches Staunen verloren hat. »In Don Quijote ist kein Arg«, sagt Sancho von seinem Herrn. »Ein

Kind könnte ihn mitten in der Nacht davon überzeugen, dass helllichter Tag ist; und wegen dieser Einfachheit liebe ich ihn von ganzem Herzen und könnte ihn niemals verlassen, auch wenn er noch so verrückte Dinge anstellt.«

Sancho war immer ein Mann der leisen Töne, ungeeignet für ein hohes Amt, der sich nie auf das Tarnen, Täuschen und Taktieren verstand, das bei solchen Aufgaben unerlässlich ist. Seine Aufrichtigkeit, Lernbereitschaft und Gutherzigkeit hätten ihn theoretisch für die Position des Anführers, Statthalters oder Präsidenten einer ganzen Nation prädestiniert, doch in der Praxis, in der »realen Welt« war er zum Scheitern verurteilt. Mittellos trat er sein Amt an und mittellos trat er von ihm zurück – genau umgekehrt, sagt er, wie es sonst der Fall ist bei scheidenden Politikern. Er erbittet nur ein wenig Gerste für Dapple und ein Stück Käse und einen halben Laib Brot als Wegzehrung für sich selbst.

»Machen Sie Platz, meine Herren, machen Sie Platz!« Alle Hofleute umarmten ihn »und wurden wiederum vom schluchzenden Sancho umarmt, der sie verwundert zurückließ, gleichermaßen erstaunt über seine Worte wie über seine resolute und weise Entscheidung«. Und so zog der ehemalige Statthalter Sancho, mittellos und von seinem Wahn geheilt, als freier Mann seiner Wege, ritt mit einem lachenden und einem weinenden Auge auf Dapple davon.

*

Macht Platz, macht Platz! Lasst mich durch mit Gribouille, meinem Augenstern. Doch hier hat sich keine Menschenmenge zu unserer Begrüßung eingefunden, denn es handelt sich, wie bereits gesagt, um ein winziges Dorf mit einem halben Dutzend Häusern und ein paar Ruinen. Es ist so ruhig und friedlich wie immer, als wir um die letzte Kurve biegen, eine scharfe Haarnadelkurve, die eine kurze steile Anhöhe hinaufführt. Auf der rechten Seite taucht das Haus mit der gekrümmten Wand auf, der Wand, nach der mein Haus benannt ist und das jeder Einheimische kennt: ein schlichtes altes Bauernhaus mit braunen Fensterläden und einem orangefarbenen Ziegeldach. Ich gehe über die Schwelle, durch das Gartentor, betrete den Rasen, als plötzlich meine Frau an der Haustür erscheint, mich mit einem Lächeln begrüßt, Tränen in den Augen. Sie freut sich unbändig, mich zu sehen, Gribouille zu sehen, mich mit einem Esel zu sehen. Mit geröteten Augen läuft sie mir entgegen, schwanger mit unserem ersten Kind, umarmt und küsst mich, dann wendet sie sich Gribouille zu, dem großen Schokoladenbraunen, begrüßt ihn mit einem Friedenskuss auf die Stirn, Heilmittel für alle Übel unserer Welt. Er steht mit seinen großen staunenden, traurigen Augen da, reglos, mit ausdrucksloser Miene. Dann umarmen wir uns und schmiegen uns gemeinsam an Gribouilles weiche Schlappohren, seine warmen »Baguettes«. Und plötzlich weiß ich, irgendwie weiß ich einfach, dass dieser Moment das Beste ist, was einem Menschen widerfahren kann auf Erden. Besser geht's nicht …

38

Die beiden Tage mit Gribouille in unserem Garten waren wunderbar, wie ein süßer Traum. Der Sommer schien noch einmal zurückzukehren, obwohl der Herbst längst schon vor der Tür stand. Unser Tal lag eingehüllt in einen kristallklaren Frieden, in die Lieblichkeit eines wiedergefundenen Paradieses, das vielleicht nie ganz verloren gewesen war. Gribouille sah aus, als wäre er von einem schimmernden Heiligenschein umgeben, als er dort still auf der Wiese am Hang graste. Im Feld nebenan kamen die Kühe des Nachbarn, *Limousine*-Kühe, neugierig näher, nahmen unseren Gast in Augenschein, entboten ihm gelegentlich ein Muh als Zeichen der Kenntnisnahme, einer schüchternen Verbrüderung. Alle wedelten mit dem Schwanz, taten ihre Zufriedenheit kund.

Ich habe mithilfe eines tragbaren Zauns, einiger weißer Pfosten, die man in die Erde rammen und dann mit Schnüren verbinden kann, eine provisorische Koppel für Gribouille errichtet. Eine bewegliche Umfriedung, deren Größe den individuellen Bedürfnissen angepasst werden kann. Das Areal, das mir zur Verfügung steht, wäre für die permanente Unterbringung eines Esels zu klein, doch die Vegetation ist dicht und die Parzelle groß genug, sodass sie eine Zeit lang genügend Futter abwirft. Ich habe sie vom Gemüsegarten meiner Frau abgetrennt, dem heiß geliebten, in dem die Früchte ihrer Arbeit nun in Hülle und Fülle gedeihen, Leckerbissen, die Gribouille binnen kürzester Zeit verputzen würde. Sobald ich ihn zurückgebracht habe, werde ich seine Misthaufen aufsammeln und auf den Kompost schaffen. Dieses organische Düngemittel wird dazu beitragen, den Boden zu nähren und auch in Zukunft eine reiche Ernte zu erzielen: Gribouilles Ernte. Hinter dem Haus, auf unserer hölzernen Veranda im ungetrübten Sonnenschein sitzend, beobachte ich Gribouille, der zwanzig Meter entfernt im Gras stöbert. Ich lausche wieder den schlurfenden Schritten eines Esels, ein vertrautes Geräusch, ein Geräusch, das ein Gefühl der Geborgenheit vermittelt. Ich nehme den süßen Geruch der Erde im September wahr, vermischt mit einem Hauch von Eselsgeruch. Hin und wieder hebt er den Kopf und blickt in meine Richtung. Er steht wie angewurzelt da, schaut einfach, wägt ab. Dann wendet er sich wieder ab und geht seinen eigenen Interessen nach, stetig in der Erde wühlend. Sein Fell glänzt wie eine strahlende Rüstung, wenn ihn ein Sonnenstrahl trifft.

Von meinem Ausguck beobachte ich ihn, eingerahmt von der Kulisse des Tals: Ich sehe die Hügel im Westen, die sich bis nach Ally erstrecken, die sanfte Hügelkette im Süden und Lavoûte-Chilhac direkt unter mir, ein ungebrochenes Panorama, halb grün, halb blau. Wenn ich mich anstrenge, kann ich die Spitze einer Windmühle erkennen, halb hinter einer höher gelegenen Bergwiese verborgen, deren Flügel sich in einer sanften Brise drehen. Ich komme mir vor wie der einsame Betrachter einer Szenerie in einem Gemälde von Jean-François Millet, van Goghs Meister, den er bisweilen kopierte. Millet verbrachte zwischen 1866 und 1868 die Sommermonate in der Auvergne, malte eine trügerische ländliche Idylle, in der die harsche Realität des Landlebens zum Ausdruck kam, mit ihren Heuerntehelfern, Obstpflückern und Ährenlesern. Millet hatte auch einen Blick für die schwer arbeitenden Esel, die er in Miniatur-Bleistiftzeichnungen festhielt, unermessliche Schätze auf altem Pergament. Gribouille erinnert mich an eine dieser Zeichnungen, die ich einmal im Musée d'Orsay in Paris sah, eine Studie von Millet, die einen Esel aus verschiedenen Blickwinkeln zeigt. Skizzen von Schwanz, Ohren und Hinterläufen in verschiedenen Versionen, mit verblüffender Klarheit dargestellt: *Trois Études d'âne pour le Départ pour les champs.*

Ich höre das leise Geräusch eines Traktors, der ein Feld mäht, schaue zu, wie er seine Bahnen zieht, eine endlose Schlangenlinie. Er ist weit genug entfernt, um sich harmonisch mit dem Gezwitscher der Vögel und den Glocken der Priorei zu verbinden. Dieser Klanghintergrund bewirkt, dass die Lider schwer werden und man in einen Nachmittagsschlaf verfällt. Plötzlich ein orangefarbenes Aufblitzen, als stünde das Feld in Flammen: ein rotes Eichhörnchen, das von Baum zu Baum springt, zwischen den Kühen hindurch, ein Eichhörnchen wie in einem Cartoon, dessen Schweif munter hinter ihm herweht. Es ist der Luftsprung, der den Sieg, die Freiheit in unbegrenzter ländlicher Umgebung feiert. Vor langer Zeit, in einem früheren Leben, einem Leben, weit von dem beschaulichen entfernt, das ich jetzt führe, sehnte ich mich danach, auf der Schnellspur ins Zentrum, ins Herz der Betriebsamkeit zu gelangen, eine Erfahrung, die ich zu verpassen fürchtete und der ich ständig hinterherjagte. Heute bin ich glücklich, zu verweilen, nicht mehr hetzen zu müssen, auf Betriebsamkeit verzichten zu können, meinen Tagträumen nachzuhängen an einer gemächlich sich windenden Straße, die ins Nirgendwo führt.

In Gribouilles Gegenwart ist mein Leben wie ein Film vor meinem inneren Auge abgelaufen. Mit ihm hatte ich die Chance, vielleicht meine glückliche zweite Chance, die Vergangenheit noch einmal zu durchleben, zu analysieren, alten Ballast abzuwerfen, die Toten zu begraben und mein Leben fortzusetzen. Es war wie eine Weihe all dessen, was war, und all dessen, was folgt: eine Salbung der Vergangenheit und unserer unbekannten Zukunft mit dem heilenden Balsam der Hoffnung, mit den schöpferischen Kräften der Fantasie. Wir haben Geschichten miteinander geteilt und unsere eigene Geschichte geschaffen; eine Geschichte, die das Leben eines Esels untrennbar mit dem eines Menschen verknüpft, so wie Robert Bressons Geschichte von Marie und Balthasar. Ich habe Freud und

Leid durch die Augen eines Esels betrachtet und noch einmal durchlebt: Schmerz und Glück der Kindheit und der Jugendjahre; dann den Verlust der Unschuld, die sinnentleerten Aktivitäten, aus denen sich das »normale« Arbeitsleben zusammensetzt, den alltäglichen Irrsinn, der zur Gewohnheit geworden ist. Und die mittleren Jahre, als ich den Absprung wagte und wie das rote Eichhörnchen mit einem Sprung dort landete, wo ich heute bin, wo ich endlich klar sehe, wo ich den Zynismus ablegen kann, den Erwachsene mit sich herumschleppen. Unter Gribouilles aufmerksamen Augen durfte ich einen Blick auf mein verlorenes, wahres Ich werfen und Anspruch erheben auf meine verlorene Unschuld ...

Hin und wieder schlendert meine Frau zu Gribouille, füllt seinen Wassereimer mit dem Gartenschlauch und streichelt ihn sanft. Das ist interessant, denn normalerweise fasst sie kein Tier an, gleich welcher Art, weil sie sich vor ihnen fürchtet und ihnen lieber aus dem Weg geht. Aber ihn findet sie bezaubernd. Er vermittelt ihr ein Gefühl der Ruhe und Geduld. Gribouille ist der gute Geist unseres Hauses. Wenn man ihn nur ansieht, schaltet man einen Gang runter, macht sich weniger Sorgen um nichtige Probleme und Kümmernisse, um die Aufgaben, die unerledigt geblieben sind. Allein zu wissen, dass er draußen ist und im Gras stöbert, verändert die Atmosphäre, ermöglicht uns, unserem Tagwerk geduldiger, maßvoller, achtsamer und entspannter nachzugehen. Er hilft uns, Gereiztheit und Ungeduld in den Griff zu bekommen, gegen ihren zerstörerischen Einfluss anzukämpfen und unnötige Hast zu zügeln. Sein Einfluss ist überall spürbar und sein wachsamer trauriger Blick allgegenwärtig. Seine Weisheit geht unter die Haut; es geschieht ohne unser Zutun, ohne dass wir es merken.

Doch hinter der Ruhe und Geduld, der heiteren Gelassenheit, verbirgt sich ein Lebewesen, das harte Zeiten durchgemacht und erlitten hat, Tragödien und Schmerzen kennt. Esel akzeptieren ihr grausames Schicksal nicht nur, sondern tragen es mit Würde, lassen es über sich ergehen. Sie sind die größten Philosophen im Tierreich, viel gelassener in Bezug auf ihre Existenz als der Mensch. Sie haben sich eine instinktive Philosophie zu eigen gemacht, eine stoische Akzeptanz, eine bewundernswerte Kraft, eher passiv als aggressiv, frei von jeglicher Gewalt. Es erübrigt sich zu sagen, dass ihre Philosophie keinen akademischen Hintergrund hat, nicht aus Büchern stammt oder in einem privilegierten Klassenzimmer erworben wurde: ein alltägliches, einfaches Naturell, auf offenem Feld gelebt und praktiziert. Im psychologischen Fachjargon könnte man sagen, dass die Philosophie eines Esels *ontologisch* ist, dass sie sich nicht um das Haben, sondern ganz um das *Sein* dreht. Eine Philosophie der immerwährenden Träumerei, des Tagträumens auf weiter Flur, ohne Grenzen.

Esel kennen Augenblicke der Freude und des Glücks, die darin bestehen, den perfekten Löwenzahn auf einer stillen Wiese in der Sonne zu finden, wo ein Gefährte ihnen den Rücken kratzt. Doch sie wissen auch, dass es immer und überall Knüppel und Stachelstöcke gibt, die hinter dem nächsten Hügel warten, gleich um die Ecke, in den Händen von jemandem, der Übles im Sinn hat. Immer und überall. Die Zukunft kann jederzeit Knüppel und Stachelstöcke bereithalten – man weiß nie, was sie in petto hat. Doch irgendwo gibt es auch immer eine stille friedliche Wiese und *das* ist es, was den Esel dazu bewegt, weiterzumachen, durchzuhalten: der Geschmack von Löwenzahn, von zarten jungen Blättern, die man auf der Sonnenseite des Hügels finden und genießen kann.

Einer der bedeutendsten Träger dieser Weisheit und einer der größten Philosophen im Reich der Esel ist der alte Benjamin aus *Farm der Tiere*, der einen bezeichnenden Blick auf die verwirrende Welt der Zweibeiner wirft. Er vergisst nichts, der alte Benjamin, erinnert sich an alles, was war, was Teil der Geschichte ist, an jedes einzelne Detail seines langen Lebens. Er weiß, dass die Dinge nie wesentlich besser waren oder es jemals sein werden, denn: »Hunger, Mühsal und Enttäuschung sind nun mal das unabänderliche Gesetz des Lebens.«

Benjamin kämpft sich auf gemächliche, stille und hartnäckige Weise durchs Leben. Er ergreift nie Partei, scheut vor keiner harten Arbeit zurück, nimmt sie jedoch ebenso wenig freiwillig auf sich. Er lässt sich weder von scheinheiligem Gerede noch von rhetorischer Brillanz beeindrucken. Trotz aller Widrigkeiten bleibt er sein eigener Herr, bleibt seinem eigenen unabhängigen Selbst treu. Und er gibt niemals die Hoffnung auf. Er hofft wider besseren Wissens, durchzuhalten und einen weiteren Tag die Sonne auf- und untergehen zu sehen. Nie, nicht eine Sekunde lang, verliert er seine Würde als bescheidener, aufrechter Esel.

39

Wir mussten Gribouille zurückgeben, Gribouille, den großen Philosophen, den Gegenspieler unseres hektischen Zeitalters. Wir konnten ihn nicht für immer behalten; es wäre nicht recht gewesen, ihn von seinen Gefährten in Allègre oder von seinem Besitzer Jean zu trennen, der in der Altstadt in einem weitläufigen alten Gebäude mit mehr als zwanzig Räumen lebt. Früher beherbergte es einen Konvent, der nun vor mir auftaucht, zu meiner

Rechten, als ich mit Gribouille zum letzten Mal, wie in alten Zeiten, eine Anhöhe erklimme, eine schmale Kopfsteinpflasterstraße, die mich zum Ausgangspunkt meiner Reise zurückführt, zu der ich vor langer Zeit aufgebrochen bin, wie mir scheint. Die Nonnen verließen 1970 dieses Domizil, das von Jean und Anne-Marie vor geraumer Zeit in eine Unterkunft für Reisende umgewandelt wurde, die zu Fuß die Landschaft erkunden oder im Basislager *Âne-en-Auvergne* einen Esel aussuchen möchten, um mit ihm durch die Auvergne zu wandern. Jean ist genauso glücklich über Gribouilles Rückkehr, wie meine Frau traurig über den Abschied war. Sie umarmte ihn, wahrscheinlich ein letztes Mal, gab ihm einen weiteren Friedenskuss, der ihn beschützen soll, uns beschützen soll. Wir können es brauchen. Dann gingen wir beide in Richtung Horizont, dem Ende einer Esels-Odyssee entgegen, denn diesmal war es *seine* Heimkehr, die triumphale Rückkehr eines Esels.

Ich binde Gribouille im Innenhof fest, denn Jean bittet mich herein, auf ein Glas Apfelsaft und einen Schwatz. Er möchte wissen, wie es war. Wo soll ich anfangen? Was soll ich berichten? Wenn ich Zeit hätte, könnte ich natürlich alles erzählen, was ich in diesem Buch aufgeschrieben habe. Aber vermutlich weiß Jean längst, wie es mir ergangen ist; schließlich war er es, der mir während unseres ersten Gesprächs vor ein paar Monaten erklärte: »Mit einem Esel zu wandern und dabei eine echte Beziehung zu ihm aufzubauen verändert einen Menschen von Grund auf. Diese Begegnung berührt zutiefst und prägt uns für alle Zeiten.« Ich bekenne mich schuldig: Ich fühle mich zutiefst berührt und für alle Zeiten geprägt. Vielleicht sind das die einzigen Worte, derer es bedarf.

Warum bringst du Gribouille nicht auf die Koppel zurück, schlägt Jean vor, zum Abschluss. Und so brechen wir zur letzten gemeinsamen Etappe auf, dem Finale dieses Esels-Stepptanzes, durch vertraute Seitengässchen zu einem Fleckchen Erde, das Gribouille gut kennt: das Feld, auf dem seine Freunde ihn erwarten. Während wir Seite an Seite nebeneinandergehen, denke ich an unsere erste Begegnung zurück, als Jean und ich an einer scheinbar leeren Weide hielten und mein Blick auf »Gribs« fiel, wie ich ihn manchmal liebevoll nenne. Jean parkte seinen Wagen und plötzlich ertönten Schreie hinter dem Gebüsch und das wilde Getrappel von Eseln, die auf uns zuliefen.

Wir erreichen nun wieder ebendiese Weide. Ein ganzes Leben scheint seit meinem ersten Besuch dort vergangen zu sein. Ich entriegele das mit einem Bolzen gesicherte Tor und nehme – zum letzten Mal – Gribouille das rote Halfter ab. Er läuft los, hat mich bereits vergessen. Drei Esel gesellen sich zu ihm, begrüßen ihn und alle reiben sie vergnügt die Nasen aneinander. Dann legt sich Gribs auf den Boden, wälzt sich hin und her, ein siegessicheres Wälzen, das seinen schimmernden weißen Bauch zeigt, alle viere angewinkelt, sicher und geborgen wie ein Kind im Mutterleib. Er ist zur heimischen Scholle zurückgekehrt, das Fleckchen Erde, auf dem er sich wälzt, ist gewiss sein eigenes Territorium. Willkommen zu Hause, Gribs! Ich empfinde ein überwältigendes Hochgefühl, dass ich ihn gesund und munter heimgebracht habe, bin glücklich, ihn im Kreise seiner Freunde zu sehen. Doch als ich mich umdrehe und anschicke zu gehen, fühle ich mich mit einem Mal schrecklich allein, verspüre unendliche Trauer, bin untröstlich, den Tränen nahe. Mein Blick ist verschwommen, von einem weißen Schleier getrübt, wie manchmal am Morgen, beim Aufwachen …

Es war schön, einen Freund zu haben, gezähmt worden zu sein, Bindungen zu schaffen wie der Fuchs und der kleine Prinz. Und obwohl der Fuchs traurig war an dem Tag, als der kleine Prinz ihn verließ, war die Erfahrung der Freundschaft den Abschiedsschmerz wert. Meine Traurigkeit war eine *glückliche* Traurigkeit, wie ich heute weiß, ein seltsames Gefühl des Verlusts; nicht wie bei einem Todesfall oder als würde man einen Esel wie Balthasar auf einer Bergwiese inmitten einer Schar kleiner Lämmer sterben sehen, während im Hintergrund die leisen Klavierakkorde von Schubert erklingen. Nein, es war die leise Melancholie angesichts des Wissens, dass sich das Rad des Lebens weiterdreht, nachdem eine wichtige Phase zu Ende gegangen ist, als würde ein geliebter Mensch eine Weile fortgehen, vielleicht sogar für immer. Doch gleichzeitig findet man Trost in dem Gedanken, dass man einander schreiben und in Kontakt bleiben kann, und man freut sich für den anderen, dass er den Wunsch hat, sich auf etwas Neues einzulassen. Ich weiß, dass ich jederzeit Schubert auf CD hören kann, dass ich Gribouille niemals vergessen werde, unsere gemeinsamen Abenteuer, was ich von ihm lernte, wie er sich anfühlte. Wenn ich meine Augen schließe, kann ich sein warmes Fell unter den Fingern spüren, nach seinem warmen Kopf greifen, sein leises Seufzen vernehmen und Schuberts leisen Klängen lauschen – den »traurigen«. Ich kann sie in meinem Kopf hören, in meinem Herzen …

40

Ein kalter Wind pfeift mir um die Ohren, als würde ich in eine Riesenmuschel hineinhorchen und einem grünen Meer lauschen. Ich höre die Wellen, die den Hügel hinabrauschen, mit beiden Ohren. Es ist wunderbar zu wissen, dass es nicht nur bergauf geht, sondern irgendwann auch wieder bergab gehen muss. Ich beuge mich tief über den Lenker, gleite zu Tal wie ein Skifahrer auf frisch gefallenem Schnee, dem ersten der Saison. Der Winter ist bereits eingetroffen, ein paar leichte Flocken, eine Vorankündigung dessen, was uns erwartet. Alles ist für seine Ankunft vorbereitet, ich habe mit einer Kettensäge Feuerholz gemacht, die Klötze einer gefällten Eiche und Rotbuche in Scheiben geschnitten, alles fein säuberlich zu kleinen *bûches* von ungefähr dreißig Zentimeter Länge geschichtet, sodass sie in den Ofen passen. Das nasse Holz werde ich erst im nächsten Winter verbrennen. Dicke Scheite musste ich mit der Axt zerkleinern, parallel zur Maserung. Eine harte, aber befriedigende Arbeit und ich brauche meist mehrere Tage, um das Holz zu hacken und aufzuschichten. Jedes Mal habe ich hinterher Muskelkater in den Armen, Schmerzen in den Schultern und einen steifen Hals.

Man spürt den Moment, wenn das Scheit sich spaltet, man weiß instinktiv, ob der Schnitt sauber ist, denn man fühlt sich eins mit der Axt, hat den Bewegungsablauf verinnerlicht. Der saubere Schnitt hat eine philosophische und eine physische Komponente, beinhaltet die meisterhafte, harmonische Beherrschung eines Werkzeugs. Er repräsentiert die Kunst des mühelosen Bemühens, der Kraft ohne Kraftaufwand. Kein Gewaltakt, um Aggressionen abzubauen. Ich freue mich immer unbändig, wenn ich das Holz sauber spalte, wenn es glatt in zwei Hälften zerfällt. Ich freue mich, wenn jedes Scheit später im Wohnzimmer brennt, die Flammen hinter dem kleinen Glaspaneel des Kamins emporzüngeln. Ich werde dabei zuschauen, mit einem Schürhaken darin stochern, die Glut spüren und schüren, eine vertraute und zugleich universale

Tätigkeit. Ein Feuer zu schüren ist, als würde man die Glut des Universums entfachen, um ein höheres Potenzial, eine kosmische Kraft freizusetzen, sagte Gaston Bachelard.

Ich trete in die Pedale und sehe meinen Atem, als ich durch den Nebel auf die andere Seite des Allier-Tales blicke. Die Esel von Jean sind vermutlich im Stall, geschützt und in einem trockenen, warmen Unterstand für den Winter. Gribouille wird irgendwo in einer warmen Ecke stehen, umgeben von seinen Freunden. Man muss in den scharfen Kurven kräftig bremsen, aber nicht zu ruckhaft, sonst gerät man auf dem feuchten Asphalt ins Rutschen. Man muss auf die entgegenkommenden Autofahrer achten, die nicht damit rechnen, dass noch andere Verkehrsteilnehmer auf der Straße sind, zu schnell fahren und die Kurven schneiden. Und da man nicht hören kann, was von hinten kommt, muss man sich dicht am rechten Straßenrand halten. Nach meinem Unfall bin ich immer noch angespannt und nervös. Ich hatte eine Radtour unternommen, kurz nach meiner Rückkehr mit Gribouille, als ich einen Esel und ein Pferd auf einer Weide erspähte. Ich konnte der Versuchung nicht widerstehen, einen kurzen Blick auf den Grauen zu werfen, der im Sonnenschein auf einer Koppel lag, unweit des Cronce-Flusses, der um diese Jahreszeit viel Wasser führt. Ich fuhr eine steile kurze Fahrtrasse mit zwei tiefen Furchen hinunter, die ein Traktor dort hinterlassen hatte. Im Winter sind sie mit zähem Schlamm gefüllt, im Sommer ausgetrocknet und steinhart. Ich fuhr immer weiter hinunter durch die Felder, auf das weiter unten gelegene Feld mit dem Esel zu. Er nahm ein Sonnenbad, ohne auf meine Gegenwart zu achten, und trug ein blaues Halfter. Das Pferd sprang herbei, kam an den Zaun, eifersüchtig auf die Aufmerksamkeit, die eindeutig dem Esel galt. Eine Zeit lang saß ich auf meinem Sattel und sah zu, wie der Schwanz des Esels den Boden peitschte, die Fliegen verscheuchte. Das Pferd trabte flott hin und her, bemüht, meinen Blick auf sich zu ziehen; dem Esel dagegen konnte ich kaum gleichgültiger sein.

Ich war geistig vermutlich meilenweit entfernt, als es passierte, meilenweit entfernt in den Wolken, in einem Tagtraum mit einem anderen Reittier als meinem Stahlross unterwegs, denn als ich den steilen Weg wieder hochfuhr, trat ich unaufmerksam und kraftlos in die Pedale, verlor Schwung und verkantete in einer der steinharten Fahrrinnen. Ich verlor das Gleichgewicht. Da ich keine Zeit mehr hatte, die Füße aus den Schlaufen der Pedale zu lösen, stürzte ich mitsamt dem Rad in ein ausladendes Dornengestrüpp, alle viere von mir gestreckt.

Zuerst konnte ich gar nicht aufstehen. Mein Kopf befand sich am unteren Ende der Böschung und das Fahrrad war auf mir gelandet. Jedes Mal, wenn ich mich hinaufziehen wollte, griff ich in das stachelige Gestrüpp. Au! Als ich mich endlich freigekämpft hatte, entdeckte ich, dass nicht die zerkratzten Arme, sondern ein unerwartetes Gefühl der Kälte das Problem war: eine tiefe Wunde in der Wade, eine Fleischwunde, vermutlich durch die Pedale entstanden; die Innereien meines Beines hingen heraus wie zerfleischte Gedärme und überall war Blut. Ich schaffte es, ein paar Kilometer mit einem Bein weiterzufahren, auf einer flachen Strecke, bis ein Autofahrer mich überholte, erkannte, dass ich verletzt war, anhielt und mich nach Hause brachte, das Rad im Kofferraum verstaut. Obwohl ich kaum in der Lage war, das Gaspedal zu bedienen, fuhr ich dann selbst in die Klinik von Brioude, wo die Wunde mit fünfzehn Stichen genäht und ich humpelnd und unter Schmerzen nach Hause entlassen wurde.

Es tut heute noch weh, wenn ich eine Anhöhe hinauffahre und kräftig in die Pedale trete. Die Beinverletzung zwang mich jedoch, stillzusitzen, innezuhalten und über die Reise nachzudenken, die ich hinter mir hatte. Ich erinnerte mich an das Gefühl an dem Abend, als ich Gribouille zurückgebracht hatte und *ohne* Esel heimgekehrt war. Wir hatten einander so lange Gesellschaft geleistet, dass seine plötzliche Abwesenheit eine Sehnsucht in mir weckte. Nach was, hätte ich nicht genau sagen können. Meine Frau spürte es auch. Wir fühlten uns beide ein wenig verloren, empfanden eine leise Melancholie, eine Leere im Haus, die sich durch nichts füllen ließ. Sie hielt mehrere Tage an. In dieser Zeit gingen wir rein mechanisch unseren täglichen Verrichtungen nach, sprachen ständig darüber, wie sehr wir Gribouille vermissten, fragten uns, was er wohl gerade tun und wo er gerade sein mochte …

Doch allmählich, ganz allmählich, verwandelte sich unsere Sehnsucht in Stolz und Dankbarkeit. Kein Stolz auf uns selbst, keine menschliche Eitelkeit, sondern Stolz auf Gribouille, Stolz, Zeit mit ihm verbracht, von ihm gelernt, einen Esel in unserer Mitte gehabt zu haben; und Dankbarkeit deshalb, weil Esel sind, was sie sind, weil Gribouille nichts anderes ist als Gribouille. Seither weiß ich, dass der unergründliche Blick eines Esels irgendwann weniger unergründlich scheint, dass die Trittsicherheit seiner kleinen Beine meine eigene Trittsicherheit erhöht, dass seine stoische Gelassenheit auf mich übergreift, dass seine Friedfertigkeit Seelenfrieden bringt. Er hilft mir, mit den Bileams zurechtzukommen, die unsere Welt bevölkern und versuchen, mir ihren Weg aufzunötigen.

Als die Wochen ins Land gingen und der Schnee kam, erschien mir die Zeit mit Gribouille immer mehr wie ein Märchen, wie ein Traum von einer anderen Welt. Die

Realität unserer Begegnung erhielt eine surreale Note, besser als real, über der Wirklichkeit stehend: eine Utopie, eine Ausgeburt meiner Fantasie. Wie lange waren wir unterwegs gewesen? Eine Woche, einen Monat, ein Jahr, ein paar Stunden, eine Ewigkeit? Ich kann es nicht mehr eindeutig sagen. War es wirklich geschehen? Ist es wirklich schon vorbei? Hat das Leben, das man mit einem Esel auf Wanderschaft verbringt, überhaupt ein Ende? Hatte Robert Louis Stevenson nicht gesagt, dass wir alle Reisende mit einem Esel sind, Reisende in der Wildnis der Welt? Diese Wanderung, die wir unternommen haben – haben wir das wirklich? Ich bin mir nicht mehr sicher –, war eine spirituelle Reise durch die Auvergne. Sie entzog sich jedem Zeitgefühl, wie es von Uhren und Kalendern, durch Stunden, Minuten und Tage diktiert wird. Sie war jenseits der Zeit als messbare Einheit, als lineare Größe. All das hatte seine Bedeutung verloren, war davongedriftet in eine Welt jenseits von Zeit und Raum.

Vielleicht hätte Spinoza gesagt, dass wir mit unserem Esel eine *Ewigkeit* unterwegs sind, dass wir mit ihm die Ewigkeit entdecken, einen Augenblick finden können, der nie endet – einen Augenblick, in dem alles in unserem Umfeld, die ganze physische und natürliche Welt uns durchdringt, spürbar wird für uns. In der Ewigkeit gibt es laut Spinoza kein Wann, weder ein Vorher noch ein Nachher, nur das Jetzt. Ewigkeit wird niemals durch Zeit definiert, sie hat keinen Bezug zur Zeit. Sie durchdringt unseren Geist – einen Geist, der Freiheit in Losgelöstheit und Langsamkeit findet, in der seelenvollen Wanderung durch die innere Landschaft. Und doch ist das Seltsame an der Ewigkeit, dass sie die *Endlichkeit* des Lebens enthüllt, dass sie letztlich eine endliche Unendlichkeit darstellt, dass man eines Tages alt wird und stirbt, und das macht den Augenblick der Ewigkeit, den wir spüren, umso kostbarer und bedeutungsvoller, der Mühe wert, ihn festzuhalten. Es könnte bald zu spät sein: das Jetzt soll ewig währen.

Am Ende – wenn es ein Ende gibt – hat die Begegnung mit den Eseln mir geholfen, mich mit mir selbst auseinanderzusetzen, einen Wendepunkt in meinem Leben zu begreifen. Ich bin nicht mehr der gleiche Mensch wie damals, als ich mich auf dieses Buch, auf diese Reise einließ. Sie hat mir Zeit und Raum geschenkt, um über mein Leben nachzusinnen, mich von der Vergangenheit zu lösen, sie als *fait accompli* zu betrachten. Für jetzt gilt: Heute ist heute. Und vielleicht noch morgen. Wenn ich Glück habe, sogar noch übermorgen. Weiter kann ich nicht vorausdenken. Heute bin ich älter, viel älter, zufriedener und weiser auf eine naive Art und Weise. Ich bin eher bereit, die Endlichkeit der Dinge zu akzeptieren, das, was kommt, mit philosophischer Gelassenheit hinzunehmen, ebenso wie die Frage, wie lange diese Endlichkeit dauern könnte. Hin und wieder vom Leben gebeutelt zu werden, bringt mich nicht um. Mitnichten. Ich kämpfe, halte durch, was auch kommen mag, trotz der Kälte, die ich heute Nachmittag spüre, trotz der endlosen Mühe, das Leben in Gang zu halten. Der Kampf wird nie enden; den Augenblick zu finden, der ewig währt, ihn festzuhalten und wertzuschätzen ist schwer, warnt Spinoza, »schwer und selten«. Dieser Kampf findet im Hier und Jetzt statt, ein immerwährendes Ringen mit mir selbst, in meinem Innern. Ich hoffe, dass es von nun an immer »Jetzt« sein wird, dass ich einzig nach diesem einen Augenblick der Ewigkeit streben werde, um ihn zu leben und unaufhörlich um ihn zu kämpfen.

Wieder pfeift sie um meine Ohren, die kalte Luft, die mich in Wellen umspült, und ich spüre eine angenehme Taubheit in den Füßen, als ich im Leerlauf durch den

Nebel gleite. Ich frage mich, ob ich das alles nur geträumt habe, es mir beim Radfahren vorgestellt habe und wir uns immer noch im Sommer hoch droben auf dem Hügel befinden, wo ich aufgebrochen bin, wo ich die schokoladenbraunen und taubengrauen Esel auf einem Abhang im Windschatten der Welt beim Grasen beobachtet habe. Manchmal frage ich mich sogar, ob ich New York überhaupt verlassen habe, ob ich vielleicht noch immer im Expresszug Nummer zwei sitze, Richtung Downtown, auf dem Weg ins Zentrum der Geschäftigkeit, auf meine Füße starre, Blickkontakt meide, verschwitzte Körper rieche und auf die Menschenmenge warte, die sich am Times Square ins Abteil quetscht. Ist dies eine Vision? Ein Traum? Schlafe oder wache ich? In Shakespeares *Der Sturm* sagt Prospero: »Wir sind vom Stoff, aus dem die Träume sind, und unser kleines Leben ist von einem Schlaf umringt.« Doch ich kann nicht umhin zu denken, dass Tagträume uns prägen, dass unser kleines Leben nicht von Schlaf, sondern von Träumereien umgeben ist. Gleich in welcher Situation wir uns befinden, gleich welcher Sturm über uns hereinbricht und welchem Schiffbruch wir ausgesetzt sind – ich bin überzeugt, dass Tagträume, selbst solche von Eseln, noch niemandem geschadet haben. Am allerwenigsten uns selbst.

Danksagung

Dieser Soloflug der Fantasie erhielt viel Hilfe von außen, sogar von einigen Menschen. Wendy Keller, meine Agentin, ermutigte mich, spornte mich an und glaubte an mich, als nur wenige dazu bereit waren, unterstützte mich unermüdlich bei der Arbeit an diesem Buch. Vielen Dank, Wendy, dass du meiner inneren Stimme auf die Sprünge geholfen und ihr ermöglicht hast, sich schwarz auf weiß Ausdruck zu verschaffen. Michele Lee Amundsen, meine Lektorin, verstand das Projekt auf Anhieb und feilte mit Begeisterung, guter Laune und scharfem Blick am Manuskript. Jean Daudins Passion für Esel war ansteckend und lehrreich. Das Gleiche gilt für Ben Hart vom Sidmouth Donkey Sanctuary, der mir großzügig seine Zeit schenkte und mich an seinem profunden Wissen über Esel teilhaben ließ. Vielen Dank Dawn Vincent und Amanda Gordon, die meinen Besuch in Sidmouth besonders erinnerungswürdig machten; danke, Dawn, für die Ermutigung, nach Ägypten zu reisen, wo sich Dr. Mohsen Hassan als weitaus inspirierender erwies als die Pyramiden. Weniger offensichtlich, aber nicht weniger wichtig war die Unterstützung meiner Verwandten in England, deshalb danke ich meinem Vater, Nicolas und Peta-Jane, Camilla und Howard. Ebenso meinen Freunden in New York und Frankreich, Neil, Eric und Barbara, David und Haydee, Jeff und Denisha, Steve und Susan, Marie-Hélène und Vincent, David und Angelique, Yves und Madeleine, Pierrette und André, Maurice und Suzette, Alexandra, Agnès und

Hervé, Alexandre und Eléonore, Ginny und Andrew. Und ohne den Beitrag von Corinna, der großen Liebe meines Lebens, meiner schärfsten Kritikerin und einfühlsamsten Leserin, wäre dieses kleine Buch um einiges kleiner geraten.

Schutzumschlag: John Candell
Satz: EDV-Fotosatz Huber/Verlagsservice G. Pfeifer, Germering
Gesetzt aus 10,3/13,8 pt Sabon
Druck und Binden: GGP Media GmbH, Pößneck
Printed in Germany
ISBN 978-3-485-01164-8

www.nymphenburger-verlag.de